GONGFA DUI WOGUO GUOYOUCAICHAN DE
TESHU BAOHU YANJIU

公法对我国国有财产的特殊保护研究

刘　畅／著

法律出版社
LAW PRESS · CHINA
北京

图书在版编目（CIP）数据

公法对我国国有财产的特殊保护研究 / 刘畅著.
北京 : 法律出版社, 2024. -- ISBN 978 - 7 - 5197 - 9722 - 5

Ⅰ. D922.291.04

中国国家版本馆 CIP 数据核字第 2025NK8692 号

公法对我国国有财产的特殊保护研究
GONGFA DUI WOGUO GUOYOU CAICHAN DE TESHU BAOHU YANJIU

刘 畅 著

策划编辑 许 睿
责任编辑 许 睿
装帧设计 鲍龙卉

出版发行 法律出版社
编辑统筹 司法实务出版分社
责任校对 王晓萍
责任印制 胡晓雅
经　　销 新华书店

开本 710 毫米 × 1000 毫米 1/16
印张 16 **字数** 252 千
版本 2024 年 12 月第 1 版
印次 2024 年 12 月第 1 次印刷
印刷 唐山玺诚印务有限公司

地址:北京市丰台区莲花池西里 7 号(100073)
网址:www.lawpress.com.cn
投稿邮箱:info@lawpress.com.cn
举报盗版邮箱:jbwq@lawpress.com.cn

销售电话:010 - 83938349
客服电话:010 - 83938350
咨询电话:010 - 63939796

书号:ISBN 978 - 7 - 5197 - 9722 - 5
定价:85.00 元

凡购买本社图书,如有印装错误,我社负责退换。电话:010 - 83938349

序　言

在社会主义国家，法律应如何确保公有财产真正服务于社会主义目的的实现，是公法学者不能回避的课题。然而，在我国现有法律体系中，有关公有财产方面的法律尚有待健全。这使公有财产很多时候成了实际控制人掠夺使用者财富或者进行“寻租”的工具，例如，城市道路两侧停车泊位被交给附近业主进行排他性使用、过于高昂的道路两侧停车泊位费的收取等。国有财产管理中因为缺少利害关系人的制约，出现了严重的内部人控制现象，显然需要对国有财产给予特殊的法律保护。因此，如何完善我国的公有财产法律保护制度，依然是理论研究的薄弱环节。这也是作者在博士研究生学习期间，选择国有财产的特殊法律保护作为博士论文选题的主要原因。

作者在攻读博士学位期间，不仅在理论研究上取得了显著的成就，更将学术研究与司法实践紧密结合，展现了法律人应有的责任感与使命感。本书的撰写，不仅是作者多年思考与实践的结晶，也是作者对法律精神不懈追求的见证，更是作者学术生涯中的一次重要飞跃。今天，我怀着满心的喜悦与期待，为我的学生，也是本书的作者撰写序言。

作者在检察院的多年工作经历，使她对国有财产保护中出现的问题有着深刻的理解和认识。作者围绕公法保护和检察保护在国有财产保护中的地位和作用，分析了在公法上加强对国有财产特殊保护的必要性，并就如何在法律上建立国有财产的特殊保护机制提出了一系列行之有效的建议，包括建立控制国家意思表示形成的机制、处分国有财产时的第三方论证审查机制、公法上责令赔偿损失或返还不当得利的机制、系统的国有财产检察保护制度以及由检察机关支持公民提起的行政公益诉讼制度。可以看出，作者凭借其在检察院工作的丰富经验，结合博士研究生学习期间的学术研究，对国有财产管理中存在的问题进行了全面而系统的分析，对现行国有财产法律制度进行了深刻反思，并提出切实可行的建议，最终形成了本书。该书结构合理，观点明确，思路清晰，论证充分，作者以自己的实际行动诠释了法律人的责任与担当，为我国国有财产法律保护事业贡献了自己的智慧与力量。

我相信，本书的出版，必将对国有财产的保护制度产生积极而深远的影响。作为作者的博士生导师，我为她取得的成就感到骄傲。她不仅是一位优秀的法律工作者，更是一位有责任感的学者。对于作者，我也寄予厚望，期待她在未来的工作和研究中，继续以法律为剑，以正义为盾，以人民为中心，发挥自己的专长，为我国的法治建设贡献更多的智慧和力量。

是为序。

肖泽晟

2024 年 12 月 23 日

前 言

我国《宪法》规定“社会主义的公共财产神圣不可侵犯”，以根本大法的形式明确了公共财产在社会主义国家的重要地位。国有财产作为社会主义公共财产的重要组成部分，不仅是实现公民基本权利和自由的物质保障，更是实现社会主义目的的物质基础。但是，与其神圣地位和重要作用形成鲜明对比的是，实践中国有财产遭受了十分严重的侵害，并且大量流失。在这种落差面前，研究国有财产的保护问题就显得非常必要而且十分迫切。

财产这一概念从诞生开始便是与私法规范相伴发展的。保护财产的法律大多属于私法规范，遵循意思自治、财产权平等保护等私法理念。但是，相较于私有财产而言，国有财产承载着特殊法益，并面临着特殊保护难题，不能仅遵循私法规则并交由私法法律制度保护：一方面，从国有财产所承载的法益来看，不同于私有财产的所有权人、处分人和受益人往往是同一人，国有财产虽然被称为“国有”财产，但是其承载的法益并不是“国家”这个抽象主体的利益，更不是代表国家行使财产权的具体管理者的利益，而是全体公民的利益或社会大众的利益。因此，与保护私有财产的目的是要保护权利人自由行使所有权相反，保护国有财产更需要规范和限制有权者行使所有权权能的行为，从而保护全体公民的权利和利益。另一方面，从国有财产面临的特殊保护难题来看，国有财产必然面临所有权人、处分人与受益人的分离和所有权人虚位的问题。虽然全体公民是国有财产的实际权利主体和受益人，但是其主观上没有保护国有财产的强烈冲动，客观上也无法参与到财产处分过程中表达利益诉求，这种情况下，由同样缺乏保护动力的管理者实际控制和处分国有财产，国有财产就陷入了“谁控制，谁所有”的困局。

由上可见，如果仅将国家视为民法意义上的一般财产所有权人，不设置特殊的保护制度，国有财产管理者就很可能以民法意思自治等原则作为借口，以权谋私侵害公共利益或者放任他人侵害国有财产。因此，我们不能将国有财产管理者行使财产所有权权能的行为完全交由私法去调整，而必须发挥公法的作用对国有财产实行特殊保护，完善对国有财产管理者的监督制约，以确保国有财产管理者的处分行为符合全民利益。所以，本书研究了国有财产相比于私有财产而言面临着哪些特殊侵害，为什么这些特殊侵害需要由公法针对性地加以保护，以及公法应当为其提供哪些特殊保护，以期为我国国有财产保护尽绵薄之力。

目　录

绪 论

第一节　选题缘起

我国作为社会主义国家，国有财产占一国全部财产的比例远高于资本主义国家。在私有制为主导的价值理念的影响下，西方国家长期奉行自由市场经济，推行“小政府、大社会”的治理模式，私人财产和企业财产占据主导地位，是资本主义经济活动的主要推动力，国有财产占一国全部财产的比重较低。而我国第四次经济普查年鉴显示，2018 年，全国国有控股企业的资产总额为 474.7 万亿元人民币，占全国企业资产总额的 56.3%。其中，非金融类国有控股企业的资产总额为 219.8 万亿元人民币，占全国非金融类企业资产总额的 41%；金融类国有控股企业的资产总额为 264.3 万亿元人民币，占全国金融类企业资产总额的 82%。我国作为社会主义国家，这种高比例的国有财产的存在，不仅充分体现了我国社会主义制度的独特优势，更为国家的经济发展和社会稳定提供了坚实的物质基础和保障。由国家管理和保护公共财产，并通过一系列科学合理的政策和措施，确保这些资源和财产能够得到合理利用和有效分配。例如，通过税收政策，国家能够调节社会财富的分配，确保资源向弱势群体倾斜，从而减少社会贫富差距；通过社会福利制度，为公民提供基本的生活保障，确保每个人都能享受到社会发展的成果。通过这些机制，国家有序、公平地将这些资源和财产利益分配给大众，以消灭私有制带来的剥削，进而实现社会主义目的。因此，我国国有财产不仅是实现公民基本权利和自由的物质保障，也是实现社会主义目的的物质基础。由于国有财产如此重要，我国《宪法》不仅以“神圣不可侵犯”的表述在原则上彰显了包括国有财产在内的社会主义公共财产的重要地位①，而且在总纲中多次出现与国有财产有关的规定，这些规定涉及了社会主义公有制、国有经济、国有自然资源、国有土地、全民所有制、国有企业等方面

① 《宪法》第 12 条。

面，全面体现了国家对国有财产的高度重视和保护。《宪法》不仅规定国家保护社会主义公共财产，还强调了国有经济的主导地位，确保国家在关键领域和重要行业中的控制力。同时，《宪法》对国有自然资源和土地的保护也提出了明确要求，确保这些资源的合理利用和可持续发展。此外，全民所有制作为社会主义公有制的重要形式、国有企业作为国有财产的重要组成部分，地位和作用都在《宪法》中得到了明确的规定，确保国有经济在经济发展中发挥关键作用。通过这些具体而全面的规定，我国《宪法》为国有财产的保护和管理提供了坚实的宪法基础，确保了国家的经济安全和社会稳定。①

然而，与国有财产的神圣地位和重要作用形成鲜明对比的是，实践中国有财产一直遭受侵害并且大量流失。1993 年，国有资产管理局就调查了全国 24 个省份的 5800 个单位，共发现 360 亿元国有财产流失；调查了 10 个直辖市和计划单列市的 280 个单位，共发现 85 亿元国有财产流失。② 20 世纪 80 年代至 21 世纪初，我国国有资产流失累计达到了惊人的 8000 多亿元，平均每年超过 500 亿元，相当于国家财政总收入的 19.5%。③ 因税务、海关等部门征管不严、制度存在漏洞等原因，仅 2023 年一年就造成超 500 亿元的税款流失。④ 此外，还有大量的隐形国有财产流失问题。例如，根据审计署 2021 年度审计工作报告显示，有 19 个部门违规向外部单位等出借 35.53 万平方米房产、1495.71 万元设备用于经营等。⑤

鉴于宪法赋予国有财产的崇高地位与现实中其流失现象的显著差异，深

① 《宪法》第 6 条、第 7 条、第 9 条、第 10 条、第 12 条、第 16 条。

② 年志远：《国有资产流失及其治理机制研究》，经济科学出版社 2012 年版，第 46 页。

③ 丁天舒：《我国国有资产流失的经济学分析及治理》，吉林大学 2008 年博士学位论文，第 1 页。

④ 侯凯：《国务院关于 2023 年度中央预算执行和其他财政收支的审计工作报告》，载中国人大网，http：//www.npc.gov.cn/c2/c30834/202406/t20240627_437805.html。

⑤ 侯凯：《国务院关于 2021 年度中央预算执行和其他财政收支的审计工作报告》，载中国人大网，http：//www.npc.gov.cn/npc/c2/c30834/202206/t20220622_318216.html。

入研究国有财产保护问题显得尤为迫切和重要。为了探究国有财产大量流失的根源何在，对具体案例进行详尽地分析就变得不可或缺且非常必要。最高人民检察院公布的指导性案例——湖南省长沙市检察院督促追回违法支出国有土地使用权出让收入行政公益诉讼案[①]，为我们提供了研究国有财产保护问题的典型范例。该案例涉及高达2.9亿元的国有土地出让收入的非法支出及追回问题，集中反映了国有财产管理过程中的权力滥用、监管缺失以及制度缺陷。通过对该案例的深入剖析，可以揭示国有财产流失背后的复杂成因，并探索有效的应对策略，从而为国有财产的保护提供参考和启示。

2017年12月27日，一家地产集团企业在湖南省某市成功竞得五宗国有建设用地使用权，编号为071—075号，出让总金额达到42.98亿余元，约定竞买保证金自动转为受让地块的出让金。该集团公司的子公司——某置业有限公司（以下简称置业公司）与该市原国土资源局签订了5份《国有建设用地使用权出让合同》。15.24亿余元的保证金由公共资源中心转入该市财政局非税收入汇缴结算户（以下简称非税账户）。2018年2月及11月，该市财政局以“退保证金”名义，将已进入非税账户的国有土地使用权出让收入（以下简称土地出让收入）两次支付给置业公司，共计2.9亿余元。置业公司利用该笔资金清缴了5宗地块的契税及072号地块的剩余土地价款，并办理了072号地块的不动产权证，申请了26.5亿余元的抵押贷款。截至2019年9月4日，该市财政局未能依法追回违法支付给置业公司的土地出让收入2.9亿余元。2019年6月，湖南省人民检察院在全省国有土地使用权出让领域的公益诉讼专项监督行动中发现此线索，并将其交办至湖南省长沙市人民检察院（以下简称长沙市检察院）。鉴于该案为辖区内重大复杂案件，长沙市检察院决定亲自办理，并于2019年8月21日立案调查。2019年9月9日，长沙市检察院依法向该市财政局发出检察建议，督促其依法履行法定职责，及时追回违法支付的土地出让收入2.9亿余元。该市财政局随

① 参见《国有财产保护、国有土地使用权出让领域行政公益诉讼典型案例》，载最高人民检察院官网，https：//www.spp.gov.cn/xwfbh/dxal/202211/t20221107_592001.shtml。

即成立整改工作小组，迅速约谈并要求置业公司提交还款计划，并提请该市人民政府召开专题会议研究整改措施。2019 年 9 月 26 日，该市财政局书面回复称，已依法启动追缴程序，置业公司承诺在 2019 年 10 月 15 日之前完成还款。然而，检察建议回复期满后，该市财政局未能依法全面履职，违法支付的土地出让收入仍未追回。长沙市检察院遂指定长沙市岳麓区人民检察院，于 2020 年 4 月 3 日提起行政公益诉讼，请求该市财政局依法采取有效措施追回违法支付的土地出让收入 2. 9 亿余元，并将案涉国家机关工作人员职务违法犯罪线索同步移送至纪委监委处理。起诉后，2020 年 4 月 30 日置业公司开出商业承兑汇票，由该市城投公司于 5 月 27 日代置业公司向该市财政局非税账户退缴土地出让收入，并缴入国库，置业公司于 2020 年 11 月 1 日承兑该汇票。鉴于诉讼请求已全部实现，岳麓区检察院撤回起诉。

在本案中，无论是代表国家行使所有权的各方主体，抑或是作为国有财产实际所有权人的公民，还是代表公平公正的审判机关，均未能充分发挥保护国有财产的作用。

第一，代表国家行使所有权的地方政府部门未能履行保护职责。本案清晰地揭示了国有财产管理者的系统性失职行为，这些行为不仅造成了巨额国有财产流失，更严重破坏了市场经济秩序和法治环境。在本案中，代表国家行使国有财产管理权的多个主体——财政部门、地方政府及内部监督部门，均未能履行其法定职责，反而成为国有财产流失的“助推器”。

首先，财政部门的违法违规操作是本案中国有财产流失的直接原因，其行为存在多重违法性：违反《国有土地使用权出让收支管理办法》关于“土地出让收入全额纳入地方国库，支出一律通过地方基金预算从土地出让收入中予以安排”的明确规定，擅自将已入库的 2. 9 亿元土地出让收入以“退保证金”名义返还企业；设立非税收入过渡户滞留、挪用资金，违反“国库集中收付制度”；在检察机关发出检察建议后，虽表面承诺整改但未采取实质性措施追回资金，属于典型的行政不作为。财政部门的这些行为绝非工作疏漏，而是明知故犯的权力滥用，反映出一些国有财产管理者将国有财产视为“自留地”的危险倾向。

其次，地方政府的监管缺位同样令人震惊。该市人民政府在明知财政局违法操作的情况下，未能及时纠正违法行为，直至长沙市人民检察院向其公开送达社会治理检察建议书后，才被动表示将“强化衔接和管理”；直至检察机关提起行政公益诉讼，才采取实际措施追回资金；甚至最终的解决方案也是由该市城投公司代置业公司退缴土地出让收入，即通过由政府投融资机构先接收置业公司承兑汇票的方式，来快速解决面临的诉讼风险。更值得深思的是，此类违法支出土地出让收入、协调市城投公司代为退缴资金等行为往往需要经过地方政府高层决策。这就反映出在一些地方，行政权力凌驾于法律之上的现象依然存在。

最后，行政系统内部监督严重失灵。无论是财政部门内部监督机构，还是地方政府内部监督部门，与地方政府具有利益一致性，导致内部监督机制形同虚设，违法行为长期未被发现和纠正。而地方政府对土地财政的依赖，使其容易与企业形成利益共同体，通过返还土地出让金等方式变相减免地价，造成国有财产流失的风险。现实生活中，诸如此类的行政权干预国有财产处分权、国有财产管理者滥用职权为私人输送利益，甚至搞权钱交易，造成巨额国有财产流失的案件还有很多。这些案件中的官员在处分国有财产时，把“崽卖爷田不心疼”的心理表现得淋漓尽致。

第二，作为国有财产实际所有权人的公民，缺乏有效的参与和监督。本案揭示了国有财产保护中的根本性矛盾——尽管法律上国有财产属于全民所有，但在实践中却遭遇了“所有者虚位”的困境。与私有财产所有权人天然具备的保护动机不同，国有财产的真正主人——全体公民，在本案中表现出令人深思的集体沉默和参与缺失，这一现象背后的制度原因和文化心理值得深入探讨。该市财政局将 2.9 亿元土地出让收入违法支出给开发商的行为，从 2018 年持续至 2019 年被检察机关发现前，长达一年多时间里未受到任何实质性挑战。即使在案件进入公众视野后，社会关注点也主要集中在检察机关的监督成效上，鲜有关于“谁偷走了我们的共同财产”的公共讨论。这种对巨额国有财产流失的“集体无意识”，与私有财产遭受侵害时的强烈反应形成鲜明对比，反映出公民作为国有财产所有权人角色的严重缺位。

从法律制度来看，现行法律未赋予公民个人对国有财产保护的诉权资格，普通民众即使发现国有财产流失行为，也无法直接向法院提起诉讼；缺乏有效的国有财产管理信息公开制度，公民难以获取监督所需的基础信息，如本案中土地出让收入的具体收支情况；参与渠道不畅，公民即使想参与监督，也往往投诉无门或得不到有效回应。这些制度障碍共同导致了公民在国有财产保护中的“失语”状态。

从社会心理角度分析，“公地悲剧”心理的普遍存在。当资源被认为属于“大家”时，个人往往缺乏看护的动力，认为“别人会管”或“我一个人关心也没用”。本案涉及的2.9亿元土地出让收入，分摊到每个公民头上数额微小，进一步削弱了个人监督的积极性。许多人并未真正意识到自己是国有财产的最终所有者，更不理解土地出让收入等国有财产与公共服务、民生改善之间的直接关联。这种认知缺失使得社会舆论难以形成对国有财产流失的有效舆论监督。

本案中，检察机关通过向地方政府公开送达社会治理检察建议书，将国有财产管理问题置于公众视野之下。这种公开透明的处理方式，不仅增强了监督的刚性，也为公众参与提供了信息基础。正如承办检察官所言：“通过公开送达检察建议，我们希望唤醒社会各界对国有财产保护的关注，形成监督合力。”

第三，传统司法救济在国有财产保护方面存在明显的功能局限。假设没有检察机关的主动监督主动介入，仅依赖传统的诉讼机制，这起导致2.9亿元国有财产流失的案件很可能无法获得有效救济。具体表现如下：首先是缺乏适格原告。根据现行《行政诉讼法》，只有“与行政行为有利害关系的公民、法人或其他组织”才有权提起行政诉讼，而国有财产流失损害的是不特定公众的利益，难以找到符合条件的特定利害关系人。其次是普通行政诉讼主要针对具体行政行为，而本案中财政局违法支出资金后，行政机关的不作为状态难以通过传统诉讼途径得到纠正。最后是即便有人提起诉讼，法院也只能审查行政行为的合法性，无权督促行政机关采取积极措施追回流失的国有财产。最为关键的是，法院行使职权一贯遵循“不告不理”的原则，表现出显著的被动性。在检察机关发现案件线索之前，财政局的违法行为已持续一年多却未得到纠正。在没有利害相关人提起诉讼的情况下，法院无法主动追究侵权者或国有财产管理者的法律责任。由于国有财产管理者未提起诉讼，且缺乏代表国有财产利益的利害相关人有权提起诉讼，法院不能依职权主动立案。这种被动性导致司法系统难以对国有财产提供事前和事中的保护，只能在损害发生后提供有限的救济，且往往为时已晚。

由上可见，如果将国家所有权等同于私人所有权，屏蔽公法制度的监督和制约，而任由管理者按照私法规则行使国家所有权权能，公民的权利就得不到应有的保障，就会造成“属于每个人的财产，是不受人保护的财产”①的尴尬局面。检例第185号案件清晰地展现了当前法律制度在国有财产保护中的功能边界与制度局限，同时也通过检察机关行政公益诉讼的创新实践，为突破这些局限提供了可行路径。不同于保护私有财产是要保护所有权人自由行使所有权，保护国有财产不仅不是为了使国家能够自由行使所有权，反而是要控制国家行使所有权权能的行为，从而保护全体公民的权利和利益。所以，本书首先详细分析了相比于私有财产而言国有财产面临的特殊保护难题，然后分析论证了为什么私法无法解决这种特殊难题，并且在保护国有财产上具有局限性，而公法的特殊保护可以解决这种特殊难题。在此基础之上，就公法如何对国有财产实行特殊保护提出一些建议。

第二节　关于国有财产保护的研究现状及评述

国有财产的保护问题是一个复杂而多维度的课题，它不仅局限于单一学科的探讨，而是涉及法学、经济学、政治学等多个学科领域。在法学领域中，国有财产保护的研究内容尤为丰富，涵盖了宪法学、行政法学、民法

① Lloyd R. Cohen, *The Public Trust Doctrine: An Econormic Perspective*, 29 Cal. W. l. Rev. 239, 26 (1992－1993).

学、经济法学等多个部门法学的范畴。具体来说，在宪法学领域，国有财产保护的研究主要关注《宪法》对国有财产的界定、保护原则及其在国家治理中的地位和作用；在行政法学领域，研究则侧重于政府在国有财产管理中的职责、权限以及相关行政法规的制定和执行；民法学领域则更多地探讨国有财产在民事交易中的地位、权利归属以及与其他民事主体之间的法律关系；经济法学领域则关注国有财产在市场经济中的运作机制、监管制度以及如何通过法律手段促进国有财产的保值增值。这些不同学科的交叉研究，共同构成了国有财产保护的多维度视角，为全面理解和有效保护国有财产提供了坚实的理论基础。

一、研究现状

从法学界现有的研究成果来看，对国有财产保护制度的研究主要涉及宪法学、经济法学、民商法学和行政法学等部门法学。

值得一提的是，学界一直存在将“国有财产”和“国有资产”混用的现象。由于广义的国有资产与国有财产同义，泛指依法归国家所有的一切财产，很多关于国有资产的研究，其研究对象正是本书中的国有财产，所以本书将其他学者以国有资产为对象的研究也纳入研究综述中。

（一）国有财产保护的宪法学研究

近年来，学界逐渐开始重视从宪法层面理解国家所有权。宪法学界主要主张国家所有权不同于私人所有权，因而国有财产应当受到特殊保护[①]，从而防止对“国家所有”的规制完全遁入私法，丢失了公法上的监管与义务。[②] 有学者分析了国家所有权和私人所有权的实质差别，认为国家所有权

---

① 张力：《国家所有权的异化及其矫正——所有权平等保护的前提性思考》，载《河北法学》2010 年第 1 期；张力：《论国家所有权理论与实践的当代出路——基于公产与私产的区分》，载《浙江社会科学》2009 年第 12 期。

② 李忠夏：《“国家所有”的宪法规范分析》，载《交大法学》2015 年第 2 期。

具有国家权力的一切特征和属性[①]；也有学者提出了国家所有权属于公共所有权，试图从公共所有权的角度重构国家所有权制度。[②] 总的来说，现有研究形成了名义所有权说（如肖泽晟的《宪法意义上的国家所有权》[③]）、制度性保障说（如林来梵的《宪法规定的所有权需要制度性保障》[④] 等）、所有制说（如徐祥民的《自然资源国家所有权之国家所有制说》[⑤]、张翔的《国家所有权的具体内容有待立法形成》[⑥] 等）、公权力说（如巩固的《自然资源国家所有权公权说》[⑦] 等）、剩余权说（如崔拴林的《国家所有权性质问题研究——针对国有资本的分析》[⑧] 等）。

具体来说，主张从宪法层面上理解国家所有权的学者认为，应当通过限制政府的权力，来保障公民的权利。例如，肖泽晟在《宪法意义上的国家所有权》一文中提出，宪法意义上的国家所有权是一种义务性所有权，政府肩负着将国有财产优先用于公民基本权利保障等义务；[⑨] 程雪阳在《中国宪法上国家所有的规范含义》一文中提出，相比于民法上的所有权，国家所有权不仅不能作为国家的私有利益，反而必须用于特定的用途，即必须用于保障公民自由和自主发展。[⑩]

但是这些学说大多只从法理上阐释了如何从宪法意义上理解国家所有权，以及构建相应保护制度的必要性，却很少涉及具体保护制度的研究。有少数学者对宪法意义上的国家所有权的运行机制进行系统梳理归纳，并提出

① 王军：《国企改革与国家所有权神话》，载《中外法学》2005 年第 3 期。
② 黄军：《国家所有权行使论》，武汉大学 2005 年博士学位论文，第 19 页。
③ 肖泽晟：《宪法意义上的国家所有权》，载《法学》2014 年第 5 期。
④ 林来梵：《宪法规定的所有权需要制度性保障》，载《法学研究》2013 年第 4 期。
⑤ 徐祥民：《自然资源国家所有权之国家所有制说》，载《法学研究》2013 年第 4 期。
⑥ 张翔：《国家所有权的具体内容有待立法形成》，载《法学研究》2013 年第 4 期。
⑦ 巩固：《自然资源国家所有权公权说》，载《法学研究》2013 年第 4 期。
⑧ 崔拴林：《国家所有权性质问题研究——针对国有资本的分析》，载《河北法学》2008 年第 9 期。
⑨ 肖泽晟：《宪法意义上的国家所有权》，载《法学》2014 年第 5 期。
⑩ 程雪阳：《中国宪法上国家所有的规范含义》，载《法学研究》2015 年第 4 期。

相应保护制度，如李昌庚的《国有财产法原理研究》[①] 一书、莫静的博士学位论文《宪法上国家财产所有权的行使机制研究》[②] 等。其他相关研究则大多探讨的是如何针对某一具体权利构建保障机制，如肖泽晟的《论公物附近居民增强利用权的确立与保障》[③]、王克稳的《自然资源特许使用权之论》[④] 等。

（二）国有财产保护的民法学研究

民法学界关于国有财产保护研究的主要观点是，国有财产应当与私有财产受到平等的保护。该观点认为，因为国有财产的保护手段与私有财产、集体财产并无差异，所以没有必要进行区分。[⑤] 一方面，民法出于对私有财产的尊重来保护私有财产；另一方面，民法出于对全体公民财富的尊重来保护国有财产。[⑥] 在民法领域，各个所有权主体都平等地受法律保护，对其损失都应该予以平等的补偿、赔偿，决不能因侵害的所有权主体不同而设置不同的赔偿标准。[⑦]

这种观点的理论基础是，国家所有权是民法上的财产权，国家以民事主体的身份对国有财产享有所有权。[⑧]《物权法》（已废止）第 4 条规定，“国家、集体、私人的物权和其他权利人的物权受法律保护”，在此基础上，

---

① 李昌庚：《国有财产法原理研究》，中国社会科学出版社 2015 年版，第 197 ~ 260 页。

② 莫静：《宪法上国家财产所有权的行使机制研究》，东南大学 2017 年博士学位论文，第 55 ~ 126 页。

③ 肖泽晟：《论公物附近居民增强利用权的确立与保障》，载《法商研究》2010 年第 2 期。

④ 王克稳：《自然资源特许使用权之论》，载《公法研究》2012 年第 1 期。

⑤ 张力：《国家所有权的异化及其矫正——所有权平等保护的前提性思考》，载《河北法学》2010 年第 1 期；张力：《论国家所有权理论与实践的当代出路——基于公产与私产的区分》，载《浙江社会科学》2009 年第 12 期。

⑥ 程淑娟：《论我国国家所有权的性质——以所有权观念的二元化区分为视角》，载《法律科学（西北政法大学学报）》2009 年第 1 期。

⑦ 韩松：《论物权平等保护原则与所有权类型化之关系》，载《法商研究》2006 年第 6 期。

⑧ 江平主编：《物权法》，法律出版社 2009 年版，第 125 页；江平主编：《物权法教程》，中国政法大学出版社 2011 年版，第 157 页。

2020年颁布的《民法典》进一步明确加上“平等”二字，规定不同主体的物权受法律平等保护。[①] 民法学界普遍认为这是对国家所有权与其他所有权平等保护原则的确认，并认为民法对所有物权的平等保护是一种进步，能够激发社会创造财富的能力。[②] 这些观点认为，不论权利主体是谁，所有权从本质上来说就是一种民法上的权利，对于国家所有权运行过程中体现出来的一些具有行政权特征的内容，可以视为处分权衍生的权利。[③] 因此，有学者认为按照权利主体划分所有权缺乏法学意味[④]，甚至有学者认为国家所有权本身就是一个虚幻的概念。[⑤]

（三）国有财产保护的行政法学研究

保护国有财产的行政法学理论研究集中于对行政公产的公法保护研究。这种观点认为，公产就是行政主体提供给公众直接使用的财产或公务用财产，国家对行政公产所享有的所有权不能理解为民法上的所有权，而应当理解为行政法上的所有权。[⑥] 行政公产应适用公法规范，采取公法上的保护机制，并且享有所有权的主体应当受到国家的特别监督。

公产理论是我国学者从法国和德国引进的一个理论。根据《法国民法典》第537条的规定，法律上通常使用“公产”（domaine public）这一概念来代表国有财产（patrimoine national），指的是由公法法人管理的、不属于

---

① 《民法典》第207条。

② 孙宪忠：《物权法应采纳“一体承认、平等保护”的原则》，载《法律科学（西北政法大学学报）》2006年第4期。

③ 崔拴林：《国家所有权性质问题研究——针对国有资本的分析》，载《河北法学》2008年第9期。

④ 梁慧星编著：《中国物权法草案建议稿：条文、说明、理由与参考立法例》，社会科学文献出版社2000年版，第212页；李康宁、王秀英：《国家所有权法理解析》，载《宁夏社会科学》2005年第4期；牛立夫：《对我国所有权的“三分法”的法学思考》，载《内蒙古社会科学（汉文版）》2005年第2期。

⑤ 李凤章：《国家所有权的解构与重构》，载《山东社会科学》2005年第3期。

⑥ 张树义：《行政法与行政诉讼法学》，高等教育出版社2002年版，第51~67页。

任何人的财产[①]，并认为公产应当受到公法上的特别保护。[②] 这种保护制度同时针对管理机关和第三者双方，包括公产的维修、公产的不能转让性、公产保护的违警处罚三个方面，以维持公产的作用，防止公产的毁损、侵占和丧失。[③] 国家公产纠纷由行政法院管辖，而国家私产纠纷则由普通法院管辖。

德国的公物制度已具备一定规模，但是并没有从民法关系中脱离出来。大多数学者将国有财产放在财产权的体系中研究如何保护国有财产，认为宪法财产权的保护范围应当从“所有权保障”扩张到“财产权保障”，并且财产权受宪法保障的限度和内容必须由立法者经过立法程序来决定。[④] 也有德国知名学者在《行政法》一书中专列一章来讨论公物法，阐明了公物的法律地位和使用、保护问题，并指出公物私有化必须限制在《统一条约》第25条规定的范围内，从而对行政机关肆意处置公物加以限制。[⑤]

大陆法系国家一般将国有财产分为国家公产与国家私产，并分别构建保护制度。还有一些国家虽然没有这种明确的“国家公产”“国家私产”的表述，但是基于本国国情和历史传统，对国有财产做了类似的划分。我国有很多学者将国有财产分为行政事业性国有财产、资源性国有财产、企业性国有财产，这就与公产和私产的区分模式有一定相似之处，行政事业性国有财产和资源性国有财产接近于国家公产的范畴，企业性国有财产接近于国家私产的范畴。大多数按照这个划分标准来对国有财产进行分类研究的学者认为，二者在法律适用上有差异：国家私产所有权更接近于私法意义上的所有权，因而主要适用私法规范；而国家公产所有权则更多地体现公法特征，一般适

---

① 莫静：《宪法上国家财产所有权的行使机制研究》，东南大学2017年博士学位论文，第8页。

② [法] 佛朗索瓦·泰雷、菲利普·森勒尔：《法国财产法》(下)，罗结珍译，中国法制出版社2008年版，第663~665页。

③ 王名扬：《法国行政法》，北京大学出版社2016年版，第260~265页。

④ 陈新民：《德国公法学理论基础》(下册)，山东人民出版社2001年版，第405~413页。

⑤ [德] 汉斯·J. 沃尔夫、奥托·巴霍夫、罗尔夫·施托贝尔：《行政法》(第2卷)，高家伟译，商务印书馆2002年版，第464~525页。

用公法规则，不可被自由处分、不得被强制执行、不适用取得时效制度等。

从我国国有财产保护的行政法学研究情况来看，王名扬在《法国行政法》一书中介绍了行政公产，并认为行政法学中主要说明公产问题，附带说明私产问题。[①] 杨解君、肖泽晟所著的《行政法学》一书将公物纳入了行政组织法的范畴加以探讨[②]，张树义的《行政法与行政诉讼法学》一书中也有专章论述此问题。[③] 肖泽晟所著《公物法研究》一书，将国有财产区分为直接服务于公共用途的社会公共财产（国有公物）和国家用于获得收入的国家私产，并以“公物”作为研究对象，对如何完善我国公物的用途进行了研究，提出了应当分离公物管理职能与公物开发职能、遵循“上升分配”原则、允许一定范围内的管理权集中等公物保护措施。[④]

（四）国有财产保护的经济法学研究

国有财产保护的经济法学研究主要是以经营性国有财产为研究对象的。早期关于国有财产经济法保护的论著有史际春的《当代国际惯例：国有资产管理》[⑤]、谢次昌的《国有资产法》[⑥]、孙孝福和王全兴的《国有资产法初探》[⑦]、邓元明的《关于〈国有资产法〉立法的若干思考》[⑧] 等。这些早期的研究虽然冠以“法律制度”，但更多的是经济学的内容。

随着《企业国有资产法》的颁布，经济法学界对国有财产保护的研究主要分为两种：一种是针对《企业国有资产法》展开条文解读和释义，典型论著如史际春等的《企业国有资产法理解与适用》[⑨]、何永坚的《〈中华人

---

① 王名扬：《法国行政法》，北京大学出版社 2016 年版，第 235 页。

② 杨解君、肖泽晟：《行政法学》，法律出版社 2000 年版，第 135 页。

③ 张树义：《行政法与行政诉讼法学》，高等教育出版社 2002 年版，第 51～67 页。

④ 肖泽晟：《公物法研究》，法律出版社 2009 年版，第 15 页、第 149～150 页。

⑤ 史际春编著：《当代国际惯例：国有资产管理》，海南出版社 1999 年版，第 1～201 页。

⑥ 谢次昌：《国有资产法》，法律出版社 1997 年版，第 1～299 页。

⑦ 孙孝福、王全兴：《国有资产法初探》，载《中南财经大学学报》1994 年第 2 期。

⑧ 邓元明：《关于〈国有资产法〉立法的若干思考》，载《当代经济科学》1995 年第 1 期。

⑨ 史际春等：《企业国有资产法理解与适用》，中国法制出版社 2009 年版，第 1～350 页。

民共和国企业国有资产法〉释义及实用指南》[①] 等；另一种是讨论《企业国有资产法》的不足，并提出改进建议，如李曙光等在《国有资产法律保护机制研究》一书中梳理了（企业）国有资产保护的各方主体，提出了委托人、出资人等“五人”定位的理论和各类国有财产的保护体制[②]；顾功耘在《国有资产法论》中，通过对国有资产基本法律制度、经营增值法律制度、流通转让法律制度、责任追究法律制度的现状进行分析，分别提出了完善措施，并专题研究了国有财产公益诉讼的构建建议和程序设计[③]；王克稳在《〈企业国有资产法〉的进步与不足》中指出这部法律在调整范围、出资人及其职能设置、国有资产的监管体制等方面的诸多不足之处，并提出修改建议。[④]

（五）国有财产具体保护措施的研究

除了研究国有财产保护的法律制度，还有不少学者针对国有财产的某种具体保护措施或机制进行研究。例如，有学者通过引进公共信托理论，论证了公共信托理论对我国国有财产保护的启示作用，提出我国应当实行社会公共财产与国家私产的分野，应确立公共财产重大事项法律保留原则等来保护国有财产[⑤]；有学者针对国有资产监管权力分配与制衡来研究如何保护国有财产，提出我国在国有资产监管方面应当加强法治化建设、交易过程应当透

---

① 何永坚主编：《〈中华人民共和国企业国有资产法〉释义及实用指南》，中国民主法制出版社 2008 年版，第 1～424 页。

② 李曙光等：《国有资产法律保护机制研究》，经济科学出版社 2015 年版，第 27～37 页、第 115～412 页。

③ 顾功耘：《国有资产法论》，北京大学出版社 2010 年版，第 201～432 页。

④ 王克稳：《〈企业国有资产法〉的进步与不足》，载《苏州大学学报（哲学社会科学版）》2009 年第 4 期。

⑤ 肖泽晟：《公共信托理论与公共财产权保护》，载《中国法学会行政法学研究会会议论文集》，武汉大学出版社 2007 年版，第 762～789 页。

明化等[①]；还有学者对国有财产的中央和地方应当如何划清权属界限进行研究，认为我国应当承认地方所有权，从而缓解中央和地方的利益冲突，更好地保护国有财产。[②] 相关文章还有很多，在此不再一一列举。

二、对研究现状的评述

总的来说，我国关于国有财产保护的研究存在重私法轻公法、重实体轻程序、重局部轻整体的倾向。

第一，当前的研究首先体现出的是重私法研究轻公法研究的倾向。从国有财产法律保护的整体研究情况来看，虽然近些年越来越多的学者认识到应当承认国家所有权的公权力属性，并认为国有财产应当受到公法保护，但是国内在国有财产所有权问题上的理论探讨仍然表现为私法特别是民法研究的热度较高，公法研究较少且缺乏系统性。由于2007年颁布的《物权法》对国有财产作了较为明确、系统的规定，对国有财产民法保护制度具有较大的影响力，所以在私法尤其是民法的很多论著中都能见到对国有财产或国家财产权的分析阐述，如佟柔在《民法原理》一书中就专辟一章讨论了国家所有权在民事法律中的问题。[③] 与此形成鲜明对比的是，在公法学的教材中，几乎难以找到专门论述国有财产或国家所有权的内容。

第二，当前研究更多地关注实体权利保护，对保护程序的研究较少。在学术界，大多数学者已经普遍认同国家所有权属于公权力的范畴，或者至少具备公权力的某些特征，因此，国家所有权理应受到公法的约束和限制。然而，目前关于国有财产保护的研究主要集中在对国家所有权的权利属性进行界定，并且往往仅限于这一层面来探讨国家所有权应当受到的限制。例如，传统的立法论文章要么从某一部门法的角度研究国有财产的保护机制，提出

---

① 刘现伟、李红娟：《国有资产监管权力分配与制衡》，中国政法大学出版社2017年版，第210～248页。

② 冯乐坤：《地方所有财产的基本问题研究》，法律出版社2016年版，第90～114页。

③ 佟柔：《民法原理》，法律出版社1983年版，第133～147页。

某一部门法领域的保护机制；要么按照保护对象进行分类，提出行政公产的保护机制、国家私产的保护机制。相比之下，关于国家所有权行使程序的研究相对较少，鲜有学者深入探讨国家所有权在动态运行过程中的实际操作问题。此外，也很少有研究从国家所有权动态运行的过程角度出发，全面分析国有财产受到侵害的具体原因，并在此基础上系统而完整地提出有效的解决方案。

第三，现有研究存在重局部研究轻整体研究的现象。主要表现在两个方面：一方面，私法研究与公法研究之间存在明显的割裂。私法研究往往专注于研究实体权利，关注个体权利的保护和实现，公法研究则更多探讨公法人的地位和财产属性，关注国家权力的运行和制约。当这两种研究路径各自为政时，国有财产整体的特殊性质就容易被忽视。国有财产既涉及国家作为公权力主体的职能行使，又涉及国家作为财产所有者的私法权益。这种双重属性使得国有财产在法律保护上具有复杂性，需要综合私法和公法的视角进行深入研究。另一方面，现有的研究大多集中在国有财产的特定类别或单一方面，而缺乏对国有财产整体状况的全面审视。例如，民商法学界主要着眼于对国家私产的研究；经济法学界主要研究涉及企业国有资产法的相关问题；[①] 公法学界则大多集中于对国家所有权性质的理论争辩，并侧重于对国有公物保护的研究。这种片面的研究方法导致了对国有财产保护问题的片面理解，提出的解决方案往往只能解决表面问题，而无法触及问题的根本。例如，针对某一类国有财产的保护措施可能无法适用于其他类别的国有财产，甚至可能在其他类别的国有财产中产生新的问题。

第三节　本书可能的创新

为了更有效地保护国有财产，本书跳出传统研究的框架，从整体上系统

① 李昌庚：《国有财产法原理研究》，中国社会科学出版社 2015 年版，第 4 页。

地分析国有财产面临的保护难题，从而提出具有针对性和系统性的保护措施。

第一，本书从与私有财产对比的视角，来研究作为整体的国有财产面临哪些特殊保护难题，并以此为基础分析国有财产究竟需要哪些特殊保护。如前所述，很少有学者系统地分析国有财产作为一个整体，面临着什么样的保护难题，并在此基础上提出具体而全面的保护国有财产的建议。本书则尝试从与私有财产对比的角度，研究我国国有财产作为一个整体，面临着什么样的特殊保护难题，进而思考在民法对财产权的平等保护之外，国有财产究竟需要什么样的特殊保护。

第二，本书从比较公法和私法对财产保护的角度出发，审视国有财产所必需的公法层面的保护措施。以往无论是公法还是私法，对国有财产保护的研究多数专注于单一的法律领域，并且通常局限于这些法律分支中的特定学科。本书虽然聚焦于公法对国有财产保护的研究主题，但同样认识到私法在保护国有财产方面所不可或缺的价值。本书在确认私法对国有财产和私有财产提供相同程度保护的合理性后，进一步分析了私法在保护国有财产方面的不足，并基于此，探讨公法如何有效地补足这些不足之处。

第三，本书在研究思路上，兼顾对国有财产管理者控权和授权的研究。当前关于国有财产公法保护的研究，大多只关注如何限制国有财产管理者的权力，如何防止国家所有权被滥用，忽略了在特定情境下，国有财产管理者作为公权力主体的身份反而对其保护财产的能力构成了限制。实际上，赋予国有财产管理者足够的权力以有效执行其保护国有财产的宪法职责是至关重要的。因此，本书主张，公法对国有财产的保护不应仅限于对管理者权力的限制，还应包括赋予管理者适当的权力，以便其能够高效地履行保护国有财产的职责。基于此理念，本书建议应赋予国有财产管理者通过行政命令要求侵权人赔偿损失或返还公法不当得利的权力。

第四，本书从公法制度的静态保护和检察监督的动态保护两方面，研究如何全方位保护国有财产。鉴于法律固有的滞后性，难以即时应对社会生活的复杂多变，因此，有必要依赖专门的监督机构充分行使监督职能，以实现对国有财产的动态保护，确保法律保护既具有前瞻性又不失其应有的反应速度。基于此，本书将公法保护与检察监督这两种静态与动态相结合的保护机制，巧妙地融合于法律监督之中，进而提出了针对国有财产的公法保护策略。

第五，本书在理论研究的基础之上，提出了针对国有财产特殊保护的若干具体建议。包括国家意思表示形成的内部行政法控制机制、处分国有财产时的第三方论证审查机制、责令赔偿损失和返还公法不当得利的机制、由检察机关对涉国有财产案件全面审查的机制，以及当国有财产管理者拒不履行保护国有财产的信托义务时，由检察机关支持公民提起行政公益诉讼的制度。

第一章

“财产国有”的宪法法理解读

我国作为社会主义国家，不仅在《宪法》中明确规定“国家所有即全民所有”，并且在30余部法律和大量的行政法规、规章和司法解释中出现“国家所有”或“国家所有权”的表述，① 还多次重申国家所有即全民所有。“国家所有即全民所有”这一表述，究竟是仅仅作为一种政治宣言，用以表达某种政治理念和立场，还是一条明确权利归属的法律条文？《宪法》将大量财产规定为国家所有的目的是什么？如何确保这些被国有化的财产能够真正实现其既定的目标和用途？保护国有财产，究竟是要保护什么样的法益？这些问题都是构建一个有效的国有财产保护制度所必须面对和解决的，它们直接决定了国有财产保护制度的构建方向和框架。为了深入探讨和回答这些问题，本章首先对“国有财产”的概念进行了详细的分析，探讨了“国家所有”与“全民所有”之间的逻辑关系，以及国有财产与《宪法》上所规定的公共财产之间的联系。其次，本章进一步阐述了为什么应当从宪法层面来理解国家所有权的含义，以及它在法律体系中的地位和作用。最后，本章分析了我国《宪法》和相关法律将大量财产国有化的社会主义目的，以及国家作为宪法义务主体所应承担的责任和义务，从而明确保护国有财产所要维护的法律利益究竟是什么，以及我们应当如何构建一个科学、合理的国有财产保护制度，以确保国有财产能够得到有效的保护和合理的利用。

---

① 《文物保护法》《继承法》《草原法》《矿产资源法》《民法典》《土地管理法》《档案法》《水法》《野生动物保护法》《香港特别行政区基本法》《海商法》《澳门特别行政区基本法》《农业法》《教育法》《中国人民银行法》《民用航空法》《煤炭法》《刑法》《国防法》《防洪法》《森林法》《合同法》《海域使用管理法》《农村土地承包法》《物权法》《企业国有资产法》《全民所有制企业法》《农村土地承包经营纠纷调解仲裁法》《海岛保护法》《地方各级人民代表大会和地方各级人民政府组织法》《人民检察院组织法》《人民法院组织法》《刑法》《森林法》《草原法》《渔业法》《全民所有制工业企业法》等。

第一节　国有财产的界定

概念的合理界定是学术研究的起点。只有当我们对所研究的对象有了清晰的认识，才能进一步深入探讨其内在的规律和问题。由于本书研究的是宪法层面上国有财产作为一个整体所面临的侵害问题及其相应的解决策略，而不是对国有财产进行分类化的研究，因此，在本书的语境中，“国有财产”这一概念指所有权归属于国家的全部财产，不仅包括有形的资产，如土地、建筑物、自然资源等，也包括无形的资产，如知识产权、股权等。而“国有财产管理者”则涵盖所有代表国家行使国有财产所有权权能的机构或个人，无论是政府部门、国有企业，还是授权的个人或组织，他们都在法律框架内负责管理和运用这些财产，确保其保值增值，并为国家的发展和公共利益服务。通过对这些概念的明确界定，本书旨在为读者提供一个清晰的研究基础，以便更深入地探讨国有财产保护和管理中的关键问题及其解决方案。

一、国有财产的含义

“国有财产”是指所有权属于国家的财产，其归属性质毋庸置疑。但是要弄清楚何谓“财产”，何谓“国有”，则需要结合《宪法》和法律来加以分析。

（一）“财产”的释义

根据《辞海》定义，财产是指“金钱、财物和民事权利义务的总和”[①]。有学者认为，从财产的属性上来讲，“财产”包括“物”和能够以货币估值的“资产”。[②]《荷兰民法典》将“财产”作为有体物和无体物的上位概念，

---

① 辞海编辑委员会：《辞海（经济分册）》，上海辞书出版社1980年版，第211页。

② 李忠夏：《“国家所有”的宪法规范分析》，载《交大法学》2015年第2期。

认为财产包括“所有的物和所有的财产权利”[①]；法国学者认为，财产是能满足人类物质需要的“利益”[②]；德国学者普遍认为财产是指具有“金钱价值”的权利。[③]

综合上述观点，本书认为，财产是指具有货币价值、能满足人类物质需要的物及权利，具有效用性、稀缺性和可控性三个基本特征。首先，财产必须具有价值，能够满足主体需求，即对人有效用性。例如，可食用的野菜可以作为财产交易，而无用的杂草则不会被视为财产。其次，财产之所以为财产，是因为其具有稀缺性，无法被所有人占有。若无稀缺性，则不会产生价格，主体之间亦不会因此类物品产生纠纷。例如，空气在大多数情况下是随手可得的，不具备稀缺性，但在特定环境下，如爬高山或潜水时所需的罐装氧气，因其稀缺性而成为财产。最后，财产必须具备可控性，即财产能够为主体所利用。例如，河水有价值且能为人所利用因而属于财产并需要加以保护，而洪水因不可控且对人没有效用，故不属于财产范畴。

在立法实践和理论研究中长期存在将国有财产和国有资产两个概念混用的现象。资产是负债的对称，是指有关单位所拥有的各种财产、债权和其他权益。[④] 本书之所以采用“财产”的概念而不是“资产”的概念，原因主要有以下几点：第一，“资产”的概念与《宪法》《民法典》等基本法律所采用的“财产”概念不符，也与“财产权”的概念不适配；第二，“财产”这一概念是以“物”为核心并不断演进的法学概念，而“资产”一般是指作为生产要素投入生产经营中并能够增值的财产，属于经济学概念；第三，财产包括具有增值功能的动态财产和不具有增值功能的静态财产，而狭义的资产仅指具有增值功能的财产，其范围小于财产的范围。因此，本书采用了“国有财产”而不是“国有资产”的概念。

---

① 《荷兰民法典》，王卫国主译，中国政法大学出版社2006年版，第5页。

② 江平主编：《民法学》，中国政法大学出版社1992年版，第82页。

③ 谢怀栻：《论民事权利体系》，载《法学研究》1996年第2期。

④ 辞海编辑委员会：《辞海（经济分册）》，上海辞书出版社1980年版，第512页。

（二）“国有”的释义

无论立法实践还是理论研究，大多是从财产的来源来定义“国有”财产的。我国《国有资产产权界定和产权纠纷处理暂行办法》将国有资产界定为：“国家依法取得和认定的，或者国家以各种形式对企业投资和投资收益、国家向行政事业单位拨款等形成的资产。”日本 2002 年《国有财产法》、韩国 2001 年《国有财产法》也是从财产的来源对国有财产进行界定。有学者认为，国有财产是指国家依法取得和认定，通过投资、收益或接受捐赠等形成的财产①；也有学者认为，国有财产是指国家依据法律取得或者由于资金投入、资产收益、接受馈赠而形成的一切资产及权益②；还有学者认为，国有财产是指政府通过国家授权，依据法定方式或其他法律认可的方式，获得他人财产、无主财产或投资增值等形成的财产。③

可以看出，财产“国有”的来源包括公法方式和私法方式。首先，国家可以通过法定方式即依照《宪法》和法律，无须借助其他辅助法律行为或事实取得财产所有权。这是世界各国国有财产来源最基本的方式，也是国家主权及国家公权力的典型体现。例如，我国《宪法》直接规定“城市的土地属于国家所有”，就是以法定方式获得国有财产。其次，国家可以通过公权力，以税收、公共收费、征收、没收、罚款与罚金等方式取得国有财产，从而实现相应的社会管理职能。最后，国家可以私法方式，即通过投资、经营，购买、接受赠与、捐赠和遗赠等民事行为方式取得国有财产所有权。

结合“财产”和“国有”的含义，本书认为国有财产是指国家依照《宪法》和法律规定取得和认定的，或者依公权力取得，或者通过民事行为取得的，具有货币价值的物和权利的统称。

---

① 李昌庚：《国有财产法原理研究》，中国社会科学出版社 2011 年版，第 59 页。

② 顾功耘：《国有资产法论》，北京大学出版社 2010 年版，第 4 页。

③ 李昌庚：《国有财产法基本制度研究》，法律出版社 2015 年版，第 8 页。

值得一提的是，国有企业中的国有财产，应当是国家对企业各种形式的出资所形成的权益，并不包括国有企业本身和国有企业内部的财产。1993年《宪法》修正案将“国营经济”改为“国有经济”，确认了国有企业所有权与经营权相分离的原则。根据《民法典》第255—257条的规定，国家机关对其直接支配的不动产和动产，享有占有、使用以及依照法律和国务院的有关规定处分的权利。国家举办的事业单位对其直接支配的不动产和动产，享有占有、使用以及依照法律和国务院的有关规定收益、处分的权利。国家出资的企业，由国务院、地方人民政府依照法律、行政法规规定分别代表国家履行出资人职责，享有出资人权益。根据《企业国有资产法》的规定，出资人对企业享有的是出资人权利，具体体现为资产收益、参与重大决策和选择管理者等权利。[①] 由此可见，国家对国有企业所享有的“所有权”体现为“出资人权益”，只有出资部分形成的股权和出资部分所对应的分红收益和负债属于国有财产。

二、国有财产的权益归属——“国家所有”还是“全民所有”

如前所述，《宪法》规定了“国家所有即全民所有”，以根本大法的形式明确了国有财产就是全民所有的财产，但这究竟是明确国有财产的权利归属还是只是一种政治宣言一直存在争议。本书认为，“国家所有即全民所有”不仅仅是社会主义国家的政治宣言，更是在权利归属上确认了国有财产的所有权人和受益人是全体公民，具体理由如下。

第一，从法律的角度来看，《宪法》作为国家的根本大法，其规定具有最高的法律效力。《宪法》不仅规定了“国家所有即全民所有”，更是规定了“国家的一切权力属于人民”，明确了我国作为社会主义民主国家，包括国家所有权在内的一切权力属于全体公民，因此，国有财产的权利归属与利

① 《企业国有资产法》第2条规定，企业国有资产，是指国家对企业各种形式的出资所形成的权益。第12条规定，履行出资人职责的机构代表本级人民政府对国家出资企业依法享有资产收益、参与重大决策和选择管理者等出资人权利。

益归属也应当属于全民。

第二，从我国是社会主义国家的国家性质来看，社会主义强调公有制和全民所有制，即生产资料归全体人民所有，而不是归少数人或某个特定集团所有。因此，“国家所有即全民所有”的条款正是社会主义基本原则的法律化，即通过国家所有制来实现全民所有制的目标。

第三，从国家权力运行的实践来看，《宪法》不仅规定了人民行使国家权力的机关是人民代表大会，国家行政机关、监察机关、审判机关、检察机关都由人民代表大会产生，对它负责，受它监督，并且通过一系列法律制度落实了人民代表大会制度，明确了人民当家作主的方式和路径。这也印证了《宪法》规定的“人民依照法律规定，通过各种途径和形式，管理国家事务，管理经济和文化事业，管理社会事务。”因此，“全民所有”是通过一系列制度构造能够落实并且已经落实的宣言。

第四，涉及国有财产的法律法规进一步明确了具体国有财产的“国家所有即全民所有”的权利归属。在《宪法》规定的基础上，《物权法》《土地管理法》《企业国有资产法》《矿产资源法》《水法》等有关国有财产的法律也都重申了“国家所有即全民所有”的表述。在具有可操作性的部门法中再次重申“国家所有即全民所有”，应当理解为对《宪法》的进一步细化，对具体的财产明确权利归属和利益归属。

第五，从历史的角度来看，“国家所有即全民所有”的条款也是对历史的总结和反思。在封建时代，国有财产被少数人所垄断，导致了严重的社会不公和贫富差距。因此，当代中国作为社会主义国家，必然确保国有财产真正为全体公民所享有，从而消灭剥削，最终实现共同富裕。

综上所述，“国家所有即全民所有”的条款不仅仅是社会主义国家的政治宣言，更是从权利归属上确认了国有财产的所有权人和受益人是全体公民。

因此，国有财产虽然被称为“国有”财产，但是其根本的所有权人是全民，所承载的根本法益是全体公民的利益或社会大众的利益，而不是“国家”这个抽象主体的利益，更不是国有财产管理者的利益。但是，由于全民无法直接行使所有权，同时也为了防止公民对国有财产的无序争夺，而不得不由国家来管理和保护这些财产，通过国家力量来使财产可控，有序地分配给全体公民。从这层意义上来说，全民所有权是目的所有权，国家所有权是手段所有权。

全民所有权作为目的所有权和国家所有权作为手段所有权的区别，从我国宪法中也可以得到印证。《宪法》在第6条第1款中规定了“生产资料的社会主义公有制，即全民所有制和劳动群众集体所有制”，紧跟着就提出了“社会主义公有制消灭人剥削人的制度，实行各尽所能、按劳分配的原则”；第9条第1款规定了自然资源归国家所有即全民所有之后，在第2款就规定了“国家保障自然资源的合理利用，保护珍贵的动物和植物。禁止任何组织或者个人用任何手段侵占或者破坏自然资源”；第10条第1款规定了城市的土地归国家所有之后，在该条第5款规定了“一切使用土地的组织和个人必须合理地利用土地”。从这些条文的内部逻辑关系可以看出，国家有持有并处分财产的权利，是为了由国家来保障资源的合理利用，保护珍贵资源，并实行各尽所能、按劳分配的分配制度，从而消灭人剥削人的制度，最终实现社会主义目的。

三、国有公物与国家私产的区别和联系

根据国有财产是否直接服务于公共用途，可以将国有财产进一步细分为国有公物和国家私产两大类。大陆法系国家普遍采取这种分类方式，或按照类似标准对国有财产做类型划分，并对国有公物和国家私产采取不同的管理和保护措施。在英美法系国家，一般不对国有财产作公物与私产的划分，而是倾向于使用国有商业性财产和国有非商业性财产的概念①，并根据公共信托理论，进一步划分出公共信托财产。无论是大陆法系的公物理论，还是英美法系的公共信托理论，都致力于通过积极分配利益给公众，来表达对公共

① 张健文：《转型时期的国家所有权问题研究：面向公共所有权的思考》，法律出版社2008年版，第183页。

财产用途的重视。同时，这些理论也对管理者处分国有公物的权力进行了限制，以防止权力滥用和确保公共利益的最大化。

早些年我国实行计划经济，受苏联及东欧国家影响，和我国的历史文化传统等因素的作用，导致在法学研究领域几乎不存在公物与私产的区分。然而，随着时间的推移，我国开始转向实行市场经济制度，这一转变使国有财产中的一部分不可避免地需要进入市场，参与经济活动。在这样的背景下，具有经营性质的国有财产逐渐成为一个不可忽视的重要部分。为了能够清晰地区分那些用于国家收益的财产和那些直接用于公共生活的财产，法学界开始逐步引入并明确了公物和私产这两个概念。

有学者借鉴英美法系的公共信托理论和大陆法系的公物理论，以国有财产是用作生活资料还是生产资料为标准，将其分为国有公物和国家私产。[①] 国有公物，顾名思义，是直接服务于公共用途的财产，其存在的根本目的在于保障人民群众享有最低限度的自由和自主权利。这类财产不能简单地成为民法上国家物权的客体，因为它们承载着公共利益的重要使命。例如，公共厕所作为当代社会公共基础设施的一部分，不仅关系到公众的健康和福祉，而且是推动社会包容、紧急需求应对、经济活动和城市形象建设的重要因素，因此不能作为国家私产用于收益。对于国有公物的管理者而言，他们的主要职责在于仲裁或调解使用者之间的利益冲突，确保使用秩序的稳定和公正，而不是随意地处分这些财产或擅自改变其公共用途。相对而言，国家私产则是被用作生产资料的国有财产。这类财产存在的直接目的是使国家能够获得必要的收入，实现国库收入的最大化，从而在更广泛的层面上间接服务于社会主义事业的建设和发展。国家私产可以成为民法上国家物权的客体，因为它们在经济活动中扮演着重要的角色。对于国家私产的管理者来说，他们可以代表国家作为民事主体，行使物权所有权，参与市场活动，进行资产的管理和运营，以确保国有财产的保值增值。

对国有财产进行国有公物与国家私产的划分，是基于二者保护侧重点的

① 肖泽晟：《公物法研究》，法律出版社2009年版，第1～6页。

差异。无论是国有公物抑或国家私产，均需防范私人侵害行为导致的财产流失。此外，鉴于国有财产的合理利用构成其保护的核心法益，不同用途的国有财产亦导致其保护焦点的差异性。一方面，公物的终极目的是“公产公用，实现公共利益”[①]，公益原则贯穿国有公物利用过程的始终，所以保护国有公物的重点是保护其特定用途，并且确保其以最符合公共利益的方式分配给全体公民，否则便有可能构成对国有公物的侵害。例如，2023 年，审计署对农村义务教育学生营养改善计划专项资金审计，发现有 66 县将 19.51 亿元专项资金用于偿还政府债务、基层“三保”等支出。尽管这些行为并未导致国有财产的流失，但因未能确保特定公共财产发挥其既定用途，故仍构成对国有财产的侵害。另一方面，国家私产的用途是实现国有财产总量的保值增值，因此，保护国家私产主要是为防止管理者对其肆意处分。例如，国有企业管理者在经营过程中，必须确保其资产得到合理利用和有效管理，以实现国有财产的保值增值。这意味着，国有企业在进行投资决策时，不能盲目追求短期利益而忽视长期效益，也不能将国有财产用于非经营性支出或高风险投资。同时，国有财产的处置必须经过严格的审批程序，防止管理者擅自处置国有财产，导致国有财产流失或损失。

四、国有财产与公共财产的区别与联系

在《宪法》中，除了“国有财产”外，还存在“公共财产”这一法律概念，并且明确宣示了“社会主义公共财产的神圣不可侵犯性”。鉴于国有财产与公共财产之间关系的界定尚不明确，部分学者对于国有财产的法律地位、所代表的利益以及国家所有权的本质持有不同见解，因此，本书对此进行深入探讨。

一方面，国有财产这一概念重在强调权利归属，即国有财产从源头上属

---

① 朱维究、闫晶：《论行政法与财产保护——从行政法对公产的积极保护说起》，载《财产权与行政法保护中国法学会行政法学研究会 2007 年年会论文集》，武汉大学出版社 2008 年版，第 39～45 页。

于国家，属于社会主义全体公民。从《宪法》条文“国有经济，即社会主义全民所有制经济”“国家所有，即全民所有”[①] 的内部逻辑关系就可以看出，我国作为社会主义国家，国有财产来源于全体公民、归属于全体公民，并受全体公民支配。

另一方面，公共财产这一概念则重在强调财产的所有制，即我国作为社会主义国家，实行公有制为主体的基本经济制度。从《宪法》序言中“生产资料私有制的社会主义改造已经完成，人剥削人的制度已经消灭”，以及第6条中“社会主义公有制消灭人剥削人的制度”可以看出，《宪法》规定公有制制度和公共财产神圣不可侵犯的地位，目的是通过实行公有制为主体的基本经济制度，消灭私有制带来的剥削和压迫，从而旗帜鲜明地表明与以私有制为主体的资本主义国家的区别。在私有制国家中，国家代表和维护的主要是社会上层统治阶级地位的私有阶级，而不是全社会的全体公民，国家的公共财产实际上是社会上层占统治阶级地位的这一部分人的公共所有，而不是全民所有。我国是社会主义国家，通过公有制为主体的经济制度保障最广大人民群众的根本利益。

从二者的关系来看，根据《宪法》第12条第2款的规定，国有财产属于社会主义的公共财产。有观点认为，社会主义公共财产中的国有财产，仅包括直接用于公共用途的国有公物，并不包括用于市场经济活动的国家私产。但本书认为，《宪法》所规定的“社会主义的公共财产”中的国有财产应当指国有财产整体，既包括用作生活资料的国有公物，也包括用作生产资料的国家私产，具体理由如下。

第一，从《宪法》条文中可以直接推导出国家私产属于社会主义全民共同所有。我国《宪法》第6条规定，“生产资料的社会主义公有制，即全民所有制和劳动群众集体所有制”；第7条规定，“国有经济，即社会主义全民所有制经济”。由于国有经济就是指生产资料归国家所有的一种经济类型，因此，从《宪法》这两个条文来看，不仅国家私产属于社会主义全民所有，

① 《宪法》第7条和第9条。

而且以国有生产资料为客体的“国有经济”也属于社会主义全民所有制经济。因此，用作生产资料的国家私产，其根本权利也归属于全体公民，属于社会主义的公共财产。

第二，《宪法》在规定国有财产时，并没有作公物和私产的划分。例如，我国《宪法》明确规定属于国家所有的财产包括城市土地在内的自然资源，这些资源既可以用作生产资料也可以用作生活资料。再如，国有经济的范围大体包括：矿藏、水流、森林、山岭、草原、荒地、滩涂等国有自然资源，城市的土地以及农村和城市郊区根据法律规定属于国家所有的土地，铁路、航空、国有农场等国有企业、事业单位也没有作国有公物和国家私产的区分。

第三，从民法规定的历史沿革来看，国家私产也被冠以过“神圣不可侵犯”的表述。1987 年施行的《民法通则》（已废止）第 73 条规定：“国有财产属于全民所有。国有财产神圣不可侵犯，禁止任何组织或者个人侵占、哄抢、私分、截留、破坏”。虽然后来为体现对社会主义市场经济主体的平等保护，删除了上述规定，但仍然可以体现出，民法保护范围内的国有财产，即国家私产也是和社会主义公共财产这个大范畴一样是神圣不可侵犯的。

第四，从社会制度来看，社会主义国家没有私利，无论是国有公物还是国家私产，其最终利益都归属于全体公民。一方面，国有经济大多存在于自然资源领域、国家安全相关行业、重要基础资源行业、提供公共产品服务行业以及支柱产业等关键领域。这些行业包括军工、电信、煤炭、民航、航运、电网电力、石油石化等。国有资本通过独资或控股形式保持对这些行业的绝对控制力，以确保国民经济命脉的稳定和国家安全。另一方面，从国有经济主要被用来弥补市场失灵，存在于非市场竞争性领域的角度来看，或者从国家私产在实现国家收益最大化之后，其最终目的是增进人民福祉的角度来看，国家所有权和国有财产都不应该被视为国家或政府的“私利”而存在。相反，它们必须被用作“为公民自由和自主发展提供物质和组织保障”

的工具。[①]

第五，实践中国有公物与国家私产并没有严格的划分界线，二者是可以相互转化的，因此仅将国有公物纳入公共财产的范畴是不合适的。在公产理论中，公产与私产的区分具有相对性[②]，在特定条件下，国有财产可以由公产转变为私产；反之亦然。决定某一国有财产应当作为国有公物还是国家私产的关键因素是，“财产交由国家去获得收入的价值是否大于由每个公民自由使用的价值”[③]。例如，在疫情期间，为了实现全体公民的利益最大化，国有企业生产的口罩等防疫物资受到国家的统一调配，以最符合公共利益的方式分配给全民，而不再按照价高者得等私法规则直接交给市场，这就反映了国有公物与国家私产在一定条件下是可以相互转化的。

综上所述，社会主义的公共财产包括国有财产和集体财产，其中国有财产既包括国有公物也包括国家私产。因此，《宪法》第 12 条第 1 款所规定的“社会主义的公共财产神圣不可侵犯”，意味着国有财产整体作为社会主义的公共财产的一部分，在宪法上的地位是“神圣不可侵犯”的。

第二节　宪法意义上国家所有权的性质

权利是物的核心。国家所有权究竟是宪法层面的权利，还是民法、行政法等部门法层面的权利？是公法权力还是私法权利？这些问题的答案关系到应当在哪些法律制度中构建保护国有财产的法律体系，因而有必要加以阐释。

民法学理论认为，就财产本身而言，无论所有权主体为国家、集体还是个人，所有权的性质都是相同的，即都是民法上的所有权。具体来说，支持

① 程雪阳：《中国宪法上国家所有的规范含义》，载《法学研究》2015 年第 4 期。

② 王名扬：《法国行政法》，北京大学出版社 2016 年版，第 237 ~ 238 页。

③ 肖泽晟：《公物法研究》，法律出版社 2009 年版，第 16 页。

这种理论的有以下几种观点：第一种观点认为所有权谱系包括私人所有权和公共所有权，二者都属于民法意义上的所有权，国家所有权就属于公共所有权，对其既不能简单套用私人所有权的逻辑和结构，也不能因为公共所有权与私人所有权存在差别，就否认公共所有权是所有权的类型之一①；第二种观点将国家“拟人化”，认为为了避免国家或全民的抽象化，国家所有权应当以具体的政府或者公法人所有的形式出现，立法上明确承认包括行政机关、事业单位、企业在内的法人单位对其财产所享有的法人所有权②；第三种观点认为国家作为政权主体和财产主体的双重身份是可以而且是必须分开的，国家在行使财产所有权时，是以私法上的人格来参与社会经济生活的；第四种观点认为国家行政权与国家所有权是两种性质不同的事物，国家所有权要限定在民法关于所有权内容的一般规定之内，不能由行政机关随意创设和扩大。③ 这些观点有一定的道理，既能够解释为什么国有财产中有一部分财产能够平等地参与到市场经济交易中，也能够为国有财产应当受到私法保护提供理论依据。

在市场活动中，避而不谈国家所有权的私法性质、排斥私法规则的保护是不适当也是不可能的。有学者对此有过经典表述：“民法典规范可同等地适用于私人与国家，有关国家的这些权利和义务的争端，通常就用解决私人间争端的那种方式加以处理。一个法律关系以国家为其当事人一方，并不一定要将国家从私法领域中移出。”④ 市场内在地要求公平竞争，只有公平竞争的环境下才能激发主体的创造力，实现市场主体的利益最大化。在市场活

---

① 程淑娟：《论我国国家所有权的性质——以所有权观念的二元化区分为视角》，载《法律科学（西北政法大学学报）》2009 年第 1 期；程淑娟：《确信与限制——国家所有权主体的法哲学思考》，载《河北法学》2009 年第 5 期。

② 李昌庚：《国有财产法原理研究》，中国社会科学出版社 2015 年版，第 44 页。

③ 王利明：《国家所有权的法律特征研究》，载《法律科学（西北政法大学学报）》1990 年第 6 期。

④ ［奥］凯尔森：《法与国家的一般理论》，沈宗灵译，中国大百科全书出版社 1996 年版，第 227 页。

动中，如果对国有财产施加超出私有财产保护规格的特权，是违背市场经济的平等原则的，既不利于市场经济发展也不利于国有财产在市场的有序流通。因此，当国有财产作为商品在市场流通时，应当将已置于交易市场的国有财产上的财产权视为私法权利，行政机关应当作为中立的仲裁者平等保护所有市场主体和所有财产形式，弱化行政法律特别保护国有财产的功能和地位。而且，国家所有权确实具备财产权的特征，在市场经济中需要民法的确认和保护。① 为了防止国家所有权在私法关系中受到来自其他市场主体的侵害，民法为国有财产提供与私有财产权保护方式一样的物权法保护、合同法保护、侵权法保护等。例如，针对国有财产流失的实际情况，《民法典》中有关物权的法律规定从几个方面强化了对国有财产的保护：一是明确了国有财产的范围，防止因权属不明确造成国有财产流失；二是通过规定国家专属的财产范围，避免私人以任何方式取得这些财产的所有权；三是规定禁止任何组织和个人侵占、哄抢、私分、截留、破坏国有财产，以及对造成国有财产损失的应当依法承担法律责任，为保护国有财产的相关立法活动提供上位法依据。②

但是，如果仅仅从民法意义上理解国家所有权，否认国家所有权的公法属性显然是错误的。

首先，从宪法层面上理解国家所有权的性质，是构建一切国有财产保护法律制度的基石。在宪法层面的国家所有权这个根基之上，才有可能派生出民法意义上的国家所有权。如图 1 - 1 所示，当全体公民将国家所有权让渡给国家之后，宪法意义上的国家所有权必须经过立法机关立法、行政机关执法，才能衍生出行政法意义上直接服务于公共利益的国家所有权和民法意义上可用于市场体系的国家所有权，前者主要受行政法调整，由管理者按照法

---

① 程淑娟：《论我国国家所有权的性质》，载《法律科学（西北政法大学学报）》2009 年第 1 期。

② 王兆国：《关于〈中华人民共和国物权法（草案）〉的说明》，2007 年 3 月 8 日在第十届全国人民代表大会第五次会议上的讲话。

律规定确定国有财产的用途、管理和处分；后者则受公法和私法的共同调整和保护[1]，公法用于防止管理者滥用处分权，私法则保护国有财产免受其他市场主体的侵害。

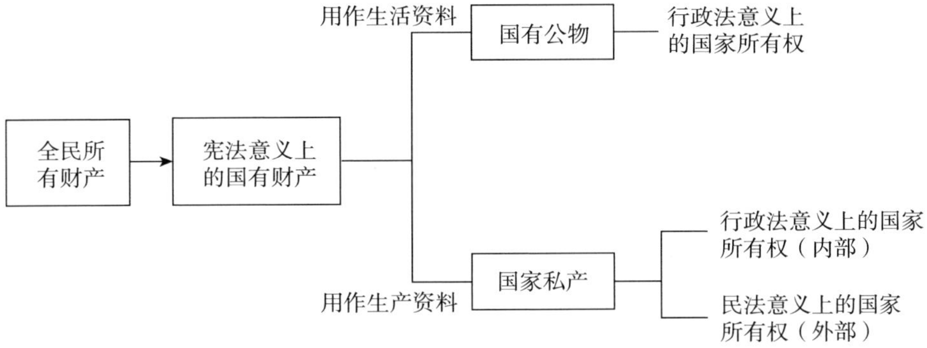

图 1-1 国家所有权具体化的过程

其次，对于国家这个权利主体来说，国家所有权是以公法义务交换来的公共管理权，必然属于公法上的权力。我国作为社会主义国家，肩负着消灭剥削、消除两极分化、维护社会公平的社会主义任务，《宪法》规定将大量土地和自然资源国家所有是为了实现社会主义目的，所以国家所有权不是凭空而来的福利，而是以一系列公法上的义务作为交换而得到的管理权。而且，从宪法的角度来看，现代公法上的国家没有私权利，国家行使财产所有权的行为本质上是国家活动的一种形式，表面上所体现的权力不能掩盖其作为义务的本质。因此，我们不能直接从民法意义上来理解国有财产所有权。

最后，对于全体公民而言，管理者作为平等民事主体参与市场活动的过程中，仍然是以支配者的资格在行使全民所赋予的权力，涉及大多数人的公共利益，因而同时具有公法人和私法人两种身份。[2] 这种双重身份要求国家在行使所有权时，不能仅遵守民法意义上的意思自治原则，更要为了财产的

---

① 肖泽晟：《论国家所有权与行政权的关系》，载《中国法学》2016 年第 6 期。

② 罗世荣、何磊：《论国家所有权的特别私权性——兼谈〈物权法〉对国有资产的立法保护完善》，载《社会科学战线》2006 年第 5 期。

增值保值等间接服务于公共利益的目标处分国有财产，而且要同时遵守“法不禁止即可为”的私法规范和“法有授权才可为”的公法限制。

由上可见，虽然“所有权”这个术语源于民法，但当它与“国家”联系在一起时，这个术语的功能和对于社会的意义就发生了极大的变化。《宪法》是我国的根本大法，从宪法层面上理解国家所有权的性质，是构建包括国家所有权制度在内的一切法律制度的基石。这要求我们必须从宪法意义上来理解国家所有权，在此基础上才能衍生出民法和行政法意义上的国家所有权。而宪法意义上的国家所有权已经完全不同于民法意义上的私人所有权，是一种服务于公共利益，并且为了保障全体公民的利益实现的义务性所有权、名义所有权、抽象所有权，是一种私法类型的公权力，具体阐述如下。

第一，国家所有权是一种义务性所有权，国家必须履行财产国有化目的带来的宪法义务。国家所有权的概念与民法中所定义的对世权有着本质上的区别。在行使国家所有权的过程中，国家并不能像私法所有权人那样拥有完全的“意思自治”权利。相反，国家在管理国有财产时，必须遵循特定的社会主义原则，其核心目的是消除社会中的剥削现象，确保社会的公平正义。这意味着国家在分配国有财产上的利益时，必须做到公平合理，确保所有公民都能从中受益。此外，国家还应将国有财产优先用于保障公民的基本权利和自由，比如教育、医疗和住房等基本需求。同时，国家还应将这些资源用于发展和建设各种公用事业，如公共交通、公共设施等，以促进社会整体的福祉和进步。

第二，国家所有权只是一种名义上的占有权和管理权。这与私人拥有财产并以其所有者的身份自由支配收益是完全不同的。国家的收益来源于民众，并且必须以民众的利益为出发点和落脚点，将这些资源和收益公平地分配给全体公民。例如，即使国家需要建设行政大楼或其他设施，其根本目的也应当是确保国家机构能够顺利地进行日常运作，从而更好地服务于全体公民。因此，国家在进行此类建设时，其花费必须被严格控制在确保国家机构正常运行所必需的最低限度内。遗憾的是，在现实生活中，我们不时会看到一些地方政府过度挥霍，不惜斥巨资建造豪华的办公楼，这种现象显然是与国家应有的职责和原则背道而驰的。

第三，国家所有权是一种抽象所有权，必须通过民法、行政法等部门法进一步具体化。在私法领域中，所有权的主体和客体都是明确且具体的，这意味着所有权人拥有直接对财产进行占有、使用、收益和处分等权利的能力。但是，宪法意义上的国家所有权是抽象的，无论是全体公民还是国家本身，都无法直接行使所有权。国家所有权的行使主体、客体，以及客体的用途和使用管理规则都要通过法律进一步具体化，才能出现行政法意义上和民法意义上的国家所有权，再进一步具体化为可以由具体管理者直接行使的所有权权能。[①] 由于国家所有权的实际所有权人和受益人是全体公民，因此这个具体化的过程必须受到人民意志的控制。在我国人民代表大会制度下，人民的意志集中体现为全国人大制定的各种法律，因此，国家所有权具体化的规则必须由法律来规定，以确保不会有任何国家机关可以随意决定这些规则，从而保证国家所有权的行使符合全体公民的共同利益。

第四，国家所有权是一种私法类型的权力，需要公法和私法的共同规范和保护。一方面，国家可以根据法律授权具体的管理者对财产行使占有、使用、收益或者处分等所有权权能。这些管理者在行使所有权权能时，是以平等的民事主体身份参与市场活动，进行各种经济交易和商业行为。在这些民事活动中，国有财产的管理者必须遵守民事规则，并且受到民法的保护。另一方面，“当国家以统治权力者的身份与他方形成对立时，即便该关系涉及经济内容，亦属于公法范畴”。[②] 这意味着国家所有权本质上是一种具有支配力量的公权力，无论国家以行政管理者的角色来管理和维护国有财产，还是以民事主体的身份行使私法权能，相对于全体公民而言，国家都是以支配者的资格在行使全民所赋予的权力。这种权力的行使，和传统意义上的公权力一样，必须遵循公法规则，受到公法调整。具体来说，当抽象的国家所有

① 肖泽晟：《宪法意义上的国家所有权》，载《法学》2014年第5期。

② ［日］美浓部达吉：《公法与私法》，黄冯明译，中国政法大学出版社2003年版，第45页。

权被具体化之后，对于行政法意义上的国家所有权应当由公法加以规范，而对于民法意义上的国家所有权，则应当由公法和私法共同规范，以确保国家在行使所有权时既符合公法的要求，又不违背私法的原则。

第三节 财产国有化的原因和目的

为了构建一个完善的国有财产公法保护体系，首要任务是清晰地界定为何众多财产需要被规定为国家所有。这个问题涉及财产国有化的根本目的，以及在财产被国有化之后，国家所必须承担的公法义务。只有通过深入理解这些关键方面，我们才能够真正地把握国有财产公法保护体系构建的方向和目标，从而确保国有财产得到有效的管理和保护。为了分析财产国有化的目的和这种目的赋予国家的宪法义务，从而明确国有财产所需要保护的法益，本书对我国《宪法》和法律上明确规定属于“国家所有”的财产的相关法条进行梳理，并列表如下（见表1－1）。

表1－1 《宪法》和法律所规定的“国家所有”财产

财产类型	财产形态	法律依据
自然资源	矿藏、水流、森林、山岭、草原、荒地、滩涂等自然资源	《宪法》第9条，《民法典》第247条、第250条，《森林法》第14条，《水法》第3条，《草原法》第9条
	城市的土地	《宪法》第10条、《民法典》第249条
	无居民海岛	《民法典》第248条、《海岛保护法》第4条
	海域	《民法典》第247条
	野生动植物资源	《民法典》第251条、《野生动物保护法》第3条
	无线电频谱资源	《民法典》第252条

续表

财产类型	财产形态	法律依据
	煤炭资源	《煤炭法》第3条
	矿产资源	《矿产资源法》第3条
生产资料	属于全民所有的生产资料	《宪法》第6条
国家依法取得和认定的其他财产	中华人民共和国境内地下、内水和领海中遗存的一切文物	《民法典》第253条、《文物保护法》第5条
	古文化遗址、古墓葬、石窟寺；国家指定保护的纪念建筑物、古建筑壁画等不可移动文物	
	法律规定属于国家所有的可移动文物	
	遗失物、漂流物、埋藏物、隐藏物等一年之内无人认领的财物	《民法典》第318条、第319条
	法律规定属于国家所有的农村和城市郊区的土地	《宪法》第10条、《民法典》第249条
	法律规定属于国家所有的铁路、公路、电力设施、电信设施和油气管道等基础设施	《民法典》第254条
国家通过建设、投资、收益取得的财产	国防资产	《民法典》第254条
	国家对企业各种形式的出资所形成的权益	《企业国有资产法》第2条、第3条
	中国人民银行的全部资本	《中国人民银行法》第8条

从表1-1中可以看出，法律明确规定属于“国家所有”的财产主要有三类：一是《企业国有资产法》《中国人民银行法》等法律确认了国家通过建设、投资和收益等私法途径取得的财产属于国家所有，这属于对国家以私法手段获得财产的法律确权。二是《宪法》规定矿藏、水流等自然资源属于国家所有，在此基础上，《煤炭法》《矿产资源法》等法律又细化了“等自然资源”的范围，确认了煤炭资源、矿产资源、野生动物资源等属于国家

所有，并通过这些法律详细规定了这些财产的使用、管理和保护规则。三是《民法典》《文物保护法》等法律在《宪法》规定的国有财产范围之外，又规定古文化遗址、古墓葬、石窟寺等文物，甚至遗失物、漂流物、埋藏物、隐藏物也属于国家所有。通过梳理和分析上述规定“国家所有”的法条可以看出，法律明确纳入国有财产范围的财产包括自然资源、具有重要历史价值且易损毁的文物以及对维护国家安全和社会稳定具有重大意义的国防资产、中国人民银行规定的资本等。

“使土地、自然资源、财产成为国有要有正当理由。”① 国家通过私法方式使财产国有化是基于物权的一般规则；通过公权力以罚款、征收、税收等方式直接获得财产，除了获得财产的需要，还出于国家运行和社会管理的需要。那么，国家直接通过《宪法》和法律的规定，将自然资源、文物等大量特定财产直接以法定方式国有化的理由和目的是什么？这类通过法定程序直接实现的财产国有化，最能深刻反映出财产国有化的根本目的。通过深入分析财产国有化的历史背景、被国有化的财产种类，以及我国《宪法》中所明确的社会主义目的，我们可以归纳出以下几点原因：

第一，全体公民作为国有财产的所有权人，本质上是拥有权利能力的，但是他们并不具备直接行使这些权利的行为能力。因此，为了确保财产的合理管理和权益的有效保障，公民不得不将财产所有权委托给国家，由国家来代表他们行使这些权利。这就像将一盘散沙尝试组合成一个有意识的生命体一样困难，全体公民很难被有效地组织起来，作为一个统一的整体去行使他们的财产所有权。如果将有限的国有财产直接分配给 14 亿公民，任由他们根据个人意愿随意支配，那么很可能会导致对这些财产的无序争夺，进而引

① 肖泽晟：《宪法意义上的国家所有权》，载《法学》2014 年第 5 期。

发所谓的“公地悲剧”。[①] 在这种情况下，对于大量的国有自然资源而言，全体公民实际上只是名义上的所有者，他们既不能自行选择代理人来代表他们行使权利，也无法自主地实现这些权利。[②] 因此，国家在管理这些资源时，必须考虑到全体公民的利益，确保资源的合理利用和保护，以防止资源的过度开发和浪费。

第二，由国家实际掌握财产并有序分配是历史发展的必然规律。在国家出现之前，人类社会曾经经历过自由利用自然资源的时代，由于当时人类数量较少且自然资源充裕，即便偶尔发生对资源的争抢，也不太可能引发大规模的社会动荡和暴动。然而，随着历史的发展，人类数量增多，加之私有制的出现导致了资源的分配不再像以前那样宽松，原有的无政府状态下的社会公共管理模式已经无法有效地处理日益复杂的社会治理问题。在这种背景下，国家这一特殊的社会组织形式应运而生，它开始有意识地、有计划地对管辖范围内的财产和利益进行分配和管理，以确保社会的稳定和秩序。[③]

第三，要消灭私有制带来的剥削，必须使土地和自然资源公有。在历史的长河中，土地和自然资源作为人类生存和发展的基础，其归属和使用方式对社会结构和人民生活产生了深远的影响。一旦这些宝贵的资源落入个人手中，成为私有财产，往往不可避免地导致了社会的不平等和阶级的剥削。[④] 特别是在宋朝之后，随着“田制不立”的政策实施，私人购买田地成为地

---

① “公地悲剧”（tragedy of the commons）一词，是美国生物学家哈丁于1968年提出的，意思是每个理性的牧民都希望自身利益最大化。在这种动机的驱动下，每个牧民都会不断在公共草场上增加放牧量。最终由于过度放牧，导致公地草场荒漠化的悲剧现象（Garrett Hardin，*The Targedy of the Commons Science*，162：1243－1248）。后来，“公地悲剧”一词被用来指没有相应制度约束下，个体出于对最大化利益的追求，作出的对自己有利的理性决策对公共利益、公共资源造成侵害。

② 陈旭琴：《论国家所有权的法律性质》，载《浙江大学学报（人文社科版）》2001年第2期。

③ 韩东屏：《国家起源问题研究》，载《华中师范大学学报（人文社会科学版）》2014年第4期。

④ 肖泽晟：《宪法意义上的国家所有权》，载《法学》2014年第5期。

主的现象变得普遍，从而催生了封建地主租佃制的土地经营方式。在这种制度下，失去土地的农民不得不租种地主的土地，而地主则通过收取租金的方式对农民进行剥削和压迫。随着土地兼并的加剧，许多农民面临贫困和破产的境地。[①] 贫富差距的不断扩大，使社会矛盾日益尖锐，农民起义频发，社会动荡不安定。面对诸如此类的历史教训，恩格斯提出社会主义制度的任务就是要消灭剥削，即“在人人都必须劳动的条件下，人人也都将同等地、愈益丰富地得到所需的资料”。[②] 因此，中华人民共和国成立以后，我国《宪法》将土地和大量自然资源国有化，并明确提出“社会主义公有制消灭人剥削人的制度”。[③]

第四，为了达成社会主义的宏伟目标，需要庞大的公共财产作为物质基础。例如，在2008年，西方资本家对大豆市场进行了剧烈的炒作，导致大豆、豆油以及豆粕的价格急剧上升，进而引发了家禽及其他相关产品价格的连锁性上涨。这一系列的变动对众多贫困农户构成了严峻的生存挑战，他们发现维持基本生计变得异常艰难。在这一背景下，中粮集团有限公司和中国储备粮管理总公司作为肩负特殊使命的国有企业，没有选择在危机中追求利润最大化。相反，它们冒着巨大的风险与西方资本家进行博弈，通过高价收购和低价销售的策略来稳定大豆市场，确保了公民的利益不受损害。这一行为充分展示了社会主义国家与资本主义私有制经济之间的根本区别。在资本主义体系下，物竞天择的法则往往被用作借口，只为保障少数既得利益者的权益，而社会主义国家则通过庞大的国有财产和公有制经济来确保最广大人民群众的根本利益。为了保持这种制度上的优势，我们必须拥有一个强大的国有财产物质基础作为支撑。

因此，《宪法》规定“国家所有即全民所有”，是为了明确国有财产所

---

① 《宋史（卷一百七十三）·食货志（上一）》；王琦：《中国古代土地所有制演进的逻辑及其当代启示》，载《上海财经大学学报》2010年第4期。

② 《马克思恩格斯选集》（第一卷），人民出版社1995年版，第330页。

③ 《宪法》第6条。

代表的公共利益归属于全体公民，由于全民无法直接行使所有权，同时也为了防止公民对国有财产的无序争夺，而不得不由国家来管理和保护这些财产，通过国家力量来使财产可控、有序地分配给全体公民，以消灭剥削，保护全民利益，进而实现社会主义目的。因此，保护国有财产的目的，不仅仅是使国家能够自由行使所有权，更重要的是服务全体人民和维护社会公共利益。

第四节 财产国有化赋予国家的宪法义务

由于财产国有化的目的是通过国家的介入来实现资源的合理分配，并确保全体公民的利益得到妥善的保护，因此，国家享有财产所有权是以一系列宪法义务作为交换的。从上节所列举的被国有化的财产的类型可以分析出，财产国有化赋予国家的宪法义务包括管理和保护稀缺财产、公平合理地分配财产利益、消灭私有制带来的剥削、保障公民的基本人权以及履行国家职能。下文将对这些义务进行具体分析。

第一，国家要保护和管理这些稀缺的重要资源，防止其被私人侵占、破坏或掠夺性开发利用。一方面，国家有保护这些稀缺资源的义务。以历史文化遗产为例，这是中华优秀传统文化的重要载体，是全社会的财富，具备现代“公物”和“公共信托财产”的核心要素和特征，具有见证历史、促进文化多样性、增强文化认同等公共利益属性，但在实践中却屡遭破坏拆除等，急需公共力量加以保护。《宪法》明确规定国家要保护社会主义的公共财产、保护珍贵的动物和植物、保护名胜古迹等历史文化遗产、保护林木等[①]，体现了国家将这些财产国有化的目的之一是保护这些珍贵且稀缺的财产。此外，法律将古文化遗址、古墓葬、石窟寺等文物规定为国家所有，也是为了由国家来管理和保护这些脆弱的资源。另一方面，国家有妥善管理这

① 《宪法》第9条、第12条、第22条、第26条。

些重要资源的义务。例如，由于海岛具有很高的资源、生态、经济和军事价值，又具有生态系统脆弱、土地资源有限等特点，且其地理位置决定了往往没有居民居住于此并对其加以维护，因此出于国家安全和保护海岛资源的目的，法律规定无居民海岛属于国家所有①；又如，由于无线电频谱对促进信息现代化、经济发展甚至维护国家安全都有极其重要的作用，且无线电频谱又具有排他性，若使用不当，会干扰其他无线电频谱的传播，因此，为了合理规划并管理这种具有重要战略意义的国家稀缺资源，法律将其规定为国有财产。②

第二，国家有责任公平合理地分配国有财产上的利益，以维护社会公平正义。如果国家选择将所有的财产都私有化，那么社会资源的分配将完全依赖于个人的地位和能力，这将导致一个严重的问题：强者越强、弱者越弱。这种局面下，那些社会地位较低、能力较弱的群体将面临极大的挑战，他们甚至可能无法获得满足基本生存需求的生活资料，如清洁的水资源。因此，国有财产的存在和合理分配对于保障公民，特别是那些处于弱势地位的公民至关重要。我国作为社会主义国家，对每个公民的社会保障水平远高于资本主义国家③，因此我国国有财产占一国全部财产的比例远高于资本主义国家。并且，《宪法》明确规定“国家保障自然资源的合理利用”“国家建立健全同经济发展水平相适应的社会保障制度”④，这些法律条文确保了公民对这些基本生存资源享有平等的控制权和使用权，从而在根本上保障了公民的权益。

第三，国家有责任将国有财产用于保障公民的基本人权。《宪法》明确规定“国家尊重和保障人权”⑤，人权的实质内涵主要体现在公民所享有的

---

① 周珂、谭柏平:《论我国海岛的保护与管理——以海岛立法完善为视角》，载《中国地质大学学报（社会科学版）》2008 年第 1 期。

② 《民法典》第 252 条。

③ 肖泽晟:《宪法意义上的国家所有权》，载《法学》2014 年第 5 期。

④ 《宪法》第 9 条、第 14 条。

⑤ 《宪法》第 33 条第 3 款。

基本权利和自由上。无论是公民的基本权利还是自由，其实现都离不开国家提供的物质保障。一方面，《宪法》规定公民有劳动权、休息权、获得物质帮助权、受教育权等一系列基本权利，并且明示了国家有为公民实现基本权利提供物质保障的义务，这包括但不限于创造劳动就业的机会、发展和完善劳动者休息和休养的设施、推动社会保险事业的发展等。[①] 例如，如果没有国家对教育资源的合理分配，由国有财产作为保障设置九年义务教育制度，而是任由教育资源完全私有化，那么高质量的教育将只对富裕家庭的孩子开放，因为他们能够支付昂贵的学费。这意味着贫困家庭的孩子无法获得良好的教育，从而难以在未来的劳动市场上竞争，造成社会地位的代际传递。另一方面，《宪法》规定公民有选举权和被选举权，言论、出版、集会、结社、游行、示威的自由，宗教信仰自由，以及进行文化活动的自由。[②] 国家必须为公民自由权的实现提供必要的物质支持，否则《宪法》所规定的自由权就无法得到实际的落实。例如，如果国家不建设公园、街道等公共设施，那么人们就难以进行集会、游行、示威等自由活动。

第四，国家要充分履行国家职能。国家职能可以分为对内统治职能、对外交往职能以及社会服务职能[③]，实现国家职能必然需要一定的物质基础作为运行保障，相应地，国家必须尽职尽责地履行这些国家职能，例如法律规定了国防资产属于国家所有，国家必须利用这些国防资产充分履行安全防御的义务。[④] 以社会服务职能为例，我国《宪法》规定国家有举办教育事业、科学事业、医疗卫生事业、文化事业、人才事业等公共事业的义务。[⑤] 而国家要履行这些宪法义务，不仅要兴建和发展服务于所有人的系列公共事业，还要保证这些基本的社会服务能够覆盖到全体社会成员。由于私人出于营利的追求不可能以低廉的价格兴建普惠所有人的公共事业，因此，这些公共事

---

① 《宪法》第 42 条至第 47 条。

② 《宪法》第 34 条、第 35 条、第 36 条、第 47 条。

③ 黄笛:《国家所有权治理法律程序论》，华中师范大学 2015 年博士学位论文，第30 页。

④ 《民法典》第 254 条。

⑤ 《宪法》第 14 条、第 19—23 条。

业不能完全交给社会或私人去运作，而必须由国家所有。更为关键的是，为避免出现贫困人群无法获得相应社会服务的情况，国家应将这些基本社会服务以相对低廉的价格，甚至无偿提供给全体公民。例如，在新冠疫情期间，我国规定确诊和疑似新冠肺炎患者的治疗费用，在医保报销后，自费部分由国家财政承担，旨在确保贫困病人不因费用问题影响就医，从而避免疫情进一步扩散，保障更多公民的生命健康权。

通过上述分析可以看到，国家通过国有化财产实现资源合理分配和保护全体公民利益，承担保护管理稀缺资源、公平分配财产利益、消灭剥削、保障人权和履行国家职能等宪法义务。具体包括保护历史文化遗产、合理管理海岛和无线电频谱资源，确保社会公平正义，保障公民基本人权，以及提供教育、医疗等社会服务，特别是对弱势群体的保障。这些义务共同构成了国家对国有财产的全面责任，是构建国有财产保护制度的现实需要。

第二章

与私有财产相比国有财产面临的特殊保护难题

所有的财产都具有一定的价值，这种价值的存在往往会激发人们内心深处想要拥有它的欲望。然而，由于财产的稀缺性，它不可能被每一个人所占有，这就导致了财产可能会遭受各种形式的侵害和威胁。除了这些普遍存在的问题，国有财产还必须应对一系列特殊的保护难题，这些难题往往与私有财产所面临的完全不同，需要特别的法律、政策和管理措施来确保其安全和完整。

第一节　国有财产的代理成本极高

大多数情况下，私有财产的所有权人、处分人和受益人往往是同一个主体，权利主体的一致性确保了在处理财产事务时，主体能够根据自身利益最大化的原则来妥善管理和合理地处置自己的财产。正如古希腊哲学家亚里士多德认为，私有财产相较于公有财产而言，更能提高效率，更能体现多劳多得的正义原则，能够有效避免因公共财产使用和管理不当而引发的纠纷，同时还能激励人们出于自愿，利用自己的私有财产进行慈善活动，从而培养和弘扬美德。[①] 当然，民事关系中也存在代理这种权利人分离的情况，但是，私法代理不仅环节较少，且代理人若要将委托事项转委托给第三方的，必须事先获得委托人的同意或者事后得到追认。因而民事关系中委托人对财产控制人的控制力较强，代理人按照财产所有权人的意愿管理和处分财产的概率较大。

由于全民作为一个集体无法直接行使国有财产所有权，国有财产所有权人与国有财产管理者必然形成代理关系。从国有财产的所有权人，也就是全体公民，到最终的代理者，即国有财产的管理者，这个过程中涉及了多次代

① ［古希腊］亚里士多德：《政治学》，吴寿彭译，商务印书馆1965年版，第40～52页。

理，而且其中大多数代理过程并不需要所有权人进行确认或授权。这种代理关系极为特殊，由于涉及的代理环节众多，因此非常容易出现所谓的“内部人控制”问题。所谓“内部人控制”，是指在代理关系中，那些独立于所有权人（外部人）的管理者（内部人）实际上掌握了财产的控制权。由于管理者和所有权人之间存在不同的利益目标，如果存在信息不对称或者监督机制无效，那么内部人就有可能采取行动损害外部人的利益。[①] 尽管“内部人控制”问题在私法代理中也有所体现，然而，与私有财产的代理相比，国有财产管理的代理成本显然更高，且更容易出现内部人控制的问题。这种情况的出现，其背后的原因是多方面的。

第一，相比于民事代理，国有财产的代理链条过于冗长。首先，公民通过选举产生本级的人大代表，但这些代表一旦当选，便具有了相对独立的地位，公民无法直接参与或控制这些代表的决策过程。这就形成了一个基本的代理关系，公民与人大代表之间存在信息传递和控制的断层。其次，我国地域辽阔、人口众多，形成了全国、省级、市级、县级以及乡镇级五级人民代表大会，这使国家所有权仅在人大系统内部就要经过多层代理。再次，人民代表大会还需要通过制定一系列法律法规具体授权给行政组织，使其承担行使国家所有权的职能。最后，行政组织也是一个层层分明、结构庞大的体系，地方政府及其下属部门还要将国家所有权权能再次分解到具体的部门甚至具体的公职人员身上。这种多层次、长链条的代理方式，直接导致了代理成本的显著增加。作为最初委托人的全体公民与作为最终代理人的具体处分者之间存在严重的信息不对称问题。信息不对称意味着公民可能无法准确了解国有财产的使用和管理情况，而缺乏控制力则导致即便公民意识到管理存在问题，也难以有效地进行干预和纠正。这些因素综合在一起，造成了高昂的代理成本，可能导致资源的低效使用和管理的不透明，甚至出现滥用职权和腐败现象。

---

① 高闯：《内部人控制与公司治理论纲》，载《辽宁大学学报（哲学社会科学版）》1997年第6期。

第二，在私法代理领域，委托人出于自身利益的考量，通常具备充分的激励机制以监督代理人；然而，庞大的公民群体难以有效组织，既缺乏监督国有财产管理者的意愿，也缺乏相应的监督能力。这一点与商事代理领域存在相似性：内部人控制现象与“股权”结构紧密相关。当股权集中时，大股东有充分的动力和能力去监督经营者；反之，股权分散时，每一个出资人占有的股份越少，“搭便车”心理就越严重，股东对经营者的监督就越乏力，内部人控制问题就越严重。例如，从投资风险上看，当一家企业由家族控股时，相对于其他中小股东来说，这是一种风险集中的投资组合，集中的控制权以及弱风险分散的性质意味着创始人家族一方面可以享受良好的公司治理所带来的好处，另一方面又必须承担错误决策导致的种种损失，因此家族企业具有强烈的动机去提高公司的价值。在实际控制权上，家族既可以通过直接参与企业日常经营，也可以通过加强对管理层的监督，将企业的利益与家族的利益牢牢绑定在一起。反之，上市公司的股民作为微不足道的小股东，通常仅关注股价波动及其带来的收益影响，对所投资公司的内部经营状况既没有监督的冲动也没有监督的能力。[①] 国有财产的所有权归属于全体公民，即 14 亿人民大众，他们可以被看作广泛分散的“股民”。由于所有权人数量庞大且分布广泛，导致实际上对国有财产的管理和监督变得非常困难。这种极度分散的所有权结构意味着，国有财产的管理者很少会直接面临来自财产所有权人的有效监督和控制。因此，这种状况在一定程度上加剧了内部人控制的问题，即管理者可能更多地按照自己的意愿和利益来行使权力，而不是完全按照所有者的利益来行事。

第三，在私法领域中，代理激励机制和违约制裁机制通常被设计得相当明确和具体，以确保代理人的行为与委托人的利益保持一致。而国有财产的代理关系中严重缺乏与管理者维护国有财产直接挂钩的激励机制。以国有企业为例，国家委派到企业的董事肩负着提升企业经营效益和确保国有财产保

① 尹伯成、薛锋：《我国上市公司的股权结构与内部人控制》，载《财经论丛（浙江财经学院学报）》2011 年第 4 期。

值增值的重要职责。但是，这些董事的薪酬通常是在国有企业内部领取，而不是直接从委派他们的政府机构领取。此外，他们的职业发展和仕途往往并不直接与国有企业的绩效或他们为国家带来的经济收益挂钩。因此，这些董事缺乏主动维护国家利益的内在激励和动力。而且，作为国有企业出资人的各级政府及国资委，也同样缺乏与国有财产利益挂钩的激励机制。正如一些学者所指出的，“委托人努力监督代理人败德行为的动力源于对自身拥有剩余索取权的维护”。[①] 在国有企业中，尽管出资单位拥有监督权和参与决策的权利，但它们更倾向于将本单位的利益融入决策过程中，以追求本单位利益的最大化。例如，自然景区的管理者可能会为了短期的经济利益，而采取破坏性的开发方式，这无疑对景区的长期可持续发展造成了损害。可见，相比于私法领域的代理，公共领域严重缺乏代理人按照委托人的意愿行事的激励机制，代理人履行代理义务时的风险小，代理成本问题比在私人领域更加严重。[②] 这种现象的存在，不仅影响了国有财产的有效管理和利用，也对国家的长远发展和公共利益造成了潜在威胁。

第二节　国有财产缺乏全心全意保护人

在社会科学领域中，人性假设扮演着至关重要的角色，它被视为方法论的基石。作为社会科学的一个重要分支，法学学科同样需要把行为主体的人性作为重要考量因素，从而对主体行为作出合理解释，并在此基础上构建相应的制度。英国古典经济学家亚当·斯密曾经提出，一切经济现象都是“经济人”的活动后果。在市场经济下，由于人们经济行为的根本动机是追求自

---

① 李曙光等：《国有资产法律保护机制研究》，经济科学出版社 2015 年版，第 439 页。

② 肖泽晟：《公共信托理论与公共财产权保护》，载中国法学会行政法学研究会编：《财产权与行政法保护——中国法学会行政法学研究会 2007 年年会论文集》，武汉大学出版社 2007 年版。

身利益，因而每个人都会在经济活动中以实现个人利益最大化作为行为动机。[①] 随着时间的推移，这一观点得到了进一步的发展和完善，最终形成了“理性人”理论。根据这一理论，人作为一种具有理性的生物，本质上是利己的，其行为的出发点和动机都源自追求自身利益的本能。同时，由于人具备理性思维，每个人都有能力通过权衡各种利弊，尽可能地做出能够使自己利益最大化的选择和判断。[②]

因此，私有财产的所有权人，作为具有理性思维的个体，会采取各种可能的措施来保护自己的财产，并努力使财产保值甚至增值，以此来确保财产能够持续带来预期的利益。他们可能会通过投资、保险、法律手段等多种方式来确保自己的资产安全，同时也会寻求各种机会来增加财产的价值。在涉及代理关系的财产处分行为中，大多数情况下，所有权人会受到代理义务的限制，从而以合法和合理的方式去处理财产。他们通常会与代理人签订详尽的合同，明确双方的权利和义务，以确保代理人在处理财产时的行为符合自己的利益。然而，在国有财产的管理与处分过程中，无论是作为所有权人的全体公民，还是负责管理国有财产的个体，他们作为“理性人”，往往不会真正地关心国有财产本身以及它所代表的公共利益。国有财产的管理者可能缺乏足够的激励机制去积极地维护和增加财产的价值，而普通民众作为所有权人，由于缺乏直接的控制权和管理权，可能对国有财产的管理和使用情况漠不关心。

一、公民缺乏保护国有财产的冲动和激励

国有财产的所有权人是 14 亿公民组成的全体公民，然而，对于每一个公民个体而言，他们很难直观地感受到某一特定的国有财产与自身利益之间的直接联系。这种距离感导致了公民们在日常生活中很难产生出保护国有财产的自觉意识。正如古希腊哲学家亚里士多德所说：“无论何物，只要它属

---

① ［英］亚当·斯密：《国富论》，唐日松等译，华夏出版社 2005 年版，第 10～14 页。

② 韩鹏、梁彬：《对理性人假设的思考》，载《财经理论研究》2015 年第 4 期。

于最大多数的人共有，它所受到的照料也就最少；人们关怀着自己的所有，而忽视公共的事物；对于公共的一切，他至多只留心到其中对他个人多少有些相关的事物。"[①] 例如，在一些旅游景区，我们有时可见以各种方式在各种材质上留下的“某某到此一游”的涂鸦，长城、故宫的砖瓦也都未能幸免。然而，我们很少见到有理性的成年人会在自己家中乱涂乱画，甚至故意破坏家里的财物。这说明，对于国家自然与文化遗产等国有财产，公民很少会产生对自己家一样的“主人翁”责任感。相反，有些人甚至会因为一时兴起，就对这些珍贵的国有财产造成破坏。

此外，个人在保护国有财产的过程中，往往需要投入大量的时间和精力，甚至可能需要承担一定的经济成本。在这样的情况下，如果个人的付出与最终的收获不成正比，那么在社会大众中就会产生一种“搭便车”的心理现象。这种心理导致了人们缺乏足够的动力去积极保护和维护国有财产，因为每个人可能都希望别人去承担保护的责任，而自己则可以不劳而获地享受保护成果。美国著名经济学家曼瑟尔·奥尔森一生致力于研究为什么个体的理性行为，往往无法产生集体或社会的理性结果，他所创建的“搭便车”理论与中国俗语“三个和尚没水喝”所表达的观点类似。根据曼瑟尔·奥尔森的理论，公共物品的一个显著特性是，无论一个社会成员是否对这个物品有所贡献，他都能够享受到由公共物品所带来的利益。这种现象导致了一个普遍存在的心理倾向，即人们可能会倾向于让其他人付出努力，而自己则不劳而获，享受成果。这种行为被称为“搭便车”困境。这个困境的严重性与参与群体的规模成正比关系。换句话说，随着群体中成员数量的增加，每个个体能够从公共物品中获得的利益份额会相应减少。同时，随着人数的增多，个体对公共物品所作出的贡献相对于整个群体来说，其影响力和重要性也会降低，这导致了个体的满足感和成就感的下降。此外，当群体规模扩大时，成员之间进行直接监督的可能性也会随之降低，因为人与人之间的联

---

① ［古希腊］亚里士多德：《政治学》，吴寿彭译，商务印书馆1965年版，第48页。

系变得更加松散，相互之间的了解和监督变得更加困难。[①] 因此，即便《宪法》规定公民有爱护公共财产的义务，人们出于趋利避害的本能，也很少有人会去积极主动地履行这项宪法义务。

此外，相较于国有财产带来的普惠性利益，个人会更在意能否从中牟取只属于自己的私利。正如巴斯夏所言："国家是一个巨大的虚构体，每个人都试图借助它以牺牲他人为代价维持自己的生存。"[②] 以税收为例，税收作为国有财产来源的重要组成部分，对公共财政事业及社会稳定有着重要的作用。但是，即便有法律的强制性规定，每年冒着违法犯罪的风险偷税漏税的仍大有人在，从知名明星到网红主播，从个体工商户到知名企业，这些个体和组织因为偷税漏税而受到处罚，甚至被判处刑罚的案例屡见不鲜。例如，在 2018 年至 2021 年，22 个省市的 544 名高收入人群通过隐瞒收入、伪造数据等不正当手段，非法逃避了高达 47.22 亿元的个人所得税。[③] 再如，国家补贴资金是直接分配给公民的国有财产，目的是支持和帮助特定需求的民众，以实现实质上的社会公平。然而，即便如此，仍有一些人不择手段地试图将这些财产据为己有。根据 2023 年度中央预算执行和其他财政收支的审计工作报告，24 个省份的 386 家单位通过虚构劳动关系、伪造资料等欺诈手段，骗取并套取了就业补助资金和失业保险基金共计 1.3 亿元。[④]

由此可见，私有财产的所有者往往具有强烈的动机去维护和保护自己的资产，以确保其价值和利益的最大化。然而，作为国有财产的所有者，全体

---

① ［美］曼瑟尔·奥尔森：《集体行动的逻辑》，陈郁等译，格致出版社、上海人民出版社 2014 年版，第 5～63 页。

② ［法］弗雷德里克·巴斯夏：《财产·法律与政府》，秋风译，贵州人民出版社 2003 年版，第 65 页。

③ 侯凯：《国务院关于 2021 年度中央预算执行和其他财政收支的审计工作报告》，2022 年 6 月 21 日在第十三届全国人民代表大会常务委员会第三十五次会议上的报告，https：//www.audit.gov.cn/n4/n19/c10252052/part/10252146.pdf，第 17 页。

④ 侯凯：《国务院关于 2023 年度中央预算执行和其他财政收支的审计工作报告》，2024 年 6 月 25 日在第十四届全国人民代表大会常务委员会第十次会议上的报告，https：//www.audit.gov.cn/n5/n26/c10423410/part/10423799.pdf，第 11 页。

公民中的一部分人可能会出于个人利益的考虑，采取行动去损害或滥用这些资源，而不是去积极地保护它们。与此同时，由于国有财产的受益者是广泛而分散的，很少有人会感到有直接的责任去积极地保护这些财产，并且缺乏足够的动力和自觉性去维护国有财产的完整和安全。

二、管理者缺乏保护国有财产的内生动力

尽管国有财产管理单位中的公职人员本质上是全体公民的代表，他们是由人民选举或任命，肩负着代表和服务于民众的重任，然而，当他们承担起国有财产管理者的角色时，他们所代表的则是管理单位的利益。这种角色的转变意味着他们可能更专注于执行单位的政策和规定，确保国有财产得到妥善的管理和运用。在这个过程中，他们需要平衡个人与集体、民众与单位之间的关系，确保在维护单位利益的同时，不违背其作为公民代表的初衷和职责，从而在公私之间架起一座桥梁，实现国有财产的合理分配和有效利用。2023 年，审计署对行政事业国有财产审计发现，17 个部门未能正确记录或遗漏了总计 13.46 万平方米的房产、151.54 亩土地以及价值 31.88 亿元的设备物资或无形资产；此外，12 个部门未能将 2.59 亿元的资产出租和处置收入按规定上缴至财政；还有 2 个部门因以低于市场价值出租国有财产，导致了 5056.57 万元的损失。[①] 这些情况凸显了国有财产管理者在使用和处分国有财产时，可能过于偏向于单位自身的利益，而非遵循更为严格的公共利益导向；可能更多地关注于单位的短期利益，而忽视了长期的、更为重要的公共利益。这种偏向可能导致国有财产的使用和处分并不完全符合社会整体的需要和期望，甚至可能损害公共利益，影响社会的公平和正义。而且，从人性角度来看，当国有财产管理者面临着一份国有财产利益的十四亿分之一，以及利用手中掌握的权力可能直接获取的私利时，以近乎圣人的标准要求他

---

① 侯凯：《国务院关于 2023 年度中央预算执行和其他财政收支的审计工作报告》，2024 年 6 月 25 日在第十四届全国人民代表大会常务委员会第十次会议上的报告，https：//www.audit.gov.cn/n5/n26/c10423410/part/10423799.pdf，第 16、17 页。

们发自内心地选择前者是不现实的。实践中，一些国有企业的负责人可能会利用他们的强势地位或者国企的光环效应，对外宣称代表国企招揽业务，然而在私下里，他们却可能将这些业务转化为个人利益，中饱私囊，甚至个人侵占。从心理层面分析，管理单位中的个人会更倾向于从单位利益和个人利益出发履职，不会发自内心地产生保护国有财产的内生动力；从行为层面来看，如果缺乏与保护国有财产直接相关的激励机制，这些管理人员在管理和保护国有财产时，可能更多地考虑个人或小团体的利益。

首先，一些管理者会存在“不求有功，但求无过”的心态，忽视保护国有财产的义务。例如，根据审计署所公布的 2022 年度审计报告内容，可以发现有 3 个不同的政府部门以及多达 29 家的单位，它们在日常运营中出现了严重的铺张浪费问题。具体来说，在这些单位中，有些在租赁办公场所方面花费了过多的预算，人均办公面积竟然达到了惊人的 137 平方米，这样的过度使用空间导致了不必要的额外支出，总额超过了 2700 万元人民币。除此之外，还有 25 家单位存在违规行为，它们发放了不合理的津贴补贴，或者承担了本应由个人承担的商业保险费用，这些不当的财务操作累计金额接近 8800 万元人民币。[①] 这样的情况并不少见：安徽省某市政府被曝斥资 6488 万元采购“天价公共自行车”；广州九个区公布了政府采购预算，其中近百家单位的采购预算涉嫌超标，上千元一个的 U 盘、数万元一个的路由器、十几万元的复印机和扫描仪……这种利用公款“只买贵的，不买对的”的心理，反映了国有财产管理者对保护国有财产的漠视。在这种漠视国有财产所代表的公共利益的心理作用下，管理者很可能对他人侵害国有财产的行为采取放任的态度。例如，某地农业科科长，出于“懒得跑一趟去看”的心理，未按照相关程序和规定实地查看补贴项目情况就草率地对虚报项目发放了农业补贴款，造成了上百万元国家补贴资金的流失，其根源就在于管理

---

① 侯凯：《国务院关于 2022 年度中央预算执行和其他财政收支的审计工作报告》，2022 年 6 月 21 日在第十三届全国人民代表大会常务委员会第三十五次会议上的报告，https：//www.audit. gov. cn/n4/n19/c10252052/part/10252146. pdf，第 9 页。

者对国有财产缺乏应有的责任和警觉性。

更重要的是，相比于维护公共利益，管理者中的具体个人往往更关注自己的政治命运和个人经济得失，甚至会通过侵害国有财产为自己谋取私利。这也是在反腐高压态势下，国有财产管理领域依然是贪腐重灾区的主要原因。最高人民法院2024年工作报告显示，2023年全国法院共审结贪污贿赂等职务犯罪案件2.4万件2.7万人，同比增长19.9%。其中利用国有财产谋取私利的数不胜数，例如，中国银行开平支行原行长许某某利用管理钱款的职务便利，贪污挪用巨额公款后潜逃国外20年。再如，在“武汉冠生园改制事件”中，武汉冠生园这家老字号国有企业被瓜分为了三部分，最值钱的部分卖给了另一个公司，可转移的移动资产和作为老字号的无形资产被原冠生园厂厂长以入股的形式转移和私藏隐匿，只剩下武汉冠生园这个企业空壳留下来承担银行债务。此次改制造成2000多万元国有资产的流失。由于原本评估价为3680万元的资产仅收回960万元，根本不足以安置下岗职工，最后江汉区政府只能拨款460万元用于安置企业下岗职工。[①] 这就反映了国有财产管理者在实际控制国有财产的情况下，很可能从自己的利益目标出发瓜分国有财产，并将责任推卸给政府，这不仅损害了国家和公众的利益，还可能引发一系列的法律和道德问题。

可见，相比于私有财产所有权人，某些国有财产的实际所有权人和实际管理者由于并不直接从国有财产中获得个人利益，因此他们可能不会像私有财产所有权人那样积极地去保护和关心这些财产。更有甚者，因为缺乏足够的监督和激励机制，导致他们可能忽视对公共利益的维护，甚至在某些情况下，可能会利用职务之便，对国有财产进行不当的使用或分配，从而损害了国家和公众的利益。

---

① 淘沙：《武汉冠生园食品厂改制怪象环生》，载《工友》2004年第3期。

第三节　国家所有权与行政权的必然交织

从我国现行法律对国家所有权权能的配置状况来看，国有财产的具体所有权权能主要由行政组织来承担。[①] 在法律的框架内，国家所有权这一抽象概念必须具体化，转化为可操作的所有权权能。这一转化过程通常涉及将这些权能交由相应的行政组织来行使。在实际操作中，由于行政组织的介入，国有财产的所有权权能行使过程中不可避免地会受到行政权力的不当干预。

第一，由于行政首长的权责不统一，“内部人控制”现象可能会演变为“个人控制”。在我国，行政组织实行的是行政首长负责制，这种制度下，尽管行政首长是作出决策的主体，但对外承担相应责任的却是整个行政单位。这种权力与责任的不均衡，极易导致严重的“一把手腐败”问题。这种腐败现象通常表现为行政首长滥用职权，以权谋私，损害公共利益。以Y集团的邹某某为例[②]，他长期担任该集团的党委书记、董事长以及总经理三个重要职务，这使得他在企业内部集党务、决策和经营管理的权力于一身。这使邹某某在多个场合中涉嫌违法违纪，包括但不限于在工程承包、土地使用权转让以及干部任用过程中收受贿赂。此外，未经任何正规程序，他擅自将集团的资金无偿转借或垫款，甚至为他人提供担保，这种行为严重违反了财务管理和内部控制的基本原则。邹某某的这些行为，不仅损害了企业的利益，也暴露了国有财产可能面临的“个人控制”问题，这种问题易导致国有财产的流失和管理上的混乱。

第二，国有财产处分中“批示”效力的不合理性。长期以来，行政组

---

① 相关法律包括但不限于《民法典》《土地管理法》《城乡规划法》《水法》《矿产资源法》《海域使用管理法》《森林法》《草原法》。

② 邢莉云：《国资委落槌　七央企新入选董事会试点名单》，载新浪财经，http：//finance.sina.com.cn/roll/20090612/02252890384.shtml。

织的意思表示的形成过程往往是通过批复、批示、命令来实现的，缺少内部行政法的制约。“以文书御天下”这一概念在中国历史上拥有着深远的渊源，这种以文书形式进行行政指示和管理的做法，可以追溯到秦汉时期。它体现了我国长期以来行政管理的一种传统方式。然而，这种“批示”方式实际上并不具备法律上的正式效力，它并不符合现代法治国家的基本原则和要求。此外，这种做法还可能导致权力与责任不对等的情况，即个人在执行文书批示时可能拥有较大的权力，但相应的责任却并不明确，这与现代法治精神和行政管理的公正性、透明性要求是相悖的。在实践中，有些地方政府甚至出台“红头文件”来加强对行政批示的重视和落实，强化负责人个人权威。[①] 然而，由于行政权力与国有财产所有权之间的紧密交织，导致诸多国有财产的处分过程缺乏科学和合理的论证审查机制。在这样的情况下，国有财产的处分是基于行政领导的批示来进行的。这意味着，处分国有财产的决定反映的是作出批示的行政首长的个人意志，而不是基于对全体公民或大多数公民公共利益的考量。这种状况可能会导致国有财产的使用和分配并不符合社会大众的共同利益，甚至可能违背公共利益的原则。

第三，中央与地方之间的财政分配机制有时会催生地方保护主义现象，这种现象导致某些地区为了追求本地利益而损害国有财产的整体利益。例如，在贵州夹岩工程立项的过程中，出现了将已有充足水源的城区纳入供水范围、重复计算的情况，这直接导致了供水需求规模被虚增了 34.7%。最终，由于缺乏实际的用水需求，有 7 条支渠变成了未完成的工程，造成了 1.32 亿元的前期投资损失。[②] 再如，地方政府之间为了吸引企业投资，可能会进行“税收优惠竞争”，提供比其他地区更为优惠的税收政策。这种竞争

---

① 如山西省晋城市出台的《办理领导同志批示事项工作规则》、宁波市出台的《关于领导批示件办理程序规定的通知》。此外，如山东省泰安市、淄博市，四川省金县也均有类似规定。王学辉：《行政法秩序下行政批示行为研究》，载《政治与法律》2018 年第 5 期。

② 侯凯：《国务院关于 2023 年度中央预算执行和其他财政收支的审计工作报告》，2024 年 6 月 25 日在第十四届全国人民代表大会常务委员会第十次会议上的报告，https：//www. audit. gov. cn/n5/n26/c10423410/part/10423799. pdf，第 9 页。

有时会以牺牲国家整体税收利益为代价，导致国家税收收入减少。还有个别地方为了吸引外部投资和促进本地经济增长，放宽环境监管标准，而忽视了长期的环境资源保护和国家整体的可持续发展目标。这些都反映了行政权与国有财产管理权交织造成的地方保护主义的后果。

第四，有些管理者为追求政绩等其他目标而滥用国有财产管理权，看似没有造成国有财产流失，但实质上严重侵害了公民的利益。我国的大部分官员都有“为官一任，造福一方”的情结，希望在任职期间留下些政绩。但是，一些官员为了打造所谓的政绩工程，不顾当地实际情况劳民伤财，最终严重侵害了老百姓的利益。近年来，一些地方将本应专款专用的扶贫资金用于花样翻新打造面子工程上，给危房刷漆抹白扶贫、修建“文化遮羞墙”来掩饰破烂的村庄等“造假式扶贫”的事件频发，实质上是对国有财产所承载的公共利益的侵害。以某著名风景区附近的贫困山村为例，村领导在村民面临道路泥泞、生活条件艰苦的情况下，却选择将宝贵的扶贫资金用于建设文化广场、卫生室和教学楼等设施。然而，由于缺乏合理的规划和需求评估，这些新建设施最终变成了重复建设，导致新建筑长期无人使用，村民的生活状况并未得到实质性的改善。这种做法不仅浪费了有限的资源，还引起了村民的不满和抱怨。[①] 这一事件充分暴露了一些管理者在追求个人政绩的过程中，滥用国有财产管理权和处分权的问题。

第五，一些管理者为了追求短期的行政利益，造成国有财产的严重流失。以某大学一校区的事件为例，该校区的3号楼的设计和建造都体现了极高的工程标准，其结构之坚固，被专家们认为至少能够安全使用长达100年。然而，这座建筑在仅仅使用了十几年后，就被无情地拆除，取而代之的是一片空地。而这片土地，后以高价被出让给了开发商。[②] 这就反映了国有财产管理者在追求财政利益时可能忽视了对国有财产的保护和合理利用，从

---

① 聂露：《当前精准扶贫领域存在的四个问题》，载《人民论坛》2020年第2期。

② 王伟：《浙江大学湖滨校区教学楼仅用13年被拆除引质疑》，载搜狐新闻，http：//news.sohu.com/20070108/n247487028.shtml。

而导致国有财产的流失。此外，还有一些地方政府为了短期经济利益，在招商引资的过程中，为了吸引投资，不惜采取各种手段来降低国有财产的价值。他们故意低估国有财产的价值，以明显低于市场评估价值的价格折价入股，对土地资源不予计价，或者在评估拍卖过程中走过场，甚至进行虚假操作。例如，某地政府为了吸引一家大型制造企业投资建厂，提出将一块按照市场评估应该价值数百万元的土地的使用权以极低的价格转让给企业，让企业以远低于市场价获得土地使用权。这些短视、追求当下行政目的的行为严重导致了国有财产的流失。

第六，部分管理者“靠山吃山”、权力寻租，为自己谋取私利非法处置国有财产。如2010年以来，中储粮所属11家单位的18名工作人员违规经商办企业或在外兼职，所办企业、兼职企业与本人任职企业发生业务往来4.31亿元。[①] 再如，某地卫生院院长任职期间，自行确定标准发放奖励性绩效工资，以虚列支出的手段，给职工多发绩效奖励工资人民币49.35万元，其中自己独得39.47万元，反映了管理者利用权力中饱私囊的现象。[②] 此外，在某些情况下，一些政府官员与特定的利益相关者存在不正当的勾结关系，利用自己的职权和影响力，向民营企业输送巨额的利益和资源。这种输送往往不是公开透明的，而是通过各种隐秘的手段进行，如不当提供优惠的政策、减免税收、提供财政补贴等。通过这种方式，民营企业获得了不正当的竞争优势，而官员们则通过利益的回流来积累自己的政治资本。例如，某领导违规指示该市建设集团有限公司，要求其为关系亲密的工程方在工程招投标、项目验收、工程款结算等方面提供帮助、谋取利益，并收受他人几十万元的贿赂。[③] 在这种情况下，国有企业的管理者，作为国有财产的直接管理

---

① 侯凯：《国务院关于2021年度中央预算执行和其他财政收支的审计工作报告》，2022年6月21日在第十三届全国人民代表大会常务委员会第三十五次会议上的报告，https：//www.audit.gov.cn/n4/n19/c10252052/part/10252146.pdf，第23页。

② 张喜斌：《犯私分国有资产罪被判刑的落马官员　只有这7人》，载新浪网，http：//news.sina.com.cn/c/nd/2018-02-07/doc-ifyrkrva4896124.shtml。

③ 许某某受贿案一审刑事判决书，(2019) 苏0113刑初540号。

者和运营者，在面对各种经济活动和决策时，为交换到某些不当的其他形式的资源或支持，通过输送利益的方式，来取悦和影响政府官员，如政策上的倾斜、资金的援助或者其他形式的优惠条件。更为严重的是，在问题或争议发生之后，这些管理者还能够将自己的不当行为归咎于政府官员的干预，以此来减轻或免除自己对国有企业利益保护不力的责任，这样的管理者如何能够坚决地保护国有企业的利益?!

第七，一些行政掌权者利用行政权力，主动与国有财产管理者进行权力交易。例如，Y省Q市人大常委会原副主任傅某某，在担任某区区长期间，利用与市建设局的多次协商，以看似合法的手段，帮助不符合条件的民营企业违规取得业务资质，从而使其非法获利达6.24亿元。此外，傅某某还接受了该民营企业赠送的价值超过200万元的房产。[①] 又如，某市政府领导与开发商串通，指示土地规划部门的领导将一块位于市中心的国有土地以远低于市场价值的价格出售给开发商，后又在该土地规划部门负责人的提拔晋升中予以帮助。这种权力交易可能涉及接受回扣或其他形式的个人利益，而损害了国家和公众的利益。这些案例揭示了行政权力与国有财产管理权力之间可能发生的权力交易，进而损害国有财产，为掌握行政权力的个人谋取私利。这种行为不仅破坏了公平竞争的市场环境，还严重侵蚀了国家和人民的利益，对社会的公正和法治造成了极大的破坏。

由此可见，国家所有权由于其内在的公权力属性，不可避免地与行政权力紧密相连，这种联系导致了国有财产在保护方面遭遇了与私有财产截然不同的挑战。具体来说，国有财产不仅需要防范外部的非法侵害，还必须面对来自内部的潜在威胁，这些威胁主要来自掌握行政权力的个体以及负责管理国有财产的人员。

---

① 侯凯：《国务院关于2021年度中央预算执行和其他财政收支的审计工作报告》，2022年6月21日在第十三届全国人民代表大会常务委员会第三十五次会议上的报告，https://www.audit.gov.cn/n4/n19/c10252052/part/10252146.pdf，第23页。

第四节　利害关系人权利难以保障

18 世纪英国哲学家大卫·休谟曾经说过："关于我们自身幸福的利己主义导致我们创造并实施了财产权利。"① 在财产处分的过程中，所有权人或利害关系人的参与是至关重要的，因为这不仅是维护他们自身权益的最经济、最便捷的方式，也是确保整个财产处分过程公正性的重要环节。将国有财产作为一个整体利益完全均等地分配给全体公民，实践中既不可能也并不合理。在这样的情况下，确保利害关系人的权利得到保障，才是实现实质公平的关键所在。通过这样的方式，可以确保在财产处分的决策过程中，各方的利益得到妥善考虑和平衡，从而达到一个更加公正合理的分配结果。例如，保护国有公物的重点就是保护国有公物的公共用途和保障公民对公物的合理使用。公物附近居民基于特殊位置，相比于一般使用者而言对公物有更多的利用需求。保障公物附近居民对公物进行必要合理利用，不仅是对宪法关于合理利用土地和自然资源规定的自然延伸，也是我国将土地和自然资源确定为国家或集体所有的目的之一②，更是财产国有化的目的以可感可触、最合理的方式实现的路径之一。

这种保护措施确保了公物的公共属性不被滥用，同时允许那些居住在公物周边的居民能够享受到这些资源带来的直接利益。这不仅体现了对公共资源的公平分配，而且也符合了社会公共利益的最大化原则。

在民法和行政法领域十分重视利害关系人的参与。在民法领域中，"利害关系人"这一术语特指那些与案件当事人或案件标的物存在直接的权利义

① Paul Goldstein, Barton H. Thompson Jr., *Property Law: Ownership Use and Conservation*, Foundation Press, 2006, p. 23.

② 肖泽晟：《公物法研究》，法律出版社 2009 年版，第 157 页、第 168 页。

务关系的公民、法人或其他组织。[①] 在民事诉讼中，利害关系人因判决结果可能遭受直接影响，故而享有参与诉讼过程的权利。为确保诉讼的公正性与完整性，《民事诉讼法》对利害关系人参与诉讼的程序作出了明确规定，涵盖其提出诉讼请求、参与庭审以及对判决结果提出上诉等环节。这些程序的设立旨在维护利害关系人的合法权益，确保其在诉讼过程中能够充分表达意见和诉求，进而促使最终判决结果的公正性与合理性得到提升。在传统行政行为的实施过程中，通常也会涉及特定的利害关系人，即那些其权益直接受到行政行为影响的公民、法人或其他组织。[②] 利害关系人参与到行政程序中来，不仅是建设法治国家的应有之义，也是行政程序司法化、开放化的必然要求。[③] 在我国的行政立法实践中，一直非常重视对利害关系人参与权和救济权的保护。具体来说，诸如《行政许可法》《城乡规划法》等重要的行政法律，都明确规定了保障利害关系人参与行政程序的相关条款。例如，要求行政机关在作出重要决策时必须“告知利害关系人”“听取利害关系人的意见”“利害关系人有权要求举行听证会”等。此外，在《行政诉讼法》中，利害关系人与行政相对人被并列提及，共同作为提起行政诉讼的主体，从而确保了利害关系人能够通过法律途径维护自己的合法权益，进一步强化了对利害关系人救济权的保障。[④]

然而，在国有财产的处置过程中，利害关系人的权益保护面临诸多挑战。首先，在我国现行法律理论体系中，国有财产的增值利用权及其利害关系人的权益尚未得到充分的重视。其次，国有财产利害关系人的界定存在模糊性，参与国有财产处置的法律机制尚不健全，缺乏明确的规范和操作指南。最后，此过程可能与诉讼原告资格的认定、行政效率的提升等目标发生冲突。这导致在国有财产的处置过程中，无论是普通公民还是与国有财产处

---

① 李喜莲：《民事诉讼法上的“利害关系人”之界定》，载《法律科学（西北政法大学学报）》2012 年第 1 期。

② 胡建淼：《行政法学》，法律出版社 2015 年版，第 112 页。

③ 关保英：《利害关系人对行政程序的介入》，载《社会科学战线》2017 年第 9 期。

④ 《行政诉讼法》第 25 条第 1 款。

置有直接且密切利益关系的公民，均难以被认定为利害关系人。因此，他们难以直接参与国有财产的处置过程，以表达和维护自身利益诉求。这种状况不仅损害了公民的合法权益，还对国有财产的合理利用和管理构成了潜在的障碍。

2001 年 4 月，南京市政府在未进行规划决策公示、未充分征求公众意见的情况下，在南京紫金山的最高峰头陀岭上建造了观景台。此事一经报道立刻在南京市民中引起强烈反响，4000 多名市民在媒体上参与了讨论并表达了强烈的反对意见。大多数市民都对建设观景台持强烈的反对态度，并认为在紫金山的管理历史中从未曾发生过如此严重的破坏性建设。经过近 4 个月的时间，最终观景台被爆破拆除。据统计，这座观景台在拆除前已经耗费 1000 多万元建设资金，爆破和恢复山体植被又花费 200 多万元。[①]

在此过程中，有两位教授愤然提起诉讼，然而，他们是否具备原告资格却成为一个亟待解决的问题。当时，根据 2000 年《最高人民法院关于执行〈中华人民共和国行政诉讼法〉若干问题的解释》的规定，“对公民、法人或者其他组织权利义务不产生实际影响的行为”不属于行政诉讼的受案范围。[②] 那么，在本案中，南京市政府在紫金山上建观景台的行为究竟是否对南京市民的权利义务造成实际影响？换言之，南京市民是否属于利害关系人，进而符合行政诉讼的原告资格，两名教授向南京市中级人民法院提起诉讼时，为了证明紫金山上建观景台侵害到了自己的合法权益，以自己购买了中山陵年票，因而和中山陵园管理局建立了合同关系为切入口，认为中山陵园管理局违背了《南京市中山陵园风景区保护和管理条例》中规定的“保

① 朱安平：《民意——南京紫金山“观景台”建拆舆论干预始末》，载《新闻记者》2002 年第 10 期；路国连：《论行政公益诉讼》，载《当代法学》2002 年第 11 期；张振威：《风景公共利益及保护》，清华大学 2013 年博士学位论文，第 1～3 页。

② 该司法解释现已失效，该司法解释中第 1 条规定：“公民、法人或者其他组织对下列行为不服提起诉讼的，不属于人民法院行政诉讼的受案范围：……（六）对公民、法人或者其他组织权利义务不产生实际影响的行为。”2017 年公布的《最高人民法院关于适用〈中华人民共和国行政诉讼法〉的解释》保留了这一条款。

持自然景观和人文景观的原有风貌，维护风景区的生态平衡，各项建设设施应当与风景区环境相协调”的义务，因此，在头陀岭上建观景台的行政行为实质上影响了自己与中山陵园管理局的民事法律关系，所以自己具有原告资格，可以对具体的行政行为进行起诉，并要求判决南京市规划局撤销该规划许可。然而，南京市中级人民法院驳回了两名教授的起诉，驳回的理由并不是两名教授不符合原告资格，而是该案在本辖区内未造成重大影响，因而不属于中级人民法院受案范围。[①] 后来，当两名教授准备向区法院提起诉讼时，因市民反应过于强烈，南京市政府自行拆除了观景台。

即便在国有财产的处置过程中，侵犯了公民的合法权益，但根据现行的法律规定，并未形成明确的法律权利和义务关系。因此，那些实际上遭受权益侵害的公民，无法被认定为具有直接利害关系的人，这导致他们无法获得应有的法律救济。以 2012 年柳州市建造高达 68 米的柳宗元铜像为例，这座铜像的建造耗费了大量的国有财产。然而，不久之后，由于开展清理整治奢华浪费建设的工作，这座铜像被拆除。从建造到拆除的过程中，大约 7000 万元的国有财产就这样白白浪费了。尽管该事件激起民众的强烈不满，但他们无法像持有中山陵年票的南京市民那样可以被视为利益相关者。

还有一些国有财产处分决策过程中，由于利害关系人无法参与到财产处分中，甚至连自己基本生活资料都不能保障。例如，哈尔滨市发展和改革委员会原副主任张某某在担任副区长期间，利用主管哈尔滨某国有企业改制工作的便利和某民营企业相勾结，指使该民营企业仅用 6160 万元就把价值 23 亿元的土地使用权和价值 1700 万元的原种场打包买走，并违规挪用 1100 多万元的员工安置费，直接导致 566 名员工在失去收入、没有安置费和“三险

① 《行政诉讼法》第 15 条规定：“中级人民法院管辖下列第一审行政案件：……本辖区内重大、复杂的案件……”

一金”的情况下下岗，致使很多员工流离失所。[①] 尽管这些员工的切身利益与该国有企业财产的处分行为密切相关，但这些员工却不属于法律意义上国有财产处分中的利害相关人，缺乏参与权和救济权。并且在国有财产处分已经完成一段时间之后，这些员工与国有财产处分的利害关系才体现出来，此时这些员工即便作为“利害关系人”，也已经错过了救济自己权利的最佳时间。

由此可见，相比于私有财产而言，国有财产处分中常常存在没有利害关系人或者利害关系人难以界定的尴尬局面。此外，即便某些处分决策中能够识别出利害关系人，其知情权和参与权也难以得到充分的保障，致使受到损害的国有财产及其所承载的特定公共利益难以得到有效的救济，从而影响了公共利益的实现和保护。

第五节 “法无授权不可为”对主张公法之债的限制

当国有财产受到侵害时，会形成相应的债权，这些债权关系可细分为基于私法关系形成的私法之债和基于公法关系形成的公法之债。债作为文明社会的产物，其本质特征是在特定当事人之间形成给付权利义务关系，以恢复受损害的法益。如果国有财产管理者作为民事主体在民事法律关系中受到侵害，可以以民事主体的身份提起民事诉讼来维护财产利益。但是，公法之债涉及的是行政主体与行政相对人之间发生的请求给付的权利义务关系，是

① 李云舒：《歌手曲婉婷母亲张明杰案引发关注 境外不是资产转移的天堂》，载中央纪委国家监委官网，http：//www. ccdi. gov. cn/toutiao/202009/t20200927_ 226247. html；《曲婉婷的妈妈：贪了3.5亿，把566个家庭逼上绝路》，载搜狐网2019年2月1日，https：//www. sohu. com/a/292770534_ 100131161。

“权力关系”与“债务关系”的复合体。[①] 在国有财产基于公法关系遭受侵害的情况下，国有财产管理者囿于公权力机关的身份，必须严格遵守“法无授权不可为”的限制，有时反而面临“维权无门”的尴尬。

例如，2009 年万高拆迁案中，泰州某房屋拆迁项目开工，胡某某所有的某商行属于此次拆迁项目范围，其土地性质属国有划拨土地。评估公司工作人员顾某甲、拆迁公司工作人员顾某乙因接受胡某某的吃请，对该商行按照集体土地商业经营用房补偿标准进行评估补偿，致使胡某某多获得 550 余万元拆迁款。胡某某顺利获得拆迁补偿款后，分别向顾某甲、顾某乙行贿人民币 1.8 万元、3 万元。2014 年 4 月，公安机关以涉嫌向非国家工作人员行贿罪对胡某某立案侦查，以非国家工作人员受贿罪对顾某甲、顾某乙立案侦查，并依法扣押胡某某违法所得 550 万元、顾某甲违法所得 2 万元、顾某乙违法所得 3 万元。但在检察机关提起公诉后，2016 年 4 月 18 日《最高人民法院、最高人民检察院关于办理贪污贿赂刑事案件适用法律若干问题的解释》（以下简称《贪污贿赂司法解释》）施行，规定非国家工作人员受贿罪、对非国家工作人员行贿罪定罪标准均调整为 6 万元。由于三被告涉嫌犯罪的数额达不到新的定罪标准，检察机关撤回起诉。

随之而来的问题是，公安机关所扣押的 550 万元非法所得失去了法定理由，此后胡某某多次申请公安机关返还 550 万元拆迁款。公安机关面临着两难尴尬：如果不予返还，那么公安机关以什么法律依据继续扣押这 550 万元？公安机关应将案卷材料移送给哪个行政执法部门依法处理？如果予以返还，这 550 万元明显属于“违法所得”，难道公安机关就只能将明明属于国家的财产再退给违法行为人？后检察机关向负责拆迁的城投公司出具检察建议书，并支持其提起民事诉讼。此案诉讼历经 4 年，直到 2019 年，法院判

---

① 汪厚冬：《公法之债论——一种体系化的研究思路》，苏州大学 2016 年博士学位论文，第 1 页。

决拆迁补偿协议无效，某商行返还城投公司拆迁补偿款430万余元。[①]

在该案中，如果胡某某并未实施行贿的行为，同时假设在胡某某被刑事立案并且其犯罪所得被没收之前，《贪污贿赂司法解释》并未颁布实施，那么根据现有的法律规定，那笔高达550万元的款项可能就不会作为追缴赃款而被合法地追回了。这种情况凸显了一个在国有财产保护领域中非常特殊的难题，即在缺乏充分的法律授权和明确的法律依据时，国有财产的管理者在主张其权利方面会遇到极大的阻碍。此外，我们还必须考虑到，如果检察机关没有采取积极的措施，例如，通过制发检察建议、支持起诉等手段来督促作为国有财产管理者的城投公司提起诉讼，那么在城投公司表现出怠慢或不作为的情况下，国有财产就极有可能无端流失，最终落入私人手中，造成国有财产的损失。

再如，公务员王某被采取强制措施期间，按照相关规定，其所在单位应当按王某原基本工资待遇的75%来计算并发放生活费，[②] 但该单位依然按照原工资标准进行了全额发放。面对这种情况检察机关向该公职人员所在单位发出检察建议，建议该单位依法履行国有财产保护职责，对不应发放的工资待遇依法予以追回。但该单位并未采取任何方式追回多发的工资。后检察机关提起行政公益诉讼，请求确认该政府向王某错误发放工资待遇的行为违法，获法院判决支持。在该案中，虽然王某多领取的工资实质上属于不当得利，但是由于政府与公务员王某属于内部行政关系，既不符合外部行政法律关系的主体要件，也不符合民法上“平等民事法律关系”的条件。在王某拒不返还多发放的工资的情况下，政府既没有法定依据直接以行政命令的方式要求王某返还不当得利，也难以以民事主体的身份提起民事诉讼来追回向

---

① 江苏省泰州医药高新技术产业开发区人民法院民事判决书，(2018)苏1291民初1349号。

② 中共中央组织部、人力资源社会保障部、监察部、国家公务员局《关于公务员被采取强制措施和受行政刑事处罚工资待遇处理有关问题的通知》(人社部发〔2010〕104号)第1条第1项规定，公务员被刑事拘留、逮捕期间，停发工资待遇，按本人原基本工资的75%计发生活费。

王某多发的工资。而且，由于向王某追回多发放的工资不属于政府法定职责，检察机关提起行政公益诉讼也面临着请求依据薄弱的尴尬。

由此可见，在国有财产基于公法关系遭受侵害的情况下，国家所有权作为私法性质的行政权，反而会带来特殊保护难题。具体而言，由于“法无授权不可为”的原则限制，在缺少法律明文授权的情况下，国有财产管理者很可能无法通过行使债权请求权来维护国有财产的安全。第一，国有财产的管理者作为公权力的主体，其身份限制了他们以私力主张救济的可能性。在缺乏法律明确授权的情况下，国有财产管理者不能直接以行政行为主张公法之债。第二，由于行政诉讼通常被认为是“民告官”的诉讼，管理者在面对侵权行为时，无法通过行政诉讼来维护自己的权益。第三，如果要求国有财产管理者选择民事诉讼作为救济途径，那么管理者就很可能会利用民事诉讼的特性来逃避公法的强制性义务，他们可以意思自治为由，选择不追究侵权人的责任。第四，民事诉讼以保护民事权益为宗旨，国有财产管理者为了公共利益起诉私人主体，这与民事诉讼旨在解决私权纠纷、保护个体利益的价值追求存在差异。因此，在审理这类涉及公共利益的“民事案件”时，法院面临一个难题，即在多大程度上应当遵循传统民事诉讼的原理和规则，以及是否应当受到公共利益相关理念的支配。

综上所述，由于代理层级的多重性，国有财产面临严峻的“内部人控制”问题，在所有权人没有强烈保护国有财产的冲动的情况下，由同样缺乏保护国有财产内生动力的管理者实际控制国有财产，国有财产就变成了“谁控制，谁所有”的一块肥肉。如果只依赖管理者的职业道德，国有财产的管理和处分就会成为“内部人的把戏”，管理者很可能不顾全体公民的利益，从自己的利益出发肆意处置国有财产。因此，有学者发出感慨：“属于每个人的财产，是不受人保护的财产。”[①] 如果缺少特殊的保护机制，仅对国有财产采取与私有财产无差别的保护，国有财产所承载的公共利益就难以得到

---

① Lloyd R. Cohen, *The Public Trust Doctrine*: *An Economic Perspective*, 29 Cal. W. I. Rev. 239, 265 (1992 - 1993).

充分的保障。在这种情况下，国有财产的流失和滥用变得难以避免，从而导致国家和人民的共同财富遭受损失。因此，对国有财产施以特殊保护，确保国有财产的合理使用和有效管理，对于维护国家利益和公共利益至关重要。

第三章

私法保护国有财产的局限性

如前所述，宪法意义上的国家所有权需要转化为具体的所有权权能并交给具体的管理者管理和处分，受到公法与私法的共同保护。认为国有财产的管理和处分应当单纯适用公法或者单纯适用私法的观点都是不正确的，公法和私法在对国有财产的保护方面既存在区别也存在联系，二者相互交织、不可完全割裂。一方面，如果过分强调公法的优先性，将国家整体利益置于至高无上的地位，这将导致市民社会与政治国家的对立加剧，从而引发一系列问题，如官僚主义的滋生、权钱交易等“行政机关失败”的现象；另一方面，如果过分强调私法自治和私权优先的原则，让国家所有权“遁入私法”的范畴，这将忽视国家在宪法层面上保护全体公民利益的义务，进而导致社会两极分化加剧和不公平结果的产生，即“市场失败”的现象。

此外，即使我们尝试按照某一特定学说的标准，也难以对公法和私法进行明确的划分。公法和私法之分有几种不同划分标准，“利益说”认为公法是造福于公共利益的法律，私法是与个人利益有关的法律，“主体说”认为私法是适用于行政主体以外的所有人的一般法，公法是仅适用于行政主体的特别法：“权力说”将调整不对等法律关系的法律称为公法，将调整对等法律关系的法律称为私法。[①]“生活关系说”将站在国家或者公共团体成员立场上形成的生活关系或政治生活关系称为公法，将站在除此之外的立场上形成的社会性、私人性的民事生活关系称为私法。[②]以“利益说”为例，这种学说之所以不能清晰地区分公法和私法，原因在于私法体系中同样存在保护公共利益的价值取向，而公法体系也承认公权力的行使最终目的是保护个人利益。当然，虽然标准不同，但是学界普遍认同，《宪法》和行政法属于公法，民商法属于私法。根据奥斯丁的经典论述，公法主要由宪法与行政法组成，包括关于公共权力机构的设置、官员组成及其产生方式、机构的权力及

① 胡建淼、江利红：《行政法学》（第3版），中国人民大学出版社2015年版，第28页。
② 李茂管：《法学界关于公法与私法划分问题的争论》，载《求是》1995年第22期。

其限制、不同行政机关之间的权力分配及其相互作用方式、行政机关与私人之间的法律关系的法律；私法包括分配私人之间权利与义务的法律，不直接涉及公共权力的行使，而是作为一个中立的立法者、执行者或审判者，为私法争端的解决提供一种法律机制。

因此，私法和公法在保护国有财产方面各有侧重，亦各有局限，单靠任何一方都不可能对国有财产加以全方位的保护。虽然本书研究的是公法对国有财产的特殊保护，但在阐述国有财产为什么需要公法保护以及公法保护应涵盖的范围时，对私法保护国有财产的理论基础进行深入探讨是不可或缺的。所以本章对国有财产受到私法保护的理论基础进行辨析，进而分析私法在保护国有财产上具有哪些局限性，以明确国有财产可以受到并且必须受到公法保护的理论基础。

第一节　私法保护国有财产的范围过窄

从国家所有权的运行程序来看，宪法意义上抽象的国家所有权必然要经过立法权和行政权的行使，才能转化为具体的国有财产。这些财产随后会被明确地划分为国有公物或国家私产，从而在行政法和民法领域内分别衍生出相应的所有权。这些所有权的性质不同，行政法意义上的所有权受到公法的约束和调整，而民法意义上的所有权则同时受到公法和私法的共同规范。整个转化过程涉及多个环节，而这些环节中的大多数都需要公法的规范和制约，以确保国家所有权的正当行使和管理。

第一，宪法意义上的国家所有权是一种抽象的概念，它并不能直接转化为实际的所有权权能，而需要通过一系列的制度程序来实现这一转化，而这一过程与私法领域是完全无关的。例如，《宪法》规定，国家所有的资源和财产属于全体人民所有，这是国家所有权的基础性表述。然而，如何将这一原则落实到具体操作层面，则需要遵循更为细致的法律规定。具体来说，抽象意义上的国家所有权的主体、客体以及客体的使用规则都要具体化，这经历了宪法对“全民所有”的确认、全民层层选出人大代表、人大代表制定法律对行政机关授权、行政机关通过行政法将国家所有权层层分解，直到将具体某一国有财产交由具体的管理者管理和处分，国家所有权才能进入具体可操作的环节。这个过程中涉及宪法、立法法、行政法等一系列法律规定，这些规定都属于公法范畴，是通过公法范畴的法律体系来规范的，以确保国家所有权的实现既符合宪法精神，又具有可操作性和合法性。

第二，私法无法控制管理者确定具体国有财产用途的过程。当国家所有权进入具体可操作的环节后，管理者需要依法确定某一国有财产究竟作为国有公物用于公共事业，还是用作国家私产以实现公益和政府收益的双重价值。这个过程如果摒弃公法规制而选择遵循私法的意思自治，国有财产就很容易被用于优先满足政府自身利益的需要，或被过度用于商业开发，或被低价转让给私人，这些都将导致公民应当享受的社会公共照顾不足，甚至生活资料都得不到保障。例如，政府为了建设公共设施（如公园、学校、医院等）或者改善交通基础设施，可能会划拨一部分国有土地用于公共事业。同时，为了实现土地价值的最大化并补充财政收入，政府也会将部分土地用于商业开发，如房地产项目、商业中心等。在这一过程中，如果摒弃了公法规制，转而按照私法的原则进行操作，可能会导致政府将国有土地优先用于满足商业利益而非公共利益，或者为追求短期财政收入，而将土地以远低于市场价值的价格转让给私人开发商进行商业开发。例如，2021 年，山西省晋中市太谷区在建设国家农业高新技术产业示范区的过程中，违规以 1.2 亿元的价格出让了 160.89 亩土地（包括 81.91 亩耕地）用于房地产开发，[①] 就严重违反了我国关于耕地保护的相关规定，损害了公共利益。可想而知，如果将城市土地的属地政府完全视为民法意义上的所有权人，并任由其按照意思自治原则自由转让土地而不加以公法限制，并且在土地出让时仅仅考虑“价

---

① 侯凯：《国务院关于 2023 年度中央预算执行和其他财政收支的审计工作报告》，2024 年 6 月 25 日在第十四届全国人民代表大会常务委员会第十次会议上的报告，https://www.audit.gov.cn/n5/n26/c10423410/part/10423799.pdf，第 17 页。

高者得”这一私法理念，那么政府很可能追求财政收入最大化，把最优质的土地卖给开发商而不是优先考虑建设公共设施，甚至可能放任开发商囤积优质地段，导致房价急剧上涨，从而侵犯公民最基本的生存权。

第三，私法无法调整国有公物的管理、处分过程。一旦国有财产被依法确定为用于民众生活的国有公物，国家便承担起了一项重要的责任，即确保这些财产能够持续且合理地服务于公众，这也是维护国有公物权益的关键所在。由于国有公物原则上不以营利为目的，不可自由交易、不得强制执行、不适用取得时效制度等私法规范，因而主要由行政法、经济法等公法规范调整。例如，如果国家高校面临无法按时偿还贷款的情况，银行不能通过私法规范强制执行高校的公共财产，只能寻求公法救济。又如，公路作为公共基础设施，属于国有公物范畴，管理者有权依法在路边划出收费停车位，以满足有车人士的停车需求并且通过这种方式增加政府的财政收入。然而，在这种情况下，停车收费的定价不能简单地遵循市场规律，或者由管理者根据个人意愿自由定价，而必须基于公共利益的考量，综合考虑司机的停车需求和行人的通行便利，从而合理地设定收费标准。比如，某商场将地下防空设施改造为商业街区，由于过度改造致使商户数量过多，严重破坏了该防空设施的防御功能，损害了该国有财产的特定公共用途，但是私法只能调整该商场与商户之间的租赁关系等私法关系，对于防空设施的特定公共用途这一公共利益则无力保护。这些都反映了私法无法调整国有公物的管理、处分过程。

第四，对于国家私产，只有在管理者做出意思表示且财产流入市场后私法才能对其加以外部保护，而管理者的意思表示形成过程不属于私法的调整范围。换句话说，私法保护国家私产，只看交易结果是否公正、国家私产是否被第三人所侵害，私法不会深入审查处分过程是不是管理者的真实意思表示，更不会限制管理者行使所有权权能的过程。例如，国有企业的管理层决定将其持有的某项专利技术出售给私营企业，在做出出售决定前，管理者需要遵循相关的公法规定，可能包括但不限于国有企业资产转让的审批程序、评估程序、公开透明的招投标过程等。这个过程中，管理者的意思表示是受到公法约束的，如需要得到上级主管部门的批准，需要进行资产评估以确保资产转让价格的公允性，且可能需要公开信息以确保交易的公正性。在该专利技术被转让给私营企业后，一旦交易完成，买家和卖家之间就形成了买卖合同，私法才开始发挥作用，合同法、知识产权法等相关法律则开始对双方的权利和义务进行调整和保护。如果买方未能按时支付转让费用，或者卖方未能履行交割资产的义务，那么依据私法规定，双方可以寻求法律救济。由此可见，虽然私法在国家私产进入市场交易之后提供外部保护，但是管理者在形成出售意思表示的过程中，其活动是受到公法调整和约束的。

第五，即便国家私产已经进入了市场活动的环节，由于其承载着公共利益，因此也不能完全摒弃公法的保护，而应当在适用私法规范的同时，也考虑公法的保护。以国家所有的水力发电站的股份转让为例，发电站负责为周边地区提供稳定电力供应，是重要的基础设施，具有公共利益属性。即便在股份转让完成后，水力发电站仍然承载着为公众提供电力供应的公共利益任务。因此，相关监管机构需要根据公法规定，如电力法、能源法等，继续监督和保护发电站的运营不偏离公共利益的方向。如果私有化后的发电站试图提高电价，可能受到监管机构的干预，以保障公众利益不受损害。同时，如果私有化后的运营出现严重问题，比如导致频繁停电，那么监管机构也有责任介入，以确保发电站恢复正常运营，保障公共利益。由此可见，在一些国家私产参与市场活动的过程中，公法仍然发挥着维护公共利益的作用，确保国有私产的合理运用，防止对公众利益造成不利影响。

综上所述，从宪法意义上的国家所有权到具体国有财产的管理和处分这个庞大的系统中，私法对国有财产的保护范围仅仅局限于当具体国有财产被依法确认为国家私产后，将其与私有财产平等保护。从保护对象来看，私法只能够保护用途已经确定为生产资料的国家私产，对于用途尚未确定的国有财产和用途已经确定为生活资料的国有公物则无力保护。在保护客体上，私法以维护私人利益为宗旨，只能将国有财产所代表的利益视为“拟私人利益”加以保护，即只能对财产作为市场商品所体现的财产权益加以保护，而对国有财产所承载的公共利益保护能力极为有限。

第二节 私法无法解决“谁控制，谁所有”的难题

如前所述，由于代理成本过高、没有人真正关心国有财产、利害关系人难以参与到国有财产的保护中等原因，国有财产面临着“谁控制，谁所有”的特殊保护难题，这些问题是私法无法解决的。

第一，私法无法解决没有人真正关心国有财产的难题。大多数情况下私有财产所有权人就是财产控制人，所有权人为了自身利益最大化，不需要外部激励措施就会全心全意保护自己的私有财产，这种情况下保障意思自治就是最好的保护方式。但是，无论是作为所有权人的全体公民还是作为实际控制者的管理者，都缺少发自内心保护国有财产的冲动和激励。此时，如果按照民法的意思自治而不构建激励机制，就会造成无人发自内心保护国有财产的局面。在私法领域，构建激励机制主要依赖于“价高者得”“市场杠杆”等原则，这些原则在一定程度上可以对管理者处分国家私产的行为进行激励。然而，这些激励措施往往无法与管理者个人的利益或者公民的切身利益直接联系起来。因此，即便存在这样的激励机制，仍然难以从内心深处激发公民或者国有财产的管理者，让他们自发地、真心实意地去保护和维护国有财产。在一个缺乏内在动机的环境中，管理者可能仅仅因为职责所在而执行任务，却不会真正地关心国有财产的长远利益和可持续发展。

第二，私法无法解决国有财产的代理成本难题。私法代理中也存在代理成本问题和代理人侵害被代理人权益的情况，私法对此也制定了相应的保护措施：民法典规定了代理人不得以被代理人名义与自己实施民事法律行为、代理人转委托第三人的必须经被代理人同意或追认、代理人无权代理或越权代理时未经追认对被代理人不发生法律效力等保护委托人权益的措施[①]；在公司股东与公司经营者之间的商事委托代理关系中，当股东利益受到侵害

---

① 《民法典》第168—171条。

时，股东可以通过提起股东直接诉讼、股东代表诉讼、无效之诉、撤销之诉甚至请求司法解散来维护自己的权益。[①] 但是，这些旨在保护民法权益的措施并不适用于对国有财产进行规范和管理的代理过程：无论是通过层层选举产生的人民代表大会，还是通过人民代表大会立法授权给行政机关，抑或是行政机关在执行过程中对财产所有权的权能进行层层细化，这些代理环节都涉及国家公权力的运行，因此它们不能直接适用上述私法规范。这些环节的规范和管理必须在公法的框架内进行，具体来说，需要由立法法、行政组织法等相关公法来规定和约束。例如，当涉及国有土地的使用和转让时，必须严格遵守国家关于土地管理的法律法规，确保国家利益和公共利益得到妥善保护。

第三，私法无法解决国家所有权必然与行政权交织带来的各种问题。如果在国家所有权的运行过程中只遵循私法规范，国有财产管理者就可能利用私法所有权人和行政执法者的双重身份，腾挪于规则解释者与规则适用对象的双重位置中，既利用私法所有权人的身份摆脱公法监管，又利用一些公法规范逃避私法所有权人身份可能带来的风险责任，造成权责极度不对等的状况。例如，2000 年长沙市行政机关对辖区三家效益排在全国前列的大型国企进行“产权制度改革”。这项改革的核心措施是：只把企业创建时的最原始投资算作国家所有，除此之外滚动产生的积累都算作一家由内部人控制的“集体企业”所有，在该“集体企业”中，又由大老板拿一大部分。经过这种所谓的“界定”，80% 的企业资产便从国家所有变成了内部人员所有。[②] 这就反映了企业管理者在企业中“既当裁判又当运动员”，既扮演规则制定者又扮演规则执行者的双重角色。再如，某市政府计划对该市供水系统进行升级改造，以改善供水质量和效率。在招标过程中，市政府作为国有财产的管理者和公共利益的代表，须遵守《招标投标法》等公法中关于招标投标的法律规定，确保招标过程的公开、公平、公正。如果没有公法程序规制，

① 陈少涌：《损害股东利益的司法救济途径研究》，载《法制与社会》2019 年第 20 期。

② 王祥光：《警惕国有资产的“看守者交易”》，载《中国经济快讯》2003 年第 17 期。

招标流程就会流于形式，不能保障供水系统显著的公共利益属性。此外，如果项目改造导致居民搬迁或服务中断等公共利益问题，这些问题的解决往往也需要市政府采取行政措施，如提供补偿方案、安排临时供水等，私法同样无法提供解决这些问题的直接途径。可见，私法可以在处理合同关系、提供违约救济方面发挥作用，但无法解决国家所有权与行政权交织带来的问题，如行政干预导致的招标不公、行政决策对合同履行的影响以及公共利益的平衡与维护等。这些问题需要依靠公法的监督与制约，以及行政法规的执行来解决。

第四，私法无法保护国有财产免受来自国有财产管理者的侵害。如果将国家视为私法意义上的财产所有权人，任由私法规则挤占公法规范，国有财产管理者就很可能利用民事主体“意思自治”的自由逃避公法强制性义务。这种情况下，管理者不仅可能对他人侵害国有财产的行为采取不作为的态度，甚至可能利用私法中的物权规则，将国有财产优先用于满足自身的利益。此外，管理者还可能利用民事诉讼的方式，将行使财产权权能的行为“遁入私法”，从而逃避行政诉讼中法院对行政行为的审查，这样一来，民事诉讼就可能成为行政机关违法行为、行政不作为的“橡皮擦”，掩盖了问题的实质。例如，实践中存在法院通过民事诉讼调解的方式支持国土资源局放弃国土出让滞纳金这一公法之债的做法①，就反映了国有财产管理者以意思自治的借口掩盖其履行保护国有财产公法义务的实质。这种做法不仅损害了国家和公众的利益，还可能削弱法律对于国有财产保护的权威性和有效性。

第五，私法无法有效规制公权力。国有财产管理者行使所有权权能的行为虽然在形式上看似属于私法调整的范畴，实际上是基于全体公民赋予的公权力而进行的。公权力的特性是具有天然的膨胀性和侵夺性，这使权力的行使如果不加以适当的监督和制约，管理者可能会利用其对国有财产的控制

① 董旭光：《国土出让滞纳金纠纷可以调解吗》，载《检察日报》2010年8月10日，第3版。

权，进行不正当的侵吞和挪用，甚至利用其管理职权进行权力“寻租”，从而对国家和人民的利益造成严重损害。但是，即便国有财产管理者利用掌握的公权力侵害了国有财产，私法体系，通常假定国有财产管理者是具备完全民事权利能力和行为能力的“财产所有权人”，并基于意思自治原则，认定管理者对外做出的意思表示是真实且有效的。私法体系无法深入审查这种意思表示是否受行政权干预或者是否侵害了全体公民利益，更不可能为作为实质所有权人的公民提供救济。例如，一个国有企业的高级管理人员，可能在没有充分透明度和公众监督的情况下作出了一系列决策，这些决策表面上看似是为了企业的利益，但实际上可能隐藏着个人利益的追求，甚至可能损害了国家和公众的利益。在这种情况下，私法就无法提供足够的保护措施，以防止这种潜在的滥用行为。因此，需要由公法法律机制和监督体系来确保公权力的行使不会偏离其应有的轨道，保护国家和人民的根本利益。

第三节　私法保护国有财产效率低、成本高

在公法领域，主要通过行政命令、行政处罚等行政行为来保护公民和法人的财产权益；在私法领域则主要是通过诉讼的方式来保护法益，由法院通过详尽地调查和审理，仔细地查明事实、分清是非、确认权利义务关系、制裁民事违法行为。当国有财产受到外部侵害时，采取诉讼的方式主张权利，相比于通过行政行为主张权利而言效率低、成本高。

一、私法保护国有财产效率较低

客观公正一向被视为司法诉讼活动的核心价值目标。程序正义是实体正义的保障，法院为了彻查案件事实往往要遵循一系列非常精细甚至烦琐的程序，这会花费较长时间，甚至在一些情况下要以牺牲局部效率作为客观公正的代价。诉讼程序通常较为烦琐，需要经过一系列的法律程序，如提交诉状、证据交换、庭审辩论等，这些步骤都需要时间和资源的投入。此外，诉

讼还可能涉及复杂的法律问题和证据的搜集，这进一步增加了处理案件的时间和经济成本。因此，相比于行政行为而言，司法诉讼虽然更能保障客观公正但效率也相对较低。

然而，“公正在法律中的第二意义就是指效率”。[①] 从某种意义上来说，效率就意味着公正。涉及国有财产的诉讼往往由于情况复杂，要花费几个月甚至几年的时间才能完成，不利于及时保护国有财产。例如，2015 年两环保组织为保护环境就某地块土地污染问题对 3 家公司提起环境公益诉讼，直到 2018 年年底才被判决支持。[②] 可见，国有财产的诉讼案件因其牵涉的利益广泛、法律关系复杂，往往需要经过多轮审理、鉴定、取证和法律辩论，导致整个诉讼过程耗时较长。这不仅会导致国有财产的保护不及时，影响公共利益的实现，还反映出通过民事诉讼的方式保护国有财产效率较低的弊端。

相比之下，行政行为的一个典型特征就是高效。效率原则是行政行为的基本原则，指的是行政主体在进行行政活动时，必须以最小的经济耗费来实现最大的社会效果。[③] 这一原则强调的是在行政管理和服务过程中，应当追求速度与效果的最优化结合，以确保行政资源的合理利用和公共利益的最大化。国务院早在 2004 年 3 月 22 日发布的《全面推进依法行政实施纲要》中就明确提出了“高效便民”的原则，并将其作为依法行政的基本要求之一。这一要求旨在确保行政机关能够迅速、有效地采取措施，如发布命令或实施处罚，以防止或制止侵害行为的发生。

因此，如果在国有财产受到侵害时，由行政机关采取行政命令的方式修复受损法益，能大幅缩短法益修复时长，从而及时保护国有财产。行政措施的实施通常涉及一系列的行政命令、行政指导和行政监督等手段，这些手段

---

① ［美］理查德·A. 波斯纳：《法律的经济分析》，蒋兆康译，中国大百科全书出版社 1997 年版，第 16 页。

② 《专家解读：历时两年多的常州土壤污染案尘埃落定！判决有何意义?》，载网易网 2018 年 12 月 29 日，https：//dy. 163. com/article/E47BLIT90512MPDJ. html。

③ 胡建淼、江利红：《行政法学》（第 3 版），中国人民大学出版社 2015 年版，第 70 ~ 71 页。

可以迅速地对潜在的威胁做出反应，及时地采取措施以防止国有财产的流失或损害。以世界遗产江西三清山巨蟒峰被毁案为例，三清山是具有世界遗产属性的国有自然资源，巨蟒峰作为三清山核心标志性景观独一无二、弥足珍贵，其不仅是不可再生的珍稀自然资源型资产，也是可持续利用的自然资产，对于全人类而言具有重大科学价值、美学价值和经济价值。2017 年 4 月 15 日，3 名驴友借助绳索、无人机等工具擅自攀爬三清山核心区标志性景观——巨蟒峰，被景区工作人员发现并立即制止，当地公安部门也及时采取行政措施，并对其给予了行政拘留的惩处，及时制止了对自然资源的损害。随后，公安机关对该事件进行了刑事立案，并由检察机关提起了刑事附带民事诉讼，以追究其法律责任。经过长达 3 年的审理，2020 年 5 月 18 日，该案二审宣判，2 名被告人被判处有期徒刑，1 名被告人被免予刑事处罚，3 人共同承担 615 万元的民事赔偿，以弥补他们对巨蟒峰造成的损害。① 至此，巨蟒峰遭破坏的司法案件画上句号。在该案中，如果不由行政机关及时采取行政措施，并施以行政处罚及时止损，而是一味等待司法判决，那么，在司法诉讼的 3 年中，不知会有多少效仿者继续攀爬三清山，对国有自然资源造成难以弥补的伤害。由此可见，行政措施保护国有财产具有应变性强和高效率的特点，能够迅速应对突发事件和紧急情况，处理速度较快，相比之下，司法保护程序复杂，耗时较长，缺乏效率。

二、私法保护国有财产成本高

当私人财产受到侵害时，所有权人在协商不成的情况下，只能通过法律途径，如司法诉讼等救济方式，并以国家强制力保障执行。这一过程往往漫长且充满不确定性，需要耗费大量的司法成本。因此，在面对私人诉讼时，法律规定了个人要缴纳诉讼费用，旨在合理分担一部分诉讼成本，同时对当事人的诉讼行为进行一定的经济制约，防止滥用司法资源。民事案件的诉讼费用可能包括案件受理、财产保全、证据保全、执行、送达、鉴定等一系列

① 最高人民法院第 26 批指导性案例第 147 号。

需要司法资源的环节，相应地每个环节都需要支付费用，其中仅案件受理费就需要案件标的的0.5%—2.5%的费用。

相比于私有财产的所有权人，国有财产管理者作为国家权力机关或国家授权的机关和组织，在法律赋予的权限范围内，具备维护国有财产安全的天然优势。国有财产管理者在应对财产遭受侵害的情形时，采取行政救济手段相较于诉讼途径，其成本显著较低。

首先，行政组织和司法机构的存在都是为了执行法律，二者行使权力都是以国家强制力作为保障的，运行本身都必然耗费大量国家资源，如果在国有财产受到侵害时再去寻求私法救济的话，就会徒增高额的行政运行成本。行政组织的人员架构庞大，组织严密，掌握着警察、看守所等强制性权力，这些都为保护国有财产提供了坚实的保障。由于国有财产管理者主要由行政组织承担，只要在法律明确授权的范围内，当行政相对人违反法律，试图侵害国有财产时，行政组织能够迅速响应，及时制止行政相对人对财产的侵害行为，并使违法者受到应有的法律制裁。因此，不论是否采取诉讼的方式，行政组织的运行成本和在个案中付出的成本都是必然存在的，如果再要求国有财产管理者一律采用诉讼这种私法解决方式，就会在行政组织的运行成本之外额外增加司法机关的运行成本。

其次，行政机关在处理国有财产保护事务时，通常拥有较为灵活的操作空间，可以根据实际情况制定和调整相应的保护策略，从而更有效地实现国有财产的保值增值和保护维护。例如，根据《南京市中山陵园风景区保护和管理条例》第26条的规定，对于攀折、刻画林木、采摘花卉、挖掘草药的行为，如果经过劝阻后仍然不改正的，管理单位有权处以50元的罚款。如果管理单位没有被授权进行罚款，而是对于这些行为一味地寻求通过诉讼这一私法救济途径，那么可以预见的是，诉讼所涉及的成本费用将会远远超过50元的罚款金额。试想一下，如果每一个轻微的破坏行为都需要通过法庭来解决，那么法院的案件量将会激增，导致司法资源的严重紧张。

最后，鉴于我国庞大的国有财产规模，如果所有财产保护和管理问题都仅依赖于民事救济途径，将会引发无数的法律诉讼案件。这不仅会极大地增加行政机关的工作负担，因为它们需要处理和应对这些诉讼，而且更会进一步加剧司法机关的负担。

一方面，我国地域辽阔，自然资源丰富，公共设施遍布，国有财产数量庞大、范围极广。虽然这是我国的制度优势所在，但也造成了国有财产保护难度较大的现实。而且在国有财产管理者本身就精力有限的情况下，如果对国有财产受到的侵害全部采取民事诉讼的救济方式，会严重加重行政组织的负担。

另一方面，司法系统在处理日常案件时已经面临巨大的压力，如果再加上大量与国有财产相关的诉讼，无疑会使司法资源更加紧张。随着社会结构的日益复杂化，社会主体的利益诉求呈现多元化趋势。民众文化素养的不断提升以及法律意识的逐步强化，当公众权益遭受侵害时，越来越多的个体倾向于通过司法途径寻求救济，法院受理的案件数量显著增加。自立案登记制度实施以来，民商事案件的数量更是呈现出进一步的快速增长态势。2010年全国法院共受理案件1171.2万件，比1978年增长了20多倍[①]；2019年上半年，全国各省（区、市）法院新收案件1488.9万件，比2018年上半年上升14.54%。[②] 这都反映了近年来司法资源的困顿。

因此，鉴于管理者自身就具备了保护国有财产的天然能力，当国有财产面临侵害时，如果在有能力通过行政行为予以救济的情况下转而寻求私法救济，实际上只会导致不必要的高额诉讼成本的增加。此外，诉讼过程往往耗时较长，这不仅会延迟对违法行为的惩罚，还可能使破坏行为在等待判决的过程中继续发生，从而对国有财产造成更大的损害。由于私法保护国有财产效率低、成本高，法院受理案件难度大，管理者依靠私法寻求救济阻力重重，因此我国“官告民”的民事诉讼案件十分少见。例如，2015年，国务院发布了《生态环境损害赔偿制度改革试点方案》，规定了政府可以采取诉

① 《2011年中国统计年鉴》。

② 孙航：《最高法发布2019年上半年审判执行工作数据》，载中国法院网，https://www.chinacourt.org/article/detail/2019/07/id/4234885.shtml。

讼的方式向侵权人主张生态环境损害赔偿。但是直到 2019 年 5 月，全国各地各级法院受理相关案件仅 30 件。① 这就反映了实践中采取诉讼的方式保护国有财产收效甚微。相比之下，行政罚款等直接的行政措施则能迅速有效地制止不当行为，同时避免了司法程序的烦琐和高昂费用。因此，赋予管理者一定的行政权力，让他们能够直接以行政行为寻求救济，不仅能够节约公共资源，还能更高效地保护国有财产。

第四节　私法保护国有财产具有被动性

私法作为调整民商事活动的法律规范体系，主要通过制定一系列的法律规则，开展民商事调解、仲裁和诉讼活动来保护财产权益。私法的核心原则之一是“意思自治”，这意味着财产所有权人在法律允许的范围内可以自由地决定自己的事务。在私法领域，如果个人主动选择放弃自己的财产权益，并且不提出任何救济请求，那么这种行为是被允许的。个人有权根据自己的意愿来决定是否行使自己的权利，包括放弃某些财产权益。这种做法体现了私法对个人自由选择的尊重，同时也符合私法保护私人利益的基本原则。

因此，私法提供的保护方式本质上是被动的，依赖于当事人主动采取行动。无论是仲裁委员会还是人民法院，都遵循不告不理的原则，既不能主动启动仲裁程序或诉讼程序，也不能擅自变更当事人的诉请内容，只能根据当事人提出的诉讼请求，结合案件的事实和适用的法律，作出公正无私的裁决。即便是公权力主动介入的特殊领域，如检察机关的民事支持起诉制度，也必须充分尊重当事人的意愿，只能在当事人主观上想要起诉时提供一定的帮助，而不能越俎代庖，代为起诉。此外，当无民事行为能力人或限制行为能力人的权益受到其监护人的侵害时，也需要由政府指定的代理人提起诉

---

① 乔文心：《最高法发布生态环境损害赔偿诉讼司法解释及典型案例》，载中国法院网，https：//www. chinacourt. org/article/detail/2019/06/id/4009356. shtml。

讼，即由公法介入后，司法机关才能启动诉讼程序，以维护无民事行为能力人或限制行为能力人的权益。这样的规定既保护了弱势群体的权益，又确保了私法的被动性原则得到遵守。

但是，由于国有财产管理者和公民都缺乏保护国有财产的动力，如果把国有财产完全交给私法保护，遵循意思自治的原则，很可能没有主体来提起仲裁或者诉讼保护国有财产。这样一来，即便私法提供了详尽的保护规则，这些规则也极有可能变成毫无实际效力的空文，无法真正实现对国有财产的保护。

一方面，国有财产的所有权人即全体公民难以主动提起诉讼保护国有财产。首先，公民往往缺乏足够的动力和激励去积极保护国有财产，而且个人提起诉讼会耗费大量的精力和财力，在付出和收获不成比例的情况下，很少有人有动力主动提起诉讼来保护国有财产的。其次，由于信息的不对称，公民可能对国有财产受到侵害的情况一无所知，或者即便有所了解，也可能因为缺乏足够的法律意识，而未能意识到自己的权益已经受到了侵害，因此不会去积极主张自己的权利。例如，2013 年 9 月某地居民白某死亡后，其家属继续领取养老金，直至 2017 年 8 月才被其他公民发现并举报，其间白某家属共计冒领养老金 6.14 万元。而在 2019 年 3 月，当地检察机关在跟进监督中，还发现刘某等 20 人的家属也有涉嫌冒领养老金的问题。[①] 这就反映了公民对国有财产受到侵害的情况存在严重的信息不对称。最后，根据我国现行诉讼制度，普通公民被排除在公益诉讼的原告资格之外的。根据我国《民事诉讼法》，除了代表国家公共利益的检察机关之外，只有在环保、消费者权益、食品安全、国有财产保护和土地资源管理等特定领域，特定的社会组织才可以依法提起民事公益诉讼。这些情况导致了国有财产在遭受侵害时，公民通常不会主动提起诉讼保护国有财产。

另一方面，如果仅依靠私法的保护规则，而没有公法的强制性规定作为

---

① 陕西省西安市雁塔区养老保险金行政公益诉讼案，最高人民检察院国有财产保护、国有土地使用权出让领域行政公益诉讼典型案例，https：//www.spp.gov.cn/spp/xwfbh/wsfbt/202012/t20201217_489171.shtml#2。

支撑，在缺乏公法激励措施或强制规则的情况下，国有财产的管理者可能会对他人侵害国有财产的行为采取一种放任的态度。这种情况下，管理者往往不会主动提起诉讼，去耗费宝贵的人力和物力资源以维护国有财产的权益。例如，某市投资建设一批具有福利性质的中低价商品房并定向配售给高校在编教职工，其中某校负责该项目的公职人员为不具有教职工身份的人员出具虚假教职工身份证明，导致一部分中低价商品房被非教职工人员购买。案发后，面对一部分人拒绝上缴违法获得的购房补贴款的情况，该大学城的管理委员会始终没有采取诉讼手段来追回这些补贴款。这不仅表明国有财产管理者在维护国有财产利益方面的消极态度，也揭示了在没有公法支持的情况下，私法无法主动介入去保护国有财产的困难局面。更令人担忧的是，很多时候，侵害国有财产的正是那些本应是国有财产守护者的管理者。在这样的情况下，显然不能指望管理者会积极地寻求私法救济，因为这无异于要求他们自己去揭露和纠正自己的错误行为。

因此，私法保护财产的被动性，使它在保护国有财产时存在局限性。如果仅仅依赖私法的手段，而不通过公法强制国有财产管理者积极履行保护国有财产的义务，那么国有财产的保护就将变得越来越被动，难以应对各种潜在的风险和挑战。因此，为了确保国有财产的安全，必须通过公法的手段，赋予相关国家机关必要的权力，以便它们能够主动出击采取预防措施，及时纠正和处理国有财产管理中的问题，从而确保国有财产的完整和有效利用。

我国著名民法学家佟柔先生曾经指出：“在中国，公法给多少，民法就有多少。”[①] 公法应当作为民法的基石与屏障，承担起补充私法不足的使命。因此，在国有财产保护领域，公法与私法的结合对于有效保护国有财产至关重要，二者既不能缺位，也不能越位，在私法具有局限性的情况下，必须由公法在相应领域承担起保护国有财产的职责。

---

① 祖燕：《公共财产的公法保护——对〈物权法〉的另一种解读》，载《财产权与行政法保护——中国法学会行政法学研究会 2007 年年会论文集》，武汉大学出版社 2008 年版，第 168 页。

第四章

公法对国有财产实行特殊保护的必要性

在私法对财产权所提供的平等保护框架之外，相较于私有财产，是否应当对国有财产实施特殊的保护措施？长期以来，学界对此问题一直存在较大争议。由于2007年颁布的《物权法》第3条、第4条规定“国家实行社会主义市场经济，保障一切市场主体的平等法律地位和发展权利”“国家、集体、私人的物权和其他权利人的物权受法律保护”，很多学者认为这是对国家所有权与其他所有权平等保护原则的确认。还有学者认为，《物权法》对物权的平等保护是一种进步，可以改变以往国家所有权与私人所有权不平等保护的局面，能够激发社会创造财富的能力。[①] 也有持反对观点的学者认为《物权法》不仅不重申《宪法》中“社会主义公共财产神圣不可侵犯”的规定，竟然还公开宣布对国家所有权与其他所有权平等保护，是法治的倒退。[②]

从发展社会主义市场经济的客观实际出发，在市场经济中确实需要对财产平等保护。公平竞争与优胜劣汰是市场经济平稳健康发展的基本法则，如果对不同市场主体实行差别待遇，我国的经济也难以快速发展，因此我国民商法等私法规范没有对国有财产和私人财产予以区别对待，而是采取了一视同仁的保护原则，确保所有市场主体在法律面前享有平等的权利和义务，从而为我国经济的繁荣稳定奠定了坚实的法律基础。但是，私法平等保护财产权是以“社会主义市场经济”为前提的，并不是绝对和无条件地适用的。具体来说这种平等保护也只能在私法可保护的有限范围内，仅限于对国家所有权私法权能的保护，只有当某一具体国有财产的用途被确定为国家私产并投入市场交易时才适用。平等保护的局限性在法律条文中亦有所体现，《民法典》在物权编第206条明确规定，国家实行社会主义市场经济，保障一切市场主体的平等法律地位和发展权利。由此可以推断，物权法所维护的平

① 孙宪忠：《物权法应采纳“一体承认、平等保护”的原则》，载《法律科学（西北政法大学学报）》2006年第4期。

② 尹田：《论国有财产的物权法地位》，载《法学杂志》2006年第3期。

等，特指与财产市场配置、流转相关的物权平等，且这一平等是在财产作为市场主体的前提下所限定的。[①]

因此，对国有财产予以特殊保护，与私法对财产权平等保护并不冲突。如前所述，私法在解决国有财产保护所面临的特殊问题时显得力不从心，其保护范围相对狭窄，效率低下，成本高昂，并且具有明显的被动性。因此，为了更有效地保护国有财产，需要依赖于公法法律制度的构建，以提供更为专门和有力的保护措施。之所以可以且必须由公法对国有财产实行特殊保护，有着多方面的原因。

第一节　公共信托理论的启示

公共信托理论最早可以追溯到古罗马时期的法律体系，在演进过程中受到了英国普通法以及衡平法思想的深刻影响。随着时间的推移，这一理论不断丰富和完善，最终发展成为一套体系化的先进理论和制度。这套理论和制度因其合理性和实用性，被许多国家所采纳和借鉴，成为国际上广泛认可的法律理念。在我国，根据《宪法》的相关规定以及国家制度的框架，结合我国作为一个社会主义国家的现实国情，可以分析得出结论：我国的国家所有权在本质上也体现了公共信托所有权的特征。因此，有必要借鉴公共信托理论的保护思路，以确保国有财产管理者行使财产所有权的行为能够实现公共信托目的，从而保障社会的公平与正义。

一、公共信托理论的基本内涵

信托制度在英国财产法中占据显赫地位，公共信托理论（Public Trust Doctrine，PTD）为英国的国有财产保护制度提供了有力的支撑。英国有多部与公共信托有关的法律，如《1986 年公共受托人和基金管理法》《1906

① 张力：《国家所有权遁入私法：路径与实质》，载《法学研究》2016 年第 4 期。

年公共受托人法》《1996年土地信托和受委托人任命法》等。根据英国公共信托理论的观点，国家拥有某些特定的财产，这些财产被指定用于公共目的或为市民提供娱乐活动，与私人拥有的财产形成鲜明对比。它们是属于国家的，是由中央政府和地方政府所代表的国家所有。在这些财产没有经历私有化的过程之前，它们不能被随意地处理或转让。①

在英国的公共信托理论基础上，美国通过各类判例和州立法，形成了较为完善的公共信托理论。其核心观点是：政府受全体人民的委托为了全体公民的利益控制、管理和保护公共信托土地和资源②，因此政府有保护公共信托资源的公共用途得以实现的义务。这一理论限制了政府转让公共信托资源及改变其用途的权力，赋予公民在政府不履行信托义务时起诉政府的权利，并且授权法院能够对政府处置公共信托资源的行为进行严格的审查。③

总的来说，公共信托理论的基本含义是：公共信托财产的受托人即国有财产的管理者，为了委托人即全体公民的利益，以信托的形式控制并管理公共信托财产，不仅不能将这些财产随意私有化，更不能改变这些资源的本来用途，而公众有权为了不同的公共用途和目的充分使用它们。④ 这一理论不仅肯定了国家为了公共利益管理并处分国有财产的权力，也肯定了国家保护公共信托财产的义务。⑤ 公共信托关系中包含委托人、受托人、信托资源和受益人四个要素，并存在两种所有权：受托人在普通法上的所有权和受益人

---

① ［英］F. H. 劳森、伯纳德·冉得：《英国财产法导论》，曹培译，法律出版社2009年版，第8页。

② 肖泽晟：《公物法研究》，法律出版社2009年版，第96页。

③ Joseph L. Sax, *The Public Trust Doctrine in Natural Resource Law: Effective Judicial Intervention*, Michigan Law Review, Vol. 68, No. 3 (Jan., 1970), p. 471 – 566; Joseph L. Sax, *Liberating the Public Trust Doctrine from its Historical Shack les*, U. C. Davis L. Rev., Vol. 14, No. 185 (1980), p. 185 – 194; Joseph L. Sax, *Takings and the Police Power*, Yale Law Journal, Vol. 74, No. 1 (Nov., 1964), p. 36 – 76.

④ 肖泽晟：《公物法研究》，法律出版社2009年版，第77～83页。

⑤ Nationl Audubon Society v. Superior Court of Alpine County, 33 Cal. 3d419 (1983).

在衡平法上的所有权。[①] 在信托关系中，国家扮演着受托人的角色，作为信托财产普通法上的所有权人，其享有的财产所有权实际上是一种基于信托义务和责任而产生的管理权。这意味着国家有责任和义务为了委托人的利益，对信托财产进行妥善的管理和运用。与此同时，全体公民作为委托人和受益人，他们在信托财产衡平法上拥有所有权。作为整体的公民，他们享有作为委托人的权利，并且能够享受到作为受益人的利益。这些权利和利益是不可转让的，也不可被剥夺，它们不能被平均分割或按份分割，因此不能为个体成员所单独拥有。具体来说，公共信托理论有着以下具体内容：

第一，根据公共信托理论，国有财产的管理者被赋予了公共信托财产受托人的角色，这一角色超越了传统意义上抽象的政治角色。通过这种角色定位，国有财产的管理者被明确赋予了保护信托资源及其公共用途的责任和义务。作为公共信托财产的受托人，管理者虽然拥有对财产的实际控制权，并能够行使所有权的权能，但这种所有权权能是形式上的，并不意味着管理者可以为了个人利益或根据个人意志来支配这些财产。实际上，管理者所承担的职责是确保财产的使用符合委托人的意愿，即全体公民的利益。[②] 因此，管理者必须承担起保护信托财产的职责，严格遵守规定，不得随意转让这些财产擅自改变这些财产的既定用途。

第二，公共信托理论将普通公民定位为公共信托财产的所有权人和受益人。这种定位，不仅赋予了公民天然的、不可剥夺的权利，而且在法律上确立了他们并非依赖于管理者恩赐的弱势群体。并且，在管理者未能履行其信托义务时，公民有资格并有权向法院提起诉讼。根据知名公共信托理论学者萨克斯的观点，有些利益完全是自然给予人的恩赐，理应属于全体公民。[③] 根据这一观点，公民对公共信托资源享有所有权和受益权是与生俱来的，公

---

① 王涌：《所有权概念分析》，载《中外法学》2000 年第 5 期。

② 张淳：《信托法原论》，南京大学出版社 1994 年版，第 100 页。

③ Joseph L. Sax, *The Public Trust Doctrine in Natural Resource Law: Effective Judicical Intervention*, 68 Mich. L. Rev. 471 (1970).

众中的任何一员不仅有权按照公共信托用途使用公共信托资源，而且在管理者不履行信托义务时有权作为委托人和受益人向法院起诉。[①] 进一步地，公共信托理论还阐明了管理者虽然拥有普通法上的所有权，但这种所有权的真正目的是确保全民对国有财产的衡平法所有权得以实现。全民的衡平法所有权，作为一种法律上的制衡机制，能够有效地制约国有财产管理者的普通法所有权，防止国家所有权被滥用，变成国家机构谋取私利的工具。这种理论上的权利的制衡，确保了国有财产的管理更加透明、公正，同时也保障了公民的权益不受侵犯，从而在法律层面上维护了社会的公平与正义。

第三，公共信托理论将法院定位为公共信托资源的最后守护者，并授权法院对管理者行使所有权权能的行为全面审查。公共信托理论的保障和基石在于司法的执行，否则公共信托理论对受托人而言就没有制约可言，就只是一个“恳求的劝告”而已。[②] 尽管公共信托理论主张将信托财产视为一个整体，委托给国家进行管理，但实践中必然是由特定的行政组织来行使这些权力。这些负责管理的单个或少数行政组织，在对所辖范围内的信托财产进行管理和控制时，可能会出现信托职责的不当履行，进而产生信托失职的具体问题。例如，如果缺乏足够的监督和透明度，信托资源管理者可能会在资源分配上出现偏颇，或者在决策过程中未能充分考虑公共利益，从而导致信托财产的使用和管理偏离了最初设定的公共目标。因此，虽然理论上信托财产是为全体公民的利益而存在，但在实际操作中，确保这些财产得到妥善管理，防止信托失职，需要更加严格的法律框架和监督机制。法院作为保护公共信托资源的最后屏障，能够对公民个体和高度组织化的利益集团的诉讼平等倾听，因此公共信托理论将法院作为保护公民信托利益的有力武器。[③] 虽

---

① Randal David Orton, *Inventing the Public Trust Doctrine: California Water Law and the Mono Lake Cintroversy of California*, 1992, p. 25 – 26.

② 王灵波：《美国公共信托理论的司法适用与启示》，载《河南司法警官职业学院学报》2017 年第 3 期。

③ ［美］约瑟夫·L. 萨克斯：《保卫环境：公民诉讼战略》，王小钢译，中国政法大学出版社 2011 年版，第 49 页。

然基于行政与司法的独立性，法院不能越俎代庖直接作出公共信托资源的配置决策，但是其可以通过法律裁判引导和激励国有财产管理者履行信托义务。[①] 而且，由于信托财产管理者的自由裁量权较大，如果一味地强调成文法的规则性，要求法院只能进行合法性审查，就会导致管理者将公共信托财产变成自己可以随心所欲处置的“私产”。因此，法院在公共信托诉讼中可以对管理者处分公共信托自然资源和权益配置的行为进行全面实质性审查而不仅仅是合法性审查。[②]

第四，公共信托理论将信托资源与公共利益之间的联系具体化，并据此对管理者在处置信托财产时的权力进行了明确的限制。它强调，由于某些资源所承载的利益对公民来说具有不可替代的重要性，无论是自然赋予人类的宝贵恩赐，还是因其独特的公共性质而不适合被私人占有和使用，这些资源必须被保留并用于公共目的。[③] 因此，公共信托理论将公共信托财产的公共用途认定为一项具体的需要加以保障的权益。它要求管理者在行使权力时，不仅对该财产的处分和利用不能影响其公共信托用途的实现，还要积极保护财产公共信托用途的实现。例如，海滨不仅是城市的自然美景，也是市民休闲娱乐和进行经济活动的重要场所。城市政府作为海滨的管理者，有责任保护海滨土地，确保其作为公共信托财产的用途得以实现。为了保持海滨作为公共信托财产的公共用途，政府不仅需要禁止任何私人对海滨土地的侵占行为，比如非法建设、污染等行为，还要采取措施保护海滨免受过度商业化和环境破坏，例如禁止在海滨建设可能影响市民访问和使用的大型商业设施。此外，为了更好地实现公共信托用途，政府可以在海滨上设置步行道、自行车道、公共座椅等设施，以鼓励市民和游客的休闲活动，同时采取措施确保

① 王灵波：《美国公共信托理论的司法适用与启示》，载《河南司法警官职业学院学报》2017 年第 3 期。

② 王灵波：《美国公共信托理论的司法适用与启示》，载《河南司法警官职业学院学报》2017 年第 3 期。

③ Joseph L. Sax, *The Public Trust Doctrine in Natural Resource Law: Effective Judicical Intervention*, 68 Mich. L. Rev. 471 (1970).

海滨环境的可持续性和清洁。

第五，公共信托理论认为，一项被认定为公共信托的财产，其上可以同时存在两种性质迥异的权利：公共地役权和剩余财产权。公共地役权又可以衍生出管理者的公物管理权和公众按照公物本来的公共用途对其加以利用的权利。这种公共地役权的设立，本质上是为了限制和排挤私法所有权的滥用，确保公共财产的使用和管理始终符合公共利益的需要。换言之，管理者在对财产进行商业开发或设立私法上的物权时，必须确保这些行为不会损害公共信托财产的公共用途。在这种情况下，即便管理者设立了私法上的物权，这种权利也是不稳定的、非既得的，与传统民法中所规定的物权权利有着本质的区别。因此，公共信托理论通过公共地役权明确了信托财产可以同时具备公法上的物权和私法上的物权，并且明确了当这两种权利同时存在时，它们之间的优先顺序。① 这样的理论框架为判断和处理公共信托财产的管理问题提供了重要的指导，即在不同的情况下，应当适用公法还是私法来规范财产的使用和管理，从而确保公共信托财产能够得到恰当和有效的利用。

二、我国国家所有权是公共信托所有权的依据

我国《宪法》第 2 条规定“中华人民共和国的一切权力属于人民”，以根本大法的形式确立了人民主权原则，即包括国家所有权在内的一切国家权力来源于全体公民、归属于全体公民、服务于全体公民、受全体公民支配，宪法以此为基础和依据来确立人权内容与国家机构体系内容。② 人民主权原则落实到宪制上，其核心要求是确保民主与法治的实现。民主的实质在于确保国家的全部权力归属于全体公民，这体现了对每个公民平等参与政治过程的重视。每个公民都应享有平等的政治参与权利，这是民主政治的基本前提。而法治则是将民主原则转化为法律规范和制度安排的过程，它要求法律

① 肖泽晟：《公物法研究》，法律出版社 2009 年版，第 110 ~ 122 页。

② 齐小力主编：《宪法学导论》，群众出版社 2006 年版，第 22 页。

在国家治理中占据至高无上的地位，确保所有国家机关的权力都必须基于立法机关所制定的法律而获得授权。法治的实施旨在反对任何超越法律的特权，确保法律面前人人平等。法治的核心在于权力的分立，通过不同政府部门之间的相互制衡，来限制个人或集体的权力滥用，从而保障法治的实现。

我国是通过人民代表大会制度来实现人民主权原则的。我国《宪法》第 2 条、第 3 条规定了我国人民行使国家权力的机关是人民代表大会，并规定了人大由民主选举产生，对人民负责并受人民监督。在此基础之上，《宪法》第 3 条通过规定民主集中制，集中体现了人民主权理论所要求的民主原则和法治原则。该条不仅规定了我国的国家机构必须实行民主集中制原则，还进一步阐明了其他国家机关的产生方式和运作机制。根据这一规定，其他国家机关都由人民代表大会产生，它们必须严格遵循人民代表大会的意志行使权力，确保其行为符合人民代表大会的决策和指导。同时，这些国家机关还必须对人民代表大会负责，并接受其监督，确保权力的正确运用和责任的落实。此外，该条还强调了国家机关之间需要实行权力分工，以防止权力过分集中，确保各个机关在各自的职能范围内高效、有序地开展工作，从而保障国家的法治秩序和民主原则得到贯彻实施。

《宪法》中“国家所有，即全民所有”和“国有经济，即社会主义全民所有制经济”等规定，是人民主权原则在国家所有权领域的具体化。这些规定表明了我国的国家所有权的权力来源是全体公民，国家受全体公民委托，为了全体公民的共同利益管理本属于全体公民的财产。在这样的政体下，我国国家所有权的授权模式完全符合公共信托的标准：一是全体公民是国有财产的所有权人和受益人，符合公共信托财产委托人的情形；二是国有财产必须代表公民的公共利益，即必须代表公共信托利益；三是管理者获得财产权利的过程符合公共信托财产的信托程序，即全民把自己所有的国有财产通过人民代表大会制度授权行政组织、行政组织层层授权，最终把财产信托给具体的管理者；四是社会主义目的对管理者管理和处分财产施加了一系列限制，即管理者必须为了全民的公共利益即为了公共信托用途管理和处分财产；五是国有公物必须用于公共利益，不适用价高者得等市场规则，必须在满足了公共需求之后管理者才可以行使收益权，即剩余财产权必须让步于公共地役权。

因此，我国的国家所有权实质上就是公共信托所有权，理应借鉴公共信托理论的相关理念。根据公共信托理论的相关规则，国有财产管理者必须严格遵循全体公民的共同意志，对公共信托财产进行合理和妥善的照顾。这意味着管理者不仅要确保财产的保值增值，还要确保其使用符合公共利益，服务于社会大众。同时，国有财产管理者还承担着对全体公民恪尽忠诚和公正无私的义务，这要求他们在管理过程中必须摒弃个人利益，以国家和人民的利益为最高准则。此外，如果国有财产管理者在履行职责时违反了信托义务，他们必须承担相应的责任，这包括但不限于法律责任、行政责任甚至可能涉及刑事责任。[①] 这样的理念旨在确保国家所有权的正确行使，防止权力滥用，保障国有财产的安全和有效利用，从而维护全体公民的共同利益。

三、公共信托理论的启示

由于公共信托理论暗含着对受托人的不信任，所以如何控制受托人的公权力、最大限度地维护委托人和受益人的权利，就成为公共信托理论的核心。[②] "公共信托本质上是在政府各分支之间以及政府各分支与公民之间所达成的社会契约。"[③] 为了确保国有财产管理者履行信托义务，国家必须通过民主原则与分权原则来限制管理者的权力。[④]

第一，根据民主原则，管理者受全体公民委托管理公共信托财产，理应受到全体公民的控制。"公共权利并非仅仅是政府可以通过其规制性警察权

---

① 肖泽晟：《自然资源国家所有权的宪法限制》，载《南京工业大学学报（社会科学版）》2011 年第 4 期。

② 侯宇：《美国公共信托理论的形成与发展》，载《中外法学》2009 年第 4 期。

③ 肖泽晟：《公物法研究》，法律出版社 2009 年版，第 100 页。

④ 肖泽晟：《自然资源国家所有权的宪法限制》，载《南京工业大学学报（社会科学版）》2011 年第 4 期。

力来保护的公共利益，相反是由我们每一个人作为公众的一员而享有的权利。”① 公共信托理论赋予了公民合理使用国有财产的权利，也赋予了公民参与国有财产利益配置的权利和监督管理者履行义务的权利。根据这一理论，公众作为国有财产衡平法上的所有权人，有权参与到国有财产利益的分配过程中，特别是那些涉及国有财产公共用途的处分过程中。此外，公众还有权在管理者分配信托财产利益时，为了保护自己的利益而提出自己的意见和看法。正如有学者所指出的，“如果更多的人有更多的机会进入制度，环境决策就会变得更加公平。”② 根据国有财产利益配置的影响力大小，这里的“公众”可能由利益相关者组成，也可能由经过推选产生的代表组成，甚至可能由单个个体组成。

第二，根据分权原则，国家应当通过分权制约来限制国有财产管理者的权力。唯有通过权力之间的相互制约，才能够有效地防止权力的滥用；只有将权力进行适当的分割，才能确保不会出现绝对权力的情况。西方的分权理论在法治的基础上，紧紧围绕“法”这个概念而分成立法、执法、司法这三种国家权力，使三种权力相互独立、互相制约。我国作为社会主义国家，在权力的划分上，实行民主集中制，即立法权由全国人民代表大会及其常委会行使、行政权由各级人民政府行使、司法权由各级法院行使、法律监督权由检察院行使、监察权由各级监察委员会行使，并以全国人民代表大会为核心形成领导与监督关系。国家所有权，作为一种公共信托权力，也应当受到分权原则的限制。一方面，应当通过向其他国家机关赋予监督的权力，来监督行政组织按照公共信托义务管理和处分国有财产。例如，当国有财产的管理者未能履行其信托义务时，任何个人都有权利向法院提起诉讼，通过司法

---

① Joseph L. Sax, *Environmental Law Forty Years Later: Looking Back and Looking Ahead*, in Michael L. Jeffery, Jeremy Firestone, Karen Bubna – Litic eds., *Biodiversity Conservation*, Law and Livelihoods: Bridging the North – South Divide IUCN Academy Environmental Law Research Studies, Cambridge University Press, 2008, p. 24.

② Luke W. Cole, *Legal Services*, *Public Participation*, *and Environmental Justice*, Clearinghouse Review, 1995, p. 455.

权的介入并强制管理者履行其应尽的信托义务。另一方面，在国有财产管理者的内部，也应当通过分权来对公共信托财产管理者权力加以限制，防止管理者权力集中或权力过大，从而确保了公共财产的管理不会偏离其应有的轨道，保障公共利益。

第三，当国有财产管理者不履行信托义务时，公民作为委托人应当有权提起诉讼。当国有财产管理者未能履行他们的信托义务，如疏忽大意导致信托财产受损，或者未能按照既定的信托目的来合理分配和使用这些财产时，他们就违背了公众对他们的信任和期望。在这种情况下，公民不仅是国有财产的所有权人，更是这场信托关系中未能达成委托目的的委托人。诉讼是公民参与政治过程的必要方式之一，当公共信托管理者不认真履行信托义务造成信托财产损害，或没有按照信托目的确定信托财产用途时，公众中的成员作为所有权人的一分子，实质上已经是权利受侵害者，因而有权向法院提起诉讼，要求法院对国有财产管理者的行为进行审查。这样的诉讼不仅是为了个人权益的维护，更是为了整个社会公共利益的保护，确保国有财产得到妥善管理和合理利用。

第四，司法机关是监督公共信托财产管理者的最后一道屏障，应当具备对涉及国有财产的处分行为进行全面审查的权力。根据公共信托理论，司法机关在审查公共信托财产管理者处置公共信托财产的行为时，应当拥有比审查警察权力管制行为更为严格的审查标准。[①] 结合公共信托理论和前述财产国有化所施加给国家的宪法义务，国有财产管理者应当履行如下信托义务：对诸如文物、河流、生态资源等脆弱的国有财产加以管理保护，防止其受到他人侵害；无权随意决定国有财产的用途，不能随意将国有公物改变为国家私产用于收益，并且要积极保障国有财产公共用途的实现；当管理权和收益权并存于某一国有财产之上时，管理者只有在保障了国有财产必要的公共用途的前提下，方能由国资委代表国家行使剩余财产权；必须平衡国有财产之

---

① Randal David Orton, *Inventing the Public Trust Doctrine: California Water Law and the Mono Lake Controversy*, University of Califomia, 1992, p. 52.

上的各种利益冲突，确保国有财产得到合理使用和可持续发展，实现国有财产在横向上对同一时期的全体公民的所有利益的公平分配，以及纵向层面上不同世代间的合理分配；合理处分国家私产，使国有财产保值增值，并将其间接服务于公共利益。这些义务的复杂性和多样性意味着它们无法被法律规定得面面俱到，法院也不可能仅仅通过合法性审查就能充分实现其监督作用。因此，为了确保法院能够有效地监督国有财产的管理者，应当赋予法院对国有财产管理行为进行合法性和合理性双重审查的权力。

总而言之，由于我国的国家所有权本质上是公共信托所有权，因而应当遵循公共信托理论的指导原则，通过分权制约机制来监督和控制国有财产管理者的行为，并通过公民来监督国有财产管理者，以迫使其履行使国有财产保值、增值以及服务于每个公民基本权利实现的信托义务。此外，还应建立和完善相关法律法规，明确国有财产管理者的责任和义务，以及公民监督的具体途径和方法，从而形成一个有效的监督体系，确保国有财产的保值增值，并且能够真正服务于每个公民的基本权利，实现公共信托的最终目标。

第二节 “国家”和“全民”抽象性的必然要求

为了使一切共有物摆脱价值宣示意义而进入可操作的领域，就必须赋予这种物的部分与个体相适应的占有能力。[①] 虽然我国《宪法》明确规定“国家所有，即全民所有”，但是，“国家”是一个抽象概念，“全民”是一个抽象的共同体，都不可能直接行使权利和履行义务，因此，必然需要一系列复杂的制度设计来使国有财产这一特殊共有物摆脱价值宣誓意义进入可操作领域，并最终实现财产国有化的社会主义目的。这个由抽象到具体化的过程必然由公法来规定，因此国有财产所承载的公共利益必然受公法的保护。

---

① 徐国栋：《罗马法与现代意识形态》，北京大学出版社2008年版，第180页。

一、"国家"的抽象性和由具体机构行使权力的必然性

国家是一个抽象的主体，没有统一的概念和范围。根据《辞海》的定义，国家是指"阶级的统治机关"或"世界上各个有疆域、人民、独立地位和主权的不同于地区的政治实体"。[①] 此外，存在多种不同视角下的定义。例如，从领土角度出发，国家被视为占据特定地理范围的实体，如"国家的各个区域"；从民族层面来看，国家体现为一个民族的法律人格化，[②] 例如，"中国""西方国家"；从政权层面而言，国家被强调为一种特定形式的政府、政体或政治上组织起来的社会。但是，仅凭这些定义我们依然不能直观地感受到究竟什么是国家，我们看不到其边界、摸不着其躯体，但是，国家机构或公职人员行使国家赋予的权力时，我们又能感受到其无处不在。虽然国家是由人民、主权和领土几个要素构成的概念，但不能简单等同于政府或者国家的某些代表机构。法律中常提到"依照国家有关规定"，却很少有人追问谁有权代表国家制定这些规定。

国家并不是天然存在的，而是人类社会发展到一定阶段、为了一定使命而产生。虽然我们知道世界上最早的国家产生在古埃及、古巴比伦、古印度和中国，其后有古希腊和古罗马等，但是国家产生的时间和原因都没有明确的历史记载。学术界提出了多种理论来解释国家为什么产生，并先后形成有神意论、契约论、水利论、群演论、暴力论、祭祀论、阶级统治论等各种理论。马克思主义学说认为，国家之所以产生是因为经济发展到一定阶段必然使社会分裂为阶级，并进而形成代表统治阶级利益的国家。[③] 从人类发展历史来看，原始社会生产力低下，没有剩余产品，因而既没有私有制和阶级也没有国家；直到原始社会末期，随着生产力发展和社会分工出现，才出现了

---

① 辞海编辑委员会：《辞海（经济分册）》，上海辞书出版社 1980 年版，第 805 页。

② ［法］莱翁·狄骥：《宪法论（第一卷）——法律规则和国家问题》，钱克新译，商务印书馆 1959 年版，第 384 页。

③ 《马克思恩格斯选集》（第 2 卷），人民出版社 1995 年版，第 170 页。

私有财产制度和阶级剥削，并分裂出了对立的阶级。为了使同一领域内的不同阶级能和平共存，国家作为一种凌驾于社会之上的力量出现了。因此，国家是一个阶级范畴，是一个抽象的主体，是阶级矛盾不可调和的产物。①

因此，从国家的起源来看，国家作为一个抽象的主体，需要由特定机构、个人在不同的情境下代表国家行使权力、履行义务。国家机构是国家的代表，也是国家成立的重要标志，甚至有观点认为，国家诞生的唯一原因就是为了解决原有的无政府模式已经无法进行有效公共管理的问题。② 因此，国家不同于一般的社会，标志就在于形成了由成批专职公共管理人员组成的常设公共管理机构，并由其代表国家管理一国领域内的公共事务，行使权力和履行义务。

二、“全民”的抽象性和通过间接民主行使财产权的必然性

国有财产的所有权人“全民”也是一个抽象的主体，无法直接行使财产所有权。一方面，“全民”由 14 亿个体组成，但又不能直接等同于 14 亿人。14 亿人无法被有效组织起来作为一个整体行使财产所有权，更无法直接行使所有权。另一方面，由全体公民直接参与公共事务的决策过程，从而直接行使国家所有权更是不现实的。所谓直接民主只能在小国寡民中实现，并不适合我国幅员辽阔、人口众多的国情。而且，在直接民主制度下，全体公民作为一个集体，在作出意思表达时通常遵循少数服从多数的原则，在此过程中，大多数公民基于共同的情感和利益考量，可能会牺牲少数党派或个人的利益，从而导致多数人的“暴政”，这种潜在的风险也与现代民主国家的理念相悖。

因此，全民作为抽象的主体，只能通过间接民主来实现对国有财产的管理和处分。间接民主又称代议制民主，指由人民通过选举代表来制定法律和

---

① 《马克思恩格斯选集》（第 2 卷），人民出版社 1995 年版，第 82 页。

② 韩东屏：《国家起源问题研究》，载《华中师范大学学报（人文社会科学版）》2014 年第 4 期。

管理公共事务。相比于直接民主，间接民主切实可行、成本低，更为理性、包容，有利于维护个人自由，同时能够通过严格的程序化的运作代表民意，防止“多数人暴政”。民众选举产生的代表所表达的公共诉求，相较于民众自行聚集并直接表达意见更能体现公共利益。在当今世界，普遍认同实现了民主的国家，均采用间接民主制度，我国的人民代表大会制度就属于间接民主制度。

由上可见，国有财产的所有权人“全民”作为抽象的主体，无法直接管理和处分国有财产，必须通过间接民主层层代理，最终将国有财产交给具体的机构及其公职人员代为管理和处分。但是，尽管国家机构由全体民众的个体成员构成，但个体在担任国家机构职务时，其首先代表的就是所在机构的利益，其次才是通过层层代理体现的全民利益。因此，在静态层面上，全民作为国有财产的所有权人是抽象的，无法具体化；在国家所有权的动态运行过程中，全民必须通过具体的机构及其公职人员来实现。在这种情况下，全民的所有权实际上是一种间接的所有权，需要依赖于具体的国家机构及其公职人员来实现其利益和权利。

三、国家所有权权能运行过程中所有权主体的虚位

由于“国家”和“全民”都是抽象的，所以国家所有权只能经过层层代理，并由具体机构作为国家的代表来行使国家所有权。在我国，在涉及国有财产的多部法律中确认“由国务院代表国家行使所有权”，如《民法典》第 246 条规定“法律规定属于国家所有的财产，属于国家所有即全民所有。国有财产由国务院代表国家行使所有权”；《水法》规定“水资源属于国家所有。水资源的所有权由国务院代表国家行使”；《企业国有资产法》规定“国有资产属于国家所有即全民所有。国务院代表国家行使国有资产所有权”等。

然而，国家作为主体拥有的国家所有权本质上是抽象的，国务院代表国家所掌握的所有权同样具有抽象性。法律没有授权国务院行使具体的所有权权能，而且从现实角度考虑，国务院也没有精力直接对遍布全国各地的国有

财产直接行使所有权。因此，《土地管理法》《矿产资源法》等法律又授权地方政府及其主管部门对具体财产行使所有权权能。例如，《土地管理法》第2条规定国有土地的所有权由国务院代表国家行使，第5条规定国务院自然资源主管部门统一负责全国土地的管理和监督工作，并在第53条、第54条授权县级以上人民政府及其自然资源主管部门以出让、划拨等方式在权限范围内出让土地使用权，从而通过立法明确了国务院代表国家行使所有权、地方政府及其主管部门具体行使所有权权能。

财产的所有权和控制权是可以分离的。其理论依据是：所有权并不是所有权权能的简单相加，所有权的权能可以与所有权本身分离。C. Edwin Baker 将财产法规的行使区分为六种功能：保护使用、保证基本福利、保护人之为人的条件、保护反剥削、分配资源和担保人的主权。① 克里斯特曼在此基础上，又将这些功能简化为两类，将所有权分为“控制所有权”和“收入所有权”，并指出“控制所有权”包括占有权和使用权等，允许拥有者对所拥有的东西作最大可能的发言权；“收入所有权”是指从资产中获得收入的权利，这种权利相当于获得来自所有权（所增加的）利益的权利。② 我国也有不少学者有类似的观点，认为所有权是为了确认所有者和非所有者的关系，实质在于以符合所有权人意志和利益的方式来处置所有权的客体；所有权权能则是实现所有权的手段，在不同条件下处于不断运动变化之中，因而所有权的各种权能都可以同所有权发生分离。③ 国有财产亦是如此，如我国《宪法》第10条既规定了“城市的土地属于国家所有”，又规定了“土地的使用权可以依照法律的规定转让”，就是对国有土地的所有权和使用权可以分离的确认。

---

① ［美］克里斯特曼：《财产的神话——走向平等主义的所有权理论》，张绍宗译，广西师范大学出版社2004年版，第222页。

② ［美］克里斯特曼：《财产的神话——走向平等主义的所有权理论》，张绍宗译，广西师范大学出版社2004年版，第222～260页。

③ 佟柔、史际春：《我国全民所有制“两权分离”的财产权结构》，载《中国社会科学》1990年第3期。

从法律实践来看，我国国有财产的所有权和控制权也是分离的，即所有权归全民所有，但控制权由人民代表选举产生的国家机关及其公职人员代为行使。尽管法律原则性规定国务院代表国家行使所有权，但又规定了由地方政府及其部门根据规划配置资源。换句话说，在具体国有财产使用权的配置上，国务院“隐退”，由地方政府及其部门行使控制权。①

因此，在国家所有权具体权能的运行过程中，由具体地方政府部门及其公职人员行使控制权、处分权等所有权权能，而作为所有权人的国家、全民、国务院全部是虚位的，是隐退在幕后的。

四、国家意思表示形成的复杂性和由公法规制的必然性

在封建社会统治时期，“普天之下，莫非王土，率土之滨，莫非王臣”，② 国家是统治者的家天下，国有财产是专制统治者的王室私产。在此期间，国家的意思表示问题一般通过以皇权为代表的政治权力加以解决，无须依赖法律规制。但是，在当代，国有财产是全体公民共同拥有的财产，其管理和处分的意思表示本质上必须符合公众利益、是公众意思的表达。但是，如前所述，在国有财产运行的过程中，尤其是具体权能的行使过程中，国有财产的所有人是虚位的，因此，必然要通过层层法律设计来实现这一目的。

抽象意义上的“全民所有”经过层层分权、授权，才过渡到可操作领域具体的“国家所有”。这一过程包括：全体公民通过行使制宪权将所有权让渡给国家，由立法机关代表国家行使立法权，授权国务院和具体管理者分别行使财产权和财产权权能，国务院通过行政立法权和规划审批权明确管理者行使权力的权限和规则，最终由具体管理者根据立法机关授予的权限和国务院制定的规则行使所有权权能，将国有财产之上的利益具体分配给全体公民。在这个过程中，行使所有权的主体形成了全体公民→国家→立法机关→

① 肖泽晟：《论国家所有权与行政权的关系》，载《中国法学》2016年第6期。

② 出自《诗经·小雅·谷风之什·北山》。

国务院→国有财产管理者，并将利益分配给全体公民的闭环，这个复杂的意思表示过程只能由层层公法制度来规制。具体包括以下几步（见图4－1）。

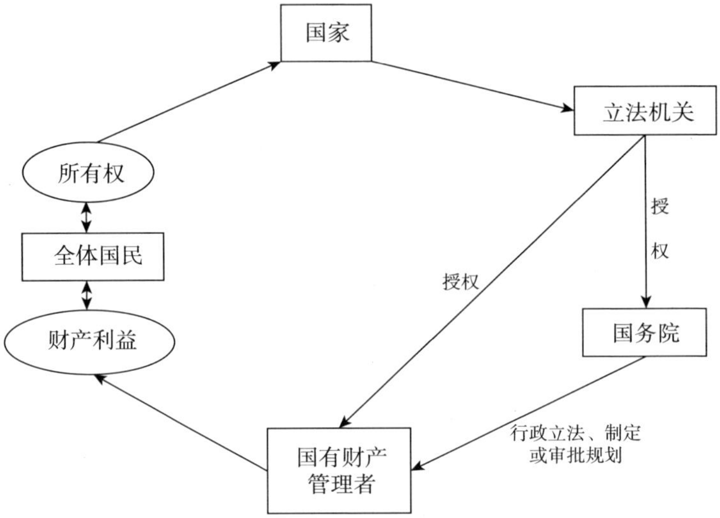

图4－1 国家所有权的授权过程

第一步是由全民通过行使制宪权，将全民所有权转化为宪法意义上抽象的国家所有权，制宪权的行使属于公法范畴。《宪法》的制定权并不是由法律赋予的，而是全体公民与生俱来的权力，属于公共权力，当然属于公法范畴。制宪权乃公民所掌握的一种原初的创造性权力，此权力存在于国家权力之前，构成最高法律渊源，而其他国家权力则属于宪法所创设的权力。因此，《宪法》中“中华人民共和国的一切权力属于人民”“国家所有，即全民所有”“国有经济，即社会主义全民所有制经济”等规定，是全体公民通过行使制宪权确认了我国作为社会主义国家，国家所有权来源于全民、利益归属于全民，这是一个确认权力的过程而不是授权过程。同时，由于全民作为一个抽象的整体无法直接行使权力，因而把财产交给抽象的国家，由国家的常设公共管理机构去管理、处分并分配利益。全民行使制宪权来对国有财产归属确权的过程必然属于公法范畴。

第二步是由人民的代表机关、立法机关——人民代表大会通过行使立法权，把宪法意义上抽象的国家所有权授权给国务院行使，并制定一系列法律来规制后续的运行过程，立法权也是公权力，属于公法范畴。根据方法论的个体主义，公共利益并不是超越或者脱离个人利益的，而是社会各个体利益的总和。由于人都是希望自身利益最大化的，因而在集中选择的意思形成过程中，多数人的判断往往能够选择出使公共利益最大化的决策。因此，国家所有权首先由能够代表最广大人民根本利益的全国人民代表大会通过立法权来行使。《宪法》第 2 条第 2 款规定“人民行使国家权力的机关是全国人民代表大会和地方各级人民代表大会”，赋予了人大作为国家权力机关的地位，并在第 58 条、第 100 条规定了由各级人大及其常委会行使立法权。

第三步是由国务院代表国家，根据全国人大制定的法律规定，以行政立法权或规划审批权的形式制定管理者行使国家所有权的规则，并通过规划对公共资源上的利益进行分配，而行政立法、行政审批、行政规划都属于行政权力，属于公法范畴。由于抽象意义上的国家所有权的客体、用途和使用规则都需要根据法律进一步具体化、特定化，国务院代表国家行使所有权的阶段，就是通过行政法规或者依照法律规定通过制定或者审批相关规划的方式行使所有权①，这一过程当然属于公法范畴。

第四步是由具体管理者根据人大和国务院的授权，遵照法律和行政法规的规定，在规划授权范围内具体行使所有权权能，将国有财产利益分配给公民，或使国家私产实现保值增值。虽然国家是抽象的，无法直接行使权力或履行宪法义务，但是，财产国有化所带来的宪法义务并不能因此而豁免，这些义务必然要随着所有权的具体化而层层落实，并最终由国有财产管理者通过行使所有权权能来实现。国有财产最终如何使用，国有财产之上的利益如何分配给全体公民，由国有财产管理者在法律授权范围内，根据国务院制定的规则来具体行使。为了确保管理者履行财产国有化带来的宪法义务，必然要由公法控制管理者的决策过程。因此，管理者在代表国家作出意思表示时，要受到财产国有化目的的限制，以最符合公共利益的方式行使财产所有

---

① 肖泽晟：《论国家所有权与行政权的关系》，载《中国法学》2016 年第 6 期。

权权能，而不能像行使私人所有权一样随意占有、使用、收益或者处分国有财产。这种迫使公权力主体履行宪法义务的法律只能由公法来承担。

由上可见，国家所有权的运行内容涉及公法的基本问题，必然由公法规制，从而实现财产国有化的目的。

一方面，抽象意义上的国家所有权具体化的过程涉及国家机构的组成、权力和义务的划分等公法基本问题，只能由公法来规范。在我国，国家所有权的行使主体是多元化的，包括但不限于行政机关、公立的教育机构、科研机构、文化机构、医疗卫生机构、体育机构，以及基层群众性自治组织。除此之外，法律法规授权的组织，或者那些受国家机关依法委托管理国有财产的组织，也是重要的行使主体。这些机构的成立和职能的划分，都涉及一系列复杂的公法问题。而且，法治政府的应有之义包括在政府内部建立相对分散与独立的权力中心，以实现不同部门之间的相互制衡。国家所有权的具体化过程，本质上是与分权紧密相连的。国有财产的管理者在行使权力时，同样需要受到分权原则的约束。从纵向分权的角度来看，由于我国疆土辽阔、人口众多，不可能由一个政府单元来管理所有的国有财产，因而必须要根据实际需要分而治之，从而实现中央和地方之间的纵向权力划分；从横向分权来看，在具体某一国有财产之上，可能由不同的管理者分别行使不同的所有权权能，因而需要在某一个政府内部不同职能部门之间划分权限。所有这些关于权力划分的细节，都必须由公法来提供相应的规定和指导。

另一方面，无论是国家所有权具体化的过程，还是管理者具体行使所有权权能的过程，这些活动都是在由众多公职人员所构成的国家机构内部进行的。这些公职人员在执行他们的职责时，他们的行为和决策对于国家所有权的实施具有直接的影响。为了确保这些公职人员能够按照既定的法律和政策行事，必须依靠公法来规范和控制他们的行为。明代学者方孝孺说：“欲天下之治，而不修为治之法，治不可治也。欲行为治之法，而不得行法之人，法不可行也。”① 此话强调：一要有“为治之法”，二要有“行法之人”。如

① （明）方孝孺：《逊志斋集》卷三。

果没有外在制约，只要求国有财产管理者一切从全体公民的利益出发，这对掌握权力的人有着很高的道德要求，是不可能的也是不现实的。“即使掌权者能够认真固守这种分配正义，但是除了他以外的社会其他人，还是会成为权力的奴隶。”① 因此，虽然行使国家公权力的人理应效忠国家、效忠人民，但是，“以国家法制、法学的眼光来看，这个忠诚义务必须是一个制度”②，并且是只能由公法来构建的制度。例如，我国制定了《监察法》《公务员法》《刑法》等公法规范对公职人员进行监管。公法不仅为国家所有权的行使提供了法律框架，还确保了管理者在行使所有权权能时的合法性和正当性。通过公法的约束，可以有效地防止公职人员滥用职权，确保国家所有权的行使既符合法律要求，又能够维护公共利益。

综上所述，国家和全民的抽象性以及国家所有权主体的虚位，决定了只能由具体的管理机构或个人代表国家管理和保护国有财产，并履行财产国有化带来的宪法义务。由于在这个过程中，国有财产的所有权主体几乎都处于“隐身”状态，为了确保国有财产管理者履行这些义务，自然就离不开公法对国有财产管理者意思表示的形成过程施加必要的控制。

第三节 国家所有权权能是一种私法类型的行政权

如前所述，国有财产的所有权归属于全民，但所有权权能只能交给具体的国有财产管理者行使。当国有财产的管理者行使国家所有权的权能时，他们的行为会表现出私法的特征，但是这种行为对于全体公民来说，实际上仍然是在行使公权力。这一权力究竟是什么性质，决定着立法机关、国务院应当在哪些法律领域构建国有财产的保护制度，从而规范管理者行使所有权权能的具体过程，确保国有财产得到妥善管理和保护，同时维护全体公民的共

① 刘大洪、何易主编：《公有财产法律保护》，西苑出版社 2001 年版，第 10 页。

② 陈新民：《德国公法学基础理论》，山东人民出版社 2001 年版，第 216 页。

同利益。

一、由行政组织管理和保护国有财产的必然性

从我国现行法律对国家所有权权能的配置状况来看，国有财产主要由行政组织管理、处分和保护。[①] 在立法层面，确立了国务院作为国家所有权的代表，负责行使国家所有权。在此基础上，立法机关进一步授权地方政府及其相关部门，即行政组织，来具体负责资源的配置工作。例如，《土地管理法》中规定“全民所有，即国家所有土地的所有权由国务院代表国家行使”，同时又规定“各级人民政府……组织编制土地利用总体规划”。这样的规定明确了在行政组织中，国家所有权归国务院所有，确保了国家对土地资源的集中统一管理，同时也赋予了地方政府在土地管理方面的具体职责和权力，从而形成了一个从中央到地方的国家所有权权能配置体系。

行政组织，是指行使国家行政职权、管理公共事务的行政机关，以及行使行政职权的行政机关以外的其他社会组织。[②] 也有学者认为行政组织是指依法行使国家行政职权、管理公共行政事务的国家行政机关，以及依法管理社会公共事务的其他公共行政组织。[③] 在现代社会中，如果行政权力由政府独占，会造成行政机关受人事、财务的约束，严重影响行政机关履行其现代化公共事务管理职能的能力。为了更高效地管理公共事务，很多原本由行政机关直接负责的职责被转移或者下放给了各种事业单位、公共机构以及社会团体。因此，不同于立法职能单纯由立法机关承担、司法职能单纯由司法机关承担，承担行政职能的行政组织不仅包括行政机关，还包括行政管理型事业单位、行使行政职权的社会团体等。例如，红十字会就管理和控制着一部分用作公益的国有财产，并要依照国际红十字和红新月运动的基本原则完成

---

① 相关法律包括但不限于《民法典》《土地管理法》《城乡规划法》《水法》《矿产资源法》《海域使用管理法》《森林法》《草原法》。

② 任进：《行政组织法教程》，中国人民大学出版社 2011 年版，第 1 页。

③ 焦洪昌主编：《宪法制度与法治政府》，北京大学出版社 2008 年版，第 179 页。

政府委托的事宜。因此，在这种情况下，红十字会也被视为一种特殊的行政组织，它在履行其职责时，实际上承担了一部分行政职能，因而也被视为行政组织。①

之所以必然由行政组织行使国家所有权权能，原因是多方面的：

首先，国家机关注定要有分工并承担不同职能，从国家机关的权力分配和职能定位来看，管理、处分和保护国有财产的权力应当属于行政组织而不是其他国家机关。西方国家的分权模式是与“法”紧密联系在一起的，根据法的创立、执行和判决将国家职能分为立法、执法和司法三项主要职能。我国实行的是人民代表大会制度下的“一府一委两院”模式，由立法机关、行政机关、监察机关、审判机关、检察机关来分别承担相应的国家职能。立法机关的主要职能是决定国家法律和政策的价值取向，行政机关的主要任务是如实地执行法律，审判机关、检察机关和监察机关的主要任务是审查《宪法》和法律是否得到了如实的实施。从国家机构的分工来看，管理、处分以及保护国有财产这一系列重要职责，本质上是一种执法行为，它需要的是执行和操作层面的职能，因此，这类职责应当由专门的行政组织来行使，并不适宜归类于立法机关、审判机关、检察机关以及监察机关的职能范畴之内。因此，在国家所有权的行使过程中，立法机关通过立法规定国家所有权应当如何运行，行政组织根据法律具体行使所有权，再由司法机关审查行政机关行使国家所有权的行为是否符合《宪法》和法律。诚然，行使其他职能的国家机关虽然也会实际控制并管理一些国有财产，例如办公大楼、公车、办公用品等，但这些财产只是履行基本职务所必需，并且必须由相关行政部门统一分配管理，并遵守行政机关制定的使用规则。又如，检察机关、法院、司法机关都要遵守行政机关制定的《党政机关办公用房建设标准》，而不能随意使用办公用房，就表明了这些单位所控制并使用的国有财产实质上还是要归行政机关管理。而司法机关在办理案件的过程中虽然也涉及扣押、冻结、没收财产等职能，但是这些措施的目的是保证案件能够顺利进行，并且

① 《红十字会法》第12条。

确保最终的判决能够得到执行，以保障各方当事人的合法权益。

其次，在现有的国家机构体系之外，再设置一个专职系统来管理国有财产，是不必要也是不现实的，还会浪费巨额国家运行成本。我国幅员辽阔、人口众多，国有财产的种类繁多且复杂，它们涉及众多领域的公共利益，国家经济、教育、文化、科学、卫生、民政、公安、环境和资源保护、城乡建设事业等众多领域。这些领域都紧密关联着国家的长远发展和人民的福祉。如果在现有的行政组织之外，另行构建一个专门的国有财产保护系统，那么这个系统需要像行政组织一样根据属地原则遍布全国各地，从中央到每个乡镇都要建立相应的机构。这样的设想是不切实际的，也是不可能实现的，因为这需要巨大的人力、物力和财力投入，而且还会造成管理上的混乱和效率低下。因此，国有财产的管理者必然要由已经形成庞大组织规模的各级政府及有关部门来承担。这些部门在长期的实践中积累了丰富的管理经验，对国家的法律法规和政策导向有着深刻的理解，能够确保国有财产的合理利用和有效保护，从而保障国家和人民的根本利益。

最后，由行政组织管理和处分国有财产，是确保行政目标得以实现的必要条件。“行政权是指国家行政机关执行法律、实施法律，对国家内政外交事务进行管理的权力。”[①] 行政事项具有广泛性和复杂性，不同的行政机关需要根据其职能特点，分别进行组织和管理，从而形成各种不同的行政职权。这些职权的行使，必须依赖于大量的国有财产作为物质基础和保障。例如，政府为了履行公共文化服务职能，必须提供一系列能够满足公民基本文化需求的设施、产品和服务，如图书馆、博物馆、文化中心等公共文化设施，以及各种文化活动和相关服务。这些设施和服务的建立和维护，不仅需要巨额的财政投入，还需要专业的管理团队和持续的运营支持。再如，为了实现海上交通管理职能，政府需要对海域拥有控制权，并建立必要的助航标志和导航设施，以确保海上交通安全和顺畅。在土地管理方面，政府必须对城市的土地资源进行有效控制，以实现土地的合理规划和使用。这不仅关系

① 齐小力主编：《宪法学导论》，群众出版社2006年版，第300页。

到城市的发展布局，还涉及环境保护、城市规划和居民生活质量等多方面的考量。可见，与立法权、司法权的运行只需要机构运转所必需的财产不同，行政职能的实现，不仅需要机构运转所必需的财产，更需要通过各种方式和途径占有、使用、处分国有财产，以确保行政职能的顺利执行。如果将国家所有权交给行政组织以外的系统，那么许多行政行为将面临极大的困难，甚至无法顺利进行。因此，行政组织管理和处分国有财产，对于实现行政目的而言，是不可或缺的。

由此可见，无论是基于国家权力的合理分工，还是考虑到国家运行的成本效益，抑或为了确保行政目的能够有效地实现，最终导致了一个必然的结论：必须由行政组织来承担国家所有权的行使以及具体的所有权权能。

二、行政组织行使的所有权权能属于行政权力而非民事权利

国有财产管理者在执行其职责时所行使的所有权权能，实际上应当被归类为广义上的行政权范畴，而非传统意义上的民事权利。这一点可以从以下几个方面得到充分的论证。

第一，国有财产管理者的权力来源于法律授权，这一点与行政权一样，而与民法中所有权人的权利来源有着本质的区别。在民法领域，民事主体获得所有权的方式可以分为两大类：原始取得和继受取得。原始取得涵盖了多种方式，如先占、拾得遗失物、发现埋藏物、善意取得以及添附等；而继受取得则包括了通过买卖、赠与、互易、继承遗产、接受遗赠等多种途径。[①] 相比之下，国有财产管理者取得所有权权能的唯一方式就是法律授权，这与民法所有权人取得所有权的条件并不相符。而且具体的国有财产管理者既不是国务院的委托代理人，也不符合借用、抵押等民事主体取得所有权权能的条件，因此他们并不属于民事意义上的财产的所有权人。更重要的是，根据传统“主权在民”观念及“依法治国”原则，行政权的唯一来源也是最终

① 马俊驹、余延满：《民法原论》，法律出版社 2010 年版，第 331 页。

来源就是法律。[①] 而管理者获得财产权是源于法律的授权，这与行政权的来源方式一样。

第二，国家所有权和传统行政权一样，本质上是职权和职责的双面体，其存在的根本目的在于服务社会主义的宏伟目标。行使所有权时，其行为仅需受到公序良俗的限制，即“你挥舞拳头的自由止于我的鼻尖”，意味着个人权利的行使不能侵犯他人合法权益即可。然而，在国家所有权和传统行政权的运行过程中，职权与职责是密不可分的，它们如同“孪生兄弟”一般，共同构成了权力运行的基础。如前所述，宪法之所以将大量财产国有化，其根本目的是通过强有力的国家来控制和保护国有财产，合理分配财产利益，保障每个人基本权利和自由的实现，进而实现社会主义目的。同样的原因，法律授权行政组织行使行政职权，是为了让行政组织能够积极主动地处理公共事务，管理社会事务，维护公共利益，保护公民的基本权利和自由，维护社会的公平和稳定，最终服务于社会主义的长远目标。[②] 由此可见，国家所有权与传统行政权都是权利与义务的统一体，它们获得权利的目的是一致的，这与作为对世权的私人所有权有着本质上的不同，后者更多地强调个人权利的自由行使，而不涉及公共利益的维护。

第三，国有财产管理者在行使财产权时，必须严格遵循“法无授权即禁止”的原则，这是行政权运行的基本限制，与私法领域中的“法无禁止即自由”规则截然不同。国有财产管理者不仅不具备私法所有权人“意思自治”的自由；相反，他们必须受到依法行政原则的严格约束。他们的权力范围仅限于法律明确授权的领域，而且在行使这些权力的过程中，必须严格遵守行政程序的相关规定。以我国《旅游法》为例，该法律规定了景区开放必须经过行政许可，从而将景区的管理纳入行政法规的规制之下。此外，景区用途的确定权和收费决定权分别由不同的机构行使，确保了权力的合理分

① 王名扬：《英国行政法》，中国政法大学出版社 1987 年版，第 100 页。

② 翁岳生编：《行政法》，中国法制出版社 2009 年版，第 12～16 页；［日］盐野宏：《行政法》，杨建顺译，法律出版社 1999 年版，第 3～4 页。

配和监督。再如，国有土地使用权的出让过程中，市、县自然资源主管部门必须在土地出让方案获得有批准权的政府批准后，才能通过公开招标、拍卖等法定程序出让国有土地使用权，并且自然资源主管部门不能直接享有收益权，而必须将土地出让金按照中央、地方相关分配的原则，与行政收费、行政罚款一样上缴国库。这些规定都清晰地表明，国有财产管理者在行使所有权权能时，必须严格遵守行政程序的规定，确保权力的合法、合规行使。

第四，管理者所享有的所有权权能与传统行政职权具有相同的特征，包括法定性、国家意志性、专属性、不可处分性等。[①] 首先，从法定性的角度来看，无论是传统行政职权还是国有财产所有权权能都是依法设定的，都必须通过合法途径获得，否则便不能成立，更无法得到法律的承认和保护。其次，从国家意志性的角度来看，在两种权力的运行过程中，尽管具体实施者可能会加入一定的个人意志，但最终的结果和决策都是国家意志的体现，反映了国家的政策和目标。这种体现是国家治理结构中不可或缺的一部分，它确保了国家的统一和政策的连贯性。再次，从专属性的角度来看，行政职权是专属于行政主体的，而国家所有权的权能则是专属于国有财产管理者的，这些权力不能被其他非授权主体所行使。这种专属性的设定，旨在确保权力的集中和效率，防止权力的分散导致的混乱和低效。最后，从不可处分性的角度来看，无论是传统行政职权还是国有财产所有权权能，它们都不能被任意转让、放弃、赠与等，因为这些权力都具有一定的公共性质，涉及国家和公众的利益，需要受到严格的法律约束和保护。这种不可处分性是公共利益保护的基石，它防止了权力的流失和滥用，确保了国家和公众利益的最大化。

因此，国有财产管理者所享有的所有权权能与传统行政权性质高度相同，而与私人的所有权具有极大的差别，因而实质上属于广义的行政权范畴。

---

① 胡建淼：《行政法学》，法律出版社2015年版，第519～520页。

三、国家所有权权能属于私法类型的行政权

虽然国家所有权权能必然由行政组织行使，并属于广义范畴的行政权，但不可否认，国家所有权作为一种财产权，它同样具备私法的特征。这种特征主要可从以下几方面进行体现。

第一，所有权的概念本身就源于私法，并深植于私法的土壤之中，自然而然地继承了私法的诸多特征。无论公法所有权还是私法所有权，都包含占有、使用、收益、处分等权能。这些权能构成了所有权的基础，是所有权得以实现和体现的关键要素。在这些权利能力的支撑下，无论是个人还是国家，才能在法律允许的范围内，对财产进行有效的控制和管理。国家所有权，作为所有权的一种特殊形式，同样具备这些基本的权利能力。

第二，国有财产管理者可以作为平等主体与其他民事主体产生民事法律关系。为确保行政目标的实现，国家需要坚实的物质基础作为支撑。因此，国家在行政管理中采纳了市场机制，利用私法手段来完成公共任务。[①] 在某些特定领域，如国有企业的经营活动中，其运作方式与私有企业相似，需要遵循商业规则和市场原则，这同样体现了国家所有权的私法特征。在这个过程中，国家所有权在行使过程中，需要遵循市场经济的基本规律，确保交易的公平性和合法性，这与私法中关于财产权利的行使原则是一致的。这种行政主体为追求公法任务规定所赋予的行政目的，而以民事行为主体的身份与其他民事主体成立私法上法律关系的行为被称为行政私法行为。

第三，国有财产管理者在行使所有权权能时，可能同时存在公法法律关系和私法法律关系。法律关系具有相对性，国有财产管理者行使的究竟是公权力还是私权利，要在具体的法律关系中进行判断。当国有财产管理者对国家私产行使收益、处分等权能时，其相对于全体公民来说是在行使全民赋予的公权力，但是相对于交易对方来说则是行使私法权利。而当国有财产在民事法律关系中受到侵害时，国家所有权可以与私人所有权一样，受到私法的

---

① 严益洲：《德国行政法上的双阶理论》，载《环球法律评论》2015 年第 1 期。

保护。例如，当国有财产在民事买卖关系中遭受侵害时，国有财产管理者可以依据民法等相关私法规定，向侵权方提起诉讼，维护自身的财产权益，实践中国有企业诉私企的案例并不少见。

因此，国有财产管理者行使的所有权权能属于广义的行政权的范畴，但又与传统行政权有区别，属于私法类型的行政权，因而要同时遵守公法和私法的规则，并且借鉴私法对财产权的保护制度。

四、公法规范国有财产管理者用权过程的必要性

由上可见，由于国家所有权属于广义的行政权范畴，因而有必要借鉴传统行政权的控权和授权思路，通过公法尤其是行政法的手段来规范权力运行过程。同时，由于国家所有权是一种私法类型的行政权，所以应当结合所有权的私法特点，有针对性地构建国家所有权的控权和授权机制，以防止对国家所有权的公法规制大而化之，失去应有的作用。

一方面，由于行政权本身具有自我增殖的特点，这就要求通过公法，特别是行政法来对国有财产管理者的权力进行有效的控制和监督。“行政权的扩张是社会现代化中理性化的一个结果。”[①] 从组织架构、权力边界来看，行政权无疑是范围最广的公权力，其运行遵循“有控则强、无控则弱、失控则乱”的规律。行政法作为专门针对行政权的法律，与宪法、立法法、司法法等其他法律有着明显的区别。[②] 它的内容不仅包括对行政主体的控权，也包括对行政主体的授权，它既是行政权的“发动机”，推动行政权的合法行使，更是对行政权权力进行限制的“刹车装置”。[③] 有学者认为“行政法的使命就在于保障行政主体行使行政职权的合法性和合理性”。[④] 由于行政法的实质和内在精神就是行政控权，因此必须通过行政法严格限制管理者行使

---

① 季涛：《行政权的扩张与控制》，载《行政法学研究》1997 年第 1 期。

② 胡建淼：《行政法学》，法律出版社 2015 年版，第 9 页。

③ ［日］石川敏行：《基本论点行政法》，法学书院 1997 年版，第 67 页。

④ 胡建淼：《行政法学》，法律出版社 2015 年版，第 519 页。

权力的行为，确保权力不被滥用。

另一方面，由于国家所有权是一种私法类型的特殊行政权，这就要求行政法必须对国有财产的管理者提供特别的授权。在现行法律体系中，如果法律并未赋予国有财产管理者对那些侵害国有财产行为进行罚款或责令赔偿损失的权力，那么国有财产管理者在执行职责时，就会受到“法无授权即禁止”的行政权运行原则的限制。这种情况下，当国有财产面临侵害时，国有财产管理者反而面临着“维权无门”的尴尬，难以有效履行保护国有财产的宪法义务。因此，为了实现保护全民所有的国有财产，行政法应当授予国有财产管理者一些特殊的权力，从而确保他们具备足够的能力去维护和保护国有财产，防止其受到侵害。这不仅能够帮助管理者摆脱“维权无门”的尴尬局面，还能增强公众对法律公正性和效率的信心，从而在更广泛的层面上营造国有财产不可侵犯的社会共识。

综合上述分析，可以得出：国有财产管理者在执行国家所有权职能时，实际上是在行使一种具有私法性质的行政权力。为了确保这一权力的正当运用，应当参考并借鉴传统行政权力的控制理念。同时，鉴于国家所有权在本质上与传统行政权存在显著差异，特别是其私法属性，应当在行政法的框架内，采取一种双轨制的策略。这种策略既包括对国有财产管理者权力的严格控制，也包括对其在特定情况下进行适当授权，以此来构建一套专门针对国有财产的特殊保护机制。通过这样的方式，我们既能够确保国家所有权的高效运作，又能够防止权力滥用，从而在维护国家利益的同时，也保护了社会公共利益和私人利益。

第五章

国有财产特殊公法保护机制的构建

如前所述，国有财产与私有财产相比，其保护工作面临着更为错综复杂的挑战，因此迫切需要在公法层面上采取一些特殊的保护措施。尽管我国已建立了一系列旨在限制公权力滥用、保护公共利益的公法制度，包括国务院颁布的《重大行政决策程序暂行条例》以及由地方政府制定的重大行政决策程序实施细则或工作指引等。这些相关规定的主要目的是规范决策流程、提升决策质量与效率，并明确决策过程中的责任归属。此外，《宪法》《刑事诉讼法》《行政诉讼法》《监察法》等相关法律也规定了其他国家机关对行政机关的监督体系，以确保行政权力的合法运用和公共利益的维护。但是，当前这些制度主要聚焦于行政权的宏观控权与授权机制，并未充分考虑到国家所有权在私法范畴内所具有的独特性质。这种性质不同于一般的行政权，它涉及国家作为财产所有者的身份，以及由此产生的各种权利和义务。由于缺乏对这一特殊性质的深入理解，现行制度在处理国有财产所特有的"谁控制谁所有"等保护难题时显得力不从心。鉴于此，我们有必要在现行公法制度的基础上，进一步构建专门针对国有财产的特殊公法保护框架，以确保国有财产得到有效而全面的法律保护。

由于国有财产所承载的法益是全体公民或社会大众的利益，因此构建国有财产保护制度主要有两个目标：一方面是保护国有财产免受第三人的侵害，另一方面是保障全民利益免受管理者的侵害。具体来说，应当充分发挥以下主体作用来建立健全国有财产的公法保护制度：

第一，应当充分发挥国有财产管理者作为保护国有财产的第一责任人的作用。国有财产管理者在行使公权力的同时，也肩负着保护国有财产不受侵害的神圣职责。国有财产管理者受公权力主体身份的限制，遵循"法无授权不可为"的法律原则，因而需要足够的授权，以便有效地保护国有财产。更重要的是，由于管理者可能缺乏足够的内在动力去积极主动地保护国有财产，因此，建立一套完善的激励机制和约束机制显得尤为重要。这些机制的目的是确保管理者能够充分履行其职责，不仅在法律层面上，更在道德和公共利益层面上，对国有财产进行有效的保护和管理，确保国家和人民的利益不受损失。

第二，应当充分发挥公民作为所有权人的作用。我国《宪法》第 53 条明确规定公民必须爱护公共财产。也就是说，公民不仅承担着不侵害国有财产的消极义务，而且承担着主动保护国有财产的积极义务。然而，在现实生活中，由于缺乏足够的激励和内在冲动，多数公民并不会主动投入大量的时间和精力来保护国有财产。因此，国家需要构建一系列有效的消极预防措施，以避免国有财产受到侵害，同时还需要设计和实施一系列积极的激励措施，以鼓励和激发公民主动地去保护国有财产，并且为公民保护国有财产提供切实可行的法律路径。

第三，应当充分发挥其他国家机关尤其是检察机关的作用，强化对国家所有权的运行过程的有效监督。为了保障全民利益免受国有财产管理者的侵害，应当通过适当的权力调配和民主监督，限制管理者的权力，以防止管理者滥用职权，进行损公肥私的行为。同时，通过监督确保管理者在管理和处分国有财产时，其行为完全符合财产国有化的目标和原则，确保国有财产的利益能够以最符合公共利益的方式进行配置和利用。由于检察机关是《宪法》规定的法律监督机关，它在监督国有财产管理者方面相较于其他政府机关拥有独特的优势。因而应当充分利用检察机关的法律监督职能，以保护国有财产不受侵害，确保其安全和合理利用，从而维护国家和人民的根本利益。

具体来说，应当构建国家意思表示形成的内部行政法控制机制、处分国有财产时的第三方论证审查机制、以行政命令责令侵权人赔偿损失或返还公法不当得利的机制，并且还应当充分发挥检察机关作为法律监督机关的动态作用，构建检察机关对涉国有财产案件全面审查的制度，以及当国有财产管理者拒不履行保护国有财产的信托义务时，由检察机关支持公民代表国家提起行政公益诉讼的机制。

第一节　国家意思表示形成的内部行政法控制机制

由于国有财产管理者行使的所有权权能属于私法性质的行政权，因此，在构建国家所有权的控权机制时，应借鉴行政权的控权思路。行政权的控制机制可细分为行政自制与他制两个主要类别：“自制”指的是行政组织的内部自我控权机制，其核心在于国有财产管理者在执行法律过程中所展现的自我约束与规范；“他制”则涉及来自外部的监督，主要包括其他国家机关及广大民众的监督，其重点在于通过立法预先设定行政权的权限范围，并在事后由其他国家机关对可能出现的行政违法行为进行纠正和处理。这两种机制相辅相成，共同构成了对行政权进行有效控制的体系，二者缺一不可，确保了行政权的合理运用和监督。

然而，由于立法、司法、监察等外部权力控制机制往往受限于其被动性和局限性，难以深入行政组织的内部运作及行政职权的细微之处，因此，构建国有财产的公法保护机制，首要之务是强化行政自制规范，优化国家所有权的运行流程，确保行政机关能够自我约束和自我监督。行政自制指的是行政组织内部所采取的一种自我规制机制。它着重于从行政体系内部出发，通过细致入微地调整和控制行政权力的运作流程，以期达到有效预防和遏制行政权力被滥用的目的。行政自制的核心理念和精髓在于：它依赖于内部行政法的支撑，通过精心设计和构建行政主体的组织架构，确立并严格遵循一系列内部行政规则和行政伦理准则。这些规则和准则成为约束行政主体行为的坚实基础，促使行政主体在履行职责时，不仅能够确保其行为的合法性与合规性，而且能够自发地推动行政法治的深入发展和实践。通过这种方式，行政自制还能够显著提升行政效率，确保行政权力在既符合法律要求又合理有序的框架内稳健运行，从而为社会公众提供更加高效、公正的公共服务。[①]在国有财产保护领域，主要需要在行政组织、行政程序以及行政人员的行为规范等方面实现行政自制。

第一，行政自制意味着在行政管理过程中，必须确保行政组织的法定化，以及行政职权的合理配置。行政法不仅是用来进行司法审查、以确保行政权力不被滥用的法律工具，更是国家组织设立和规范官方机构的内部运行之法。[②] 现代法治国家要求以完善的法律体系来规范各级政府的部门设置和权限划分，从而合理配置行政职权、限制行政主体的权力、引导其作出合法合理的意思表示，使行政权的配置有利于有效发挥行政权威、有利于部门协调、有利于制约行政权、有助于实现行政目标。[③] 这些都离不开行政组织法的合理界定。

第二，行政自制意味着要实现行政决策程序的法定化，即管理者意思表示的形成过程要符合内部行政程序。行政程序是指行政行为在时间和空间上的存在方式，是由法律法规所设定的行政主体在实施行政行为时必须遵循的途径、方式、步骤和时限等的总称。[④] 传统行政法学只注重对单个行政行为合法性的研究，却忽略了对整个行政程序的思考。行政行为不仅应当注重结果的合法性与有效性，更应注重最终产生这一结果的过程。与大多数传统行政行为不同，由于管理者行使国家所有权权能时没有行政相对人，其意思表示一经对外作出即刻生效，因此管理者形成意思表示的内部行政程序更应当受到公法的规制。

第三，行政自制强调了行政人员在履行职责时应当展现出的伦理自律。

---

① 于立深：《现代行政法的行政自制理论——以内部行政法为视角》，载《当代法学》2009 年第 6 期。

② ［美］马肖：《创设行政宪制：被遗忘的美国行政法百年史（1787—1887）》，宋华琳、张力译，中国政法大学出版社 2016 年版，第 2～27 页。

③ 李景鹏：《试论行政系统的权力配置和利益结构的调整》，载《政治学研究》1996 年第 3 期。

④ 胡建淼：《行政法学》，法律出版社 2015 年版，第 602 页。

根据“性恶论”的理论基础，人们天生具有私欲和贪念，这使得在公共行政领域中，公正无私的行政伦理显得尤为重要。要培养出公正无私的行政伦理，必须依赖于后天的教育和培养。行政自制的伦理自律目标是通过积极的教育示范，以及合理的奖惩机制等外在因素的激励，促使公职人员在行使公共权力的过程中，能够自觉地进行自我管束和自我克制，从而确保行政行为的正当性和效率。这种自我约束不仅关乎个人的道德修养，更关乎整个社会的公平正义和行政体系的健康运行。通过教育和制度的双重作用，行政人员可以逐步内化这些伦理规范，形成一种内在的道德指南针，引导他们在面对各种诱惑和挑战时，依然能够坚守职业操守，做出符合公共利益的决策。

总之，行政自制体现了行政机关对自身行为的不断反思和自我完善。行政自制的主要工具和载体是内部行政法。内部行政法旨在调整行政组织的内部关系，通过规定行政系统或者行政机关的内部事项、改革行政内部组织结构和程序机制使内部行政趋于法制化，使法治要素深入行政行为的末梢和脊髓，从而对行政系统和公务员形成行政自我拘束。[①] 但是，现有内部行政法并不足以有效控制国有财产管理者行使国家所有权权能的行为，具体有以下几方面表现：

第一，相比于外部行政法，内部行政法长期处于被忽视的状态。以行政组织法为例，尽管我国已经制定并实施了《国务院组织法》《地方各级人民代表大会和地方各级人民政府组织法》《公务员法》等一系列涉及行政组织的相关法律规范，但总体而言，我国的行政组织法体系仍有待完善。

在实践中，我国行政组织的设置、职能、内设机构以及人员编制主要是依照定职能、定机构、定编制的规范性文件来加以明确和界定，即通俗地说就是“三定”规定。行政机关甚至可以根据自身的需要和意愿，进行相应的机构设置和职权划分。然而，“三定”规定并不具备行政组织法的法律性质和效力，既没有权力机关的强力推动，也缺乏人民群众的广泛参与监督，

① 于立深：《现代行政法的行政自制理论——以内部行政法为视角》，载《当代法学》2009年第6期；崔卓兰：《行政自制理论的再探讨》，载《当代法学》2014年第1期。

这导致了行政组织的意思表示形成过程缺乏必要的制约和监督，难以确保其合理性和公正性。

第二，现有内部行政控权机制侧重于决策权、执行权、监督权的分离，然而，对国家所有权来说，更需要的是管理权和收益权分离的制约机制。在大多数情况下，行政系统通过将行政权力区分为决策权、执行权、监督权三部分来实现内部分权，并使三权之间相互监督、相互协调、相互制衡，从而在行政权力内部形成自我监督和自我控制。[①] 然而，国有财产经常受到侵害，其主要原因往往是管理者滥用管理权，为了追求个人或集体的收益而忽视了对国有财产的保护。因此，对于国有财产的保护而言，最为关键的是要实现管理权和收益权的有效分离。

第三，在国有财产的决策过程中，往往缺少公民尤其是利害关系人的参与，这种参与的缺失导致了国有财产的处分并不总是能够完全符合公共利益的要求。由于国有财产管理者行使国家所有权权能时往往没有明确的行政相对人，这就使国有财产的处分过程中面临一个棘手的问题，即利害关系人的缺失。因此，在很多情况下，由于缺乏代表全民或大众利益的行政相对人或利害关系人，就无法通过启动行政复议、行政诉讼等监督程序来纠正可能存在的行政违法行为。这就导致了本应普遍适用的行政监督机制，在监督国有财产管理者的行为方面，无法发挥其应有的作用。

第四，管理者以民事主体的身份对国有财产行使所有权的行为，由于披着私法的外衣因而逃避了相应的行政法制约。如果仅将行政组织视为民事主体，并遵循意思自治的自由原则，而不通过内部公法规范来进行必要的制约，那么就可能会有国有财产管理者滥用财产管理权，导致大量国有财产的流失。例如，在早些时候，一些政府部门在采购过程中，由于缺乏有效的法律约束和监督机制，导致了采购价格远远超出市场正常水平，甚至出现了所谓的“天价采购”现象。这些行为不仅浪费了宝贵的国有财产，也损害了公众对政府的信任。因此，为了防止此类事件的再次发生，确保国有财产的

---

① 崔卓兰：《行政自制理论的再探讨》，载《当代法学》2014 年第 1 期。

合理使用和有效管理，国家出台了《政府采购法》等相关法律法规，以加强对行政组织在采购活动中的行为约束，确保每一笔公共资金的使用都公开透明、合理高效。

因此，要实现国有财产管理者的有效自我规制，就要结合国有财产受到侵害的特殊原因和国家所有权的私法特征，从实现行政组织的法定化、行政程序的法定化和行政人员的伦理自律入手，建立管理者代表国家作出意思表示形成的内部行政法控制机制以及管理人员与保护国有财产直接挂钩的奖惩机制。

一、行政管理权和收益权的合理配置机制

行政组织的法定化是为了合理配置职权，确保权力的合理分配和运用。合理配置职权的应有之义就是分权，即通过法律手段明确不同行政组织的职能和权限。有学者认为，行政分权原则应当作为行政组织法的基本原则之一，即采用分散的方式组织行政，把行政职权分别交由不同行政组织承担，以避免权力过于集中而产生滥用的风险。① 例如，行政处罚普遍采用"罚缴分离"原则，在行政罚款和缴纳罚款的环节中明确分离执行主体，作出罚款决定的机关与收缴罚款的机关应当是不同的机构。这一原则主要目的是通过职能分离，提高执法透明度，防止权力滥用引发的腐败，避免因执行机关同时负责罚款的决定和收取而产生利益冲突，从而保护当事人合法权益，确保罚款的公正收取和使用，提升政府执法的公信力和透明度，体现了行政权需要分解并内部制约的理念。

在国有财产管理权和收益权属于同一个主体的情况下，国有财产管理者往往会滥用财产管理权来追求收益，罔顾国有财产背后承载的公共利益。因此，保护国有财产所代表的公共利益需要对国家所有权的行政管理权和收益权合理配置。但是，目前我国国有财产的两权不仅没有完全分离，而且配置模式缺乏法定性和合理性，往往是双方在立法机关内部"博弈"的结果，

① 应松年、薛刚凌：《行政组织法基本原则之探讨》，载《行政法学研究》2001 年第 2 期。

并未考虑怎样配置行政管理权和收益权是最符合公共利益的，以及收益权的配置是否可以切断管理者与特许权人的经济联系。[①] 这就导致国有财产管理者为了收益而侵害国有财产。例如，某地一河流的大堤背水一侧违法建设餐厅、酒吧、商铺事件，[②] 还有地方政府将商场的地下人防工程过度出租破坏其国防用途等事件，就暴露了管理者同时拥有行政管理权和收益权的弊端。因此，应当按照最符合公共利益的原则，构建合理配置国有财产的行政管理权和收益权的内部行政法机制，具体包括以下几个方面。

第一，为确保国有财产的高效和合理利用，应当尽可能地将国有财产的行政管理权和获得收益权分别交由不同的管理机构来行使。这样的分离管理可以有效避免权力过于集中而产生的滥用风险。同时，享有收益权的管理者在行使收益权时，必须严格遵守规定，确保在不损害国有财产公共用途的前提下，才能进行收益的获取和分配。现阶段我国国有财产的管理权和收益权大多集中于同一地方政府，造成了很多情况下管理者为了自身利益最大化而破坏国有财产的公共用途。[③] 行政管理权的直接目的是使国有财产直接服务于公共利益，而收益权的直接目的则是获得国家财政收入再间接服务于公共利益。两种权力所属的主体重合度越小，相互之间越能保持较大程度的制约，这样才能尽可能地使开发和利用国有财产的决策公开透明、最大限度发挥社会和经济效益。因此，为了使两种权力分离并形成制约，国有财产的行政管理权和收益权应当交由不同的管理者，并且应当在优先保障行政管理权的前提下，有收益权的管理者才能行使收益权。

第二，在配置行政管理权时，权力边界与利益边界应尽可能接近。理想情况下，由那些能够代表特定利益范围的行政组织来决定相关群体的利益是最为民主的。因为在这种机制下，可以有效地兼顾公民的监督权和参与权，

---

① 肖泽晟：《论遏制公共资源流失的执法保障机制》，载《法商研究》2014 年第 5 期。

② 《河道管理条例》第 24 条规定，在堤防和护堤地禁止建房；《南京市防洪堤保护管理条例》第 14 条规定，防洪堤管辖范围内不得建房。

③ 肖泽晟：《公物法研究》，法律出版社 2009 年版，第 138 页。

从而使公民的利益得到最大限度的保障和提升。但是，近年来，随着政府推行简政放权的行政改革，很多权力被不合理地下放，这导致一些本应由上级政府行使的权力交给了下级政府。而下级政府在行使这些权力时，往往出于对本地利益的过度保护，侵害到更大范围的公共利益，从而在一定程度上促成了地方保护主义的壁垒。例如，2016 年，包括开国上将刘亚楼旧居在内的 7 处不可移动文物被哈尔滨市双城区政府强拆，后在舆论压力下原址重建①，反映了地方政府对自己管理的国家级文物旅游景点进行破坏性开发和利用的现象，暴露了权力不合理下放带来的弊端。因此，应当由最符合利益范围的最低级别的地方管辖该区域的事务。②

第三，在确保行政管理权合理配置的前提下，应当尽可能地将国有财产的收益权交给上级政府行使。这样可以确保由上级政府来保障下级政府在行使管理权时所需的经费支持，从而避免因财政紧张而影响公共服务的质量和效率。政府之间关系的核心问题就是财政关系③，这是维系政府运作和实现政策目标的基石。因此，在分离行政管理权与收益权的同时，必须重视对行使行政管理权的管理者的经费保障。确保他们能够无后顾之忧地履行职责。收益权的本质是对获得收益的再分配，而由上级政府对利益进行再分配，有利于实现社会的公平与正义，促进资源的合理配置和经济的均衡发展。在收益权和行政管理权都必须属于国务院时，应当通过内部行政法建立垂直管理的行政执法体系。这样的体系应当按照所有权自身的权力分离和所代表的利益范围，对行政组织进行纵向的权力分配，确保各级政府在行使权力时既不越权也不失职。④ 并且，内部行政法还应当明确上级政府违法命令下级政府时应当承担的行政责任，避免造成上级政府为了获得收益权支配下级政府处

① 《哈尔滨刘亚楼旧居遭强拆续：11 名相关领导干部被追责》，载新华网，http://www.xinhuanet.com/politics/2016-08/31/c_129263739.htm。

② 肖泽晟：《公物法研究》，法律出版社 2009 年版，第 139 页。

③ 董礼胜：《欧盟成员国中央与地方关系比较研究》，中国政法大学出版社 2000 年版，第 11 页。

④ 肖泽晟：《论遏制公共资源流失的执法保障机制》，载《法商研究》2014 年第 5 期。

分权的局面，确保权力的合理运用和监督。

综上所述，内部行政法应当构建行政管理权与收益权横向分离且纵向倾斜的两权分离机制，尽可能地使开发和利用国有财产的决策公开透明、最大限度发挥社会和经济效益。

二、管理机构的内部职能分离制约机制

分权制衡不仅意味着要将不同的所有权权能分配给不同的管理机构，而且也强调在具体的管理机构内部，必须通过分权的方式来限制个人的权力。如前所述，国有财产管理者意思表示的形成过程中，“内部人控制”往往会发展为“行政首长控制”，行政主体意思表示的形成过程实质上是行政首长的意思表示，这显然与民主法治的理念相悖。2019 年 9 月 1 日，我国《重大行政决策程序暂行条例》施行，作出了诸如“经决策机关常务会议或者全体会议讨论”“决策机关行政首长在集体讨论的基础上作出决定”等一系列规定来限制行政首长在重大事项上的决策权。但是该条例仅适用于重大行政决策事项，且仅限于程序性规定，并未涉及行政机构内部的常态化分权机制。因此，应当构建具体管理机构的内部职能分离机制，以常态化的分权制约避免管理机构中的个人权力过大带来的决策恣意。

首先，应当将具体管理机构所赋有的职能进行拆解，并将这些具体权限分配给不同的部门行使。例如，监察组织内部通过分权制约来控制个人权力：《监察法》在监察机关内部构建了“集体研究决定”以及“立案会商”等一系列集体决策机制，这些机制的建立旨在确保监察工作的科学性和民主性。同时，该法律还规定了问题线索处置部门、调查部门、审理部门之间必须进行相互协调和相互制约，形成了一个内部职能分离且相互制衡的机制。这样的制度设计有助于提高监察工作的效率和公正性，确保监察机关在行使职权时能够做到既严格又合理，从而避免监察办案中的个人权力过大的问题。同理，在国有财产管理者的内部运作中，也可以通过遵循事务处理的流程，将诸如受理、审核、处理、审查等关键权限在不同部门之间进行合理分配，并且使处分事项能够按照既定的流程顺序在各个部门之间顺畅流转。换

言之，每个部门都承担着特定的职责，它们之间相互配合，同时又相互监督。通过这种方式，权力可以部门之间得到有效的拆解和分散。此外，这种流程还能促成行政首长与各个部门之间的分权制衡机制，有效防止因个人权力过于集中而导致的权力滥用和恣意行为。

其次，对处分重大国有财产的决策，应当由国有财产管理机构集体讨论决定。换言之，应当由负责管理国有财产的机构组织集体讨论会议，以决定是否通过该草案。在检察院、法院，有人民检察院检察委员会（以下简称检委会）和人民法院审判委员会（以下简称审委会）制度。以审委会为例，它是人民法院内部的最高审判组织，负责讨论决定重大、疑难、复杂的案件和其他重大事项，由院长、副院长、业务庭室负责人等组成。审委会实行民主集中制原则，通过集体讨论作出决策，并以审委会的名义对外作出裁判。同样，在国家机关有“三重一大”这个概念，其中“一大”指的就是大额度资金使用，具体包括大额资金的预算、拨付、使用等。“三重一大”的决策原则通常要求在决策前进行充分调研和讨论，确保决策科学、民主，并且符合国家利益和人民意愿。在重大国有财产的管理和处分过程中，也应当全面引入这种民主决策制，由集体讨论决定国有财产的决策草案，采取少数服从多数的原则，从而避免个人独断专行。参与会议的人员不应仅限于行政首长和主要负责领导，而是应该包括所有与国有财产处分相关的各部门负责人，以及那些直接参与处理国有财产事务的具体经办人员。而且，应当由经办部门的负责人或具体经办人充分发表意见后，管理机构的行政首长最后发表意见，并且行政首长必须在集体讨论的基础上作出决定。此外，如果行政首长作出的决定与会议中多数人员的意见存在不一致，那么行政首长有责任明确说明作出这样决定的理由。这样的规定有助于保证决策的合理性和公正性，同时也能确保决策过程的透明度，让所有参与者都能理解最终决策背后的逻辑和依据。

最后，应当建立行政决策过程记录留痕制度。在进行集体讨论并作出决定时，必须确保所有情况都被真实且详细地记录下来，以备未来参考和审查。对于会议中出现的不同意见，也应当被完整地记录并反映在相关文档中，这样可以确保决策过程的透明度和公正性。行政首长、各部门的负责人以及直接参与决策的经办人员，都必须对自己的意见和立场负责，这不仅是对个人职业操守的要求，也是对整个组织负责的体现。如果在决策过程中，存在实体内容或程序流程上的重大缺陷，那么行政首长、其他负有责任的领导人员以及相关的责任人员，都应当对这些决策承担起永久性的责任。从而使得每个人都在讨论和决策时，充分考虑自己的立场和意见，确保每一步决策都是经过深思熟虑和合法合规的。

三、强制报批备案和说明理由机制

为了解决在处分国有财产时由于缺乏利害关系人的参与而导致的监督力度不足的问题，应当构建处分国有财产时的强制报批备案及说明理由的机制，从而有效提升国有财产管理的透明度和责任性。此外，上级机关应当积极承担起监督国有财产管理者的责任，确保他们按照法律法规和国家政策进行操作，防止滥用职权和国有财产流失。这样的监督机制不仅有助于保护国家和人民的利益，而且能够促进国有财产管理的规范化和法治化。

（一）国有财产重大处分决策的报批和备案机制

对涉及重大公共利益的行政决策实行报批或备案，是控制国有财产管理者权力的重要内部监督方式，对于预防不合理决策具有重要意义。国务院2001年出台了《法规规章备案条例》，2017年修订了《规章制定程序条例》，对行政规范性文件的制定程序和审查备案程序进行了规定，基本确定了我国行政规范性文件的审查备案等内部监督机制。但是，对于具体行政行为的批准和备案则没有统一的法律规定，只有个别地方立法规定了重大执法行为要经上级批准或者向上级报备。因此，有必要建立国有财产重大处分决策的报批和备案机制，从而实现上级机关对下级机关的有效监督，破除地方保护主义带来的国有财产流失。

这种具体事项报上级批准或向上级备案的监督方式在其他国家机关中也存在。以监察机关采取留置措施的相关规定为例，由于该措施对被调查人的人身权利有着极其重大的影响，同时被留置对象往往缺乏足够的救济途径，因此《监察法》第47条规定，在采取留置措施时，除了要由监察机关领导人员集体研究决定以外，市级以下监察机关采取留置措施还须报上一级监察机关批准，省级监察机关采取留置措施须报国家监察委员会备案，从而通过上级机关的监督和审查，确保留置措施的合法性和合理性，以更好地保护公民的合法权益。

因此，应当构建国有财产管理者处分国有财产的重大决策报上级管理机构审批或向上级备案的机制，并且赋予上级行政机关撤销具有瑕疵的重大决策的权力。目前，《城市房地产管理法》等个别法律中有类似规定，即市、县自然资源主管部门必须在土地出让方案报有批准权的人民政府批准后才能实施。[①] 鉴于国有财产所承载的公共利益的重要性，国有财产的管理者在作出涉及重大公共利益或者涉及较大金额的国有财产处分决定之前，除了必须遵循本机关内部既定的程序之外，还应当将相关决定上报给上级行政组织进行审批或备案。上级行政组织将负责对这些行政决定的合法性、正当性进行细致的评估，并且对可能发生的国有财产流失风险进行深入分析。从而加强上级机关对直接管理国有财产的人员的监督和管理，确保国有财产的安全和合理使用。

（二）强制向上级机构说明理由的机制

说明理由制度通常是指在行政管理过程中，当行政主体需要对相对人采取某些不利的行政行为时，除了法律有特别规定的情况之外，必须向相对人详细阐述作出该行政行为所依据的事实因素、法律依据以及在行使自由裁量权时所考虑的政策导向、公共利益和其他相关因素。这种制度的目的是确保行政行为的透明度和公正性，让相对人能够理解行政决策的合理性，从而增强行政行为的可接受性和合法性。通过这种方式，行政主体不仅能够更好地履行职责，而且能够促进相对人与行政机关之间的沟通和理解，减少不必要

① 《城市房地产管理法》第12条。

的误解和冲突。[①] 说明理由是正当程序的基本要求之一，具有行政自我控制、权利保护、减少争议等功能。[②] 当行政主体在作出不利于行政相对人的决定时，如果不明确说明理由，那么公众的权益可能会在无形中受到侵害，而公众自身却可能对此毫不知情。这种缺乏透明度的做法不仅损害了公众的知情权，还可能导致公众对政府的信任度下降。因此，确保决策过程中理由的明确性，不仅是对公众负责的表现，也是维护法治精神和公正原则的重要手段。

由于国有财产的处分面临着利害关系人缺失的难题，使国有财产管理者处分涉及重大公共利益的国有财产时，逃避了说明理由制度的制约。这不仅可能导致国有财产的不当使用，还可能引发公众对国有财产管理透明度和公正性的质疑。因此，为了确保国有财产的合理处分，笔者认为可以建立这样一种制度，即在管理者处分重大国有财产时，必须向上级机构提供充分的理由和说明。通过上级机构的监督，来代替一般行政行为中利害关系人的监督角色。在具体操作上，应当强制要求管理机构在作出任何重大国有财产处分决策之前，必须向上级机构详细说明此政策可能影响到的受众范围，以及可能对公共利益产生的影响。这样的说明内容应包括但不限于潜在的经济、社会、环境等方面的影响。如果上级机构在审查这些理由后认为管理机构提出的理由不充分或不成立，那么上级机构有权要求管理机构重新评估和调整其决策，或者完全重新作出符合公共利益和法律规定的新决策。这样的制度设计有助于提高国有财产管理的透明度和合理性，确保每一项处分决策都是在充分考虑所有相关因素后作出的，从而更好地保护国家和公众的利益。

四、利害关系人参与内部决策的机制

正当程序作为行政法的核心原则之一，一个重要要求就是行政主体在作

---

① 章剑生：《论行政行为说明理由》，载《法学研究》1998年第3期。

② 肖泽晟：《从公众参与到利益衡量和理由说明——重大公共资源配置行政决策程序法治化的方向》，载《法学杂志》2013年第9期。

出意思表示时，必须充分注意到并尊重公民、法人以及其他各类组织的意见和权益。利害关系人参与行政程序是法治国家、法治政府、法治社会发展的必然趋势，其价值在于促进行政程序的司法化、透明化、与当事人的互动以及全球化。[①] 这意味着在行政行为的实施过程中，必须依法保障利害关系人的知情权、参与权以及救济权，确保他们能够充分了解行政决策的内容，并有机会参与到决策过程中来，从而维护自身的合法权益。尽管行政决策的过程属于内部行政的范畴，但这并不意味着可以完全排除外部监督和参与。相反，为了确保行政决策的公正性和合理性，应当允许并鼓励利害相关人参与到决策过程中来。这种参与不仅有助于发现和纠正潜在的错误和不当行为，还有助于提高决策的透明度和公众的接受度。以余杭某垃圾焚烧厂事件为例，某垃圾焚烧厂规划未充分征求公众意见，选址某乡原九峰矿区，引起当地部分居民担心焚烧有害物质会影响周边的空气、水源和土壤等误解。2014 年 5 月 10 日，该城西民众采取封堵道路等不理智的行为来对垃圾焚烧厂的选址表示反对，[②] 就反映了公众参与的重要性。

进一步来说，根据公共信托理论，公民作为国有财产的委托人，理应拥有监督和管理国有财产的权利。作为受托人的管理者，其职责是代表公民管理和使用这些财产，确保其合理、高效和公正地使用。因此，公民作为委托人，有权对作为受托人的管理者进行监督，确保其行为符合公共利益和法律规定。因此，应当构建重大国有财产处分决策过程中，利害关系人参与的机制。这种监督机制的建立和实施，不仅有助于防止国有财产的滥用和浪费，而且有助于增强公众对政府的信任和满意度。

尽管公众监督在本质上属于行政组织外部的监督形式，但这种外部监督的有效实施实际上依赖于内部行政程序法的建立和完善。在传统的行政法框

---

① 关保英：《利害关系人对行政程序的介入》，载《社会科学战线》2017 年第 9 期。

② 余杭中泰垃圾焚烧厂事件，载百度百科，https://baike.baidu.com/item/%E4%BD%99%E6%9D%AD%E4%B8%AD%E6%B3%B0%E5%9E%83%E5%9C%BE%E7%84%9A%E7%83%A7%E5%8E%82%E4%BA%8B%E4%BB%B6/13867257。

架下，人们往往将关注的焦点仅仅集中在行政主体与行政相对人之间那些直观可见的法律关系上，而忽略了在内部行政过程中，利害关系人的参与和互动同样具有重要意义。行政过程论的提出，突破了传统行政法仅关注行政相对人的局限，强调了对行政行为内部决策过程的动态考察。行政过程论认为，在行政主体意思表示的形成过程中，应当确保利害相关人的参与，从而使得行政决策更加透明、公正，更能反映各方利益的平衡。

而且，根据理性选择理论，每个人都是追逐自身利益最大化的，经过民主程序作出的决定是有利于多数人的利益的，因此公众参与的决策基本能维护大多数人的利益。例如，在北京圆明园湖底防渗工程、云南怒江水电建设规划、上海磁悬浮联络线工程、广东番禺垃圾焚烧厂建设等事件的行政决策过程中，公民的参与，尤其是利害关系人的深度参与，无论是在维护自身权利方面还是在监督行政组织方面都起到了巨大的作用。

具体来说，构建利害关系人参与内部决策程序的机制，应当明确利害关系人的界定标准、相关法律责任以及国有财产决策的公开程序。

首先，应当明确利害关系人的界定标准，确保所有相关方都能被纳入考虑范围。明确界定利害关系人范围，是构建利害关系人参与内部决策程序机制的核心问题。国有财产的处置行为往往会直接影响到某些人的利益，尽管这种影响并不一定直接转化为明确的权利义务关系。因此，我们应当以实质性的权益是否受到处分行为的影响作为界定利害关系人的主要标准，而不是仅仅依据是否与被处分的国有财产存在明确的法律关系，这包括但不限于直接或间接受到决策影响的个人、企业或其他组织。例如，那些居住在公物附近的居民，他们享有的“增强利用权”使他们成为应当被界定为利害关系人的群体。“增强利用权”是指这些居民相比于一般的、偶然的使用者而言，对公物有着更高程度的利用需求，并因此形成的一种权利。[①] 在国有公物的处分过程中，管理者承担着保障公物附近居民“增强利用权”的特殊义务，这实际上是对《宪法》关于合理利用土地和自然资源义务的自然延

① 肖泽晟：《公物法研究》，法律出版社2009年版，第156～159页。

伸。然而，在我国现行的法律体系中，并没有明确规定公物附近居民享有要求管理者为保障其日常的生产、生活、工作而为其使用公物提供便利或优惠条件的权利。在这种法律空白的情况下，公物附近的居民作为利害关系人参与到国有公物的处置过程中，就成为一种保障增强利用权的重要途径，并确保国有公物的合理用途得到实现。通过这种方式，居民们可以有效地参与到附近公物的决策过程中，表达他们的关切和需求，从而在一定程度上影响和监督国有财产的处置行为，确保其合理性和公正性。

其次，应当明确在重大国有财产处分程序中，主体所承担的责任，以及利害关系人意见的效力。就国有财产管理者而言，管理者有义务保障利害关系人的参与权，如果他们未能履行这一职责，应当承担相应的法律责任。对于未经公众参与和讨论的国有财产处分决策，应当认定其为无效。从而确保利害关系人的参与权得到实际落实，避免其被忽视或剥夺。此外，应当明确，尽管利害关系人的意见在决策过程中具有重要参考价值，但它们并不是唯一的决定因素。决策者应当综合考虑各方面的意见和利益，做出最符合公共利益的决策。但是，对于明显合理的建议不予采纳的，应当在向上级强制说明理由的时候，说明对利害关系人的意见不予采纳的原因。

最后，还应当明确规定重大国有财产处分决策的公开机制。信息公开不仅是公众参与的前提，更是保障公众知情权的重要手段。除了涉及国家秘密的内容外，重大国有财产处分决策的行政行为应当从决策的制定到实施的整个过程都公开透明地进行。这样做的目的是让公众能够充分了解决策的背景、依据和实施细节，从而更好地参与到监督和评议中来。为了确保信息公开的有效性，相关部门应当提供便捷的建议和举报渠道，让群众能够方便地提出自己的意见和建议。同时，相关部门还应当认真听取和采纳公众提出的合理建议，以确保决策行为的科学性和民主性。从而有效提升国有财产管理的公信力和效率，确保资源的合理配置和社会公平正义，并能够增强公众对国有财产管理的信任和支持，从而更好地维护国家和人民的利益。

五、管理人员与保护国有财产直接挂钩的奖惩机制

如前所述，在缺少与保护国有财产紧密相关的奖惩体系的情况下，国有财产管理机构中的公职人员也会缺乏保护国有财产的激励和冲动。合理的奖惩机制是行政自制的诱导机制和动力源泉，对于提高国有财产管理者保护国有财产的自觉性具有重要保障作用。因此，建立一个与保护国有财产直接相关的奖惩体系显得尤为必要。这样的体系应当能够有效地增强国有财产管理者在保护国有财产方面的激励和内在冲动，提高他们对滥用职权行为的抵抗力，从而促使行政公职人员在行使职权时更加自觉和审慎，形成一道有效的防止行政职权被滥用的“防护屏障”。这样的奖惩机制，首先，需要建立一个合理的绩效评价体系，这个体系应当能够准确地评估国有财产管理者的绩效，并将其与保护国有财产的效果直接挂钩。其次，需要设定与保护国有财产直接挂钩的奖惩标准，确保管理者在保护国有财产方面取得的成果能够得到相应的奖励，而疏忽或滥用职权的行为则会受到相应的惩罚。最后，对于重大决策失误的管理人员，应当建立一个严格的责任追究机制，确保他们对自己的行为负责，从而提高整个机构的管理水平和效率。通过这样的奖惩机制，可以有效地激励国有财产管理者更加积极地保护国有财产，同时也能有效地防止滥用职权和腐败现象的发生。

（一）合理的绩效评价体系和奖惩机制

为了确保对管理人员进行公正合理的奖惩，必须首先确立一套科学合理的绩效评价标准。这些标准应当与保护国有财产的职责紧密相关，确保管理者在行使所有权权能时能够充分体现出效益、效率和价值。只有通过制定明确的评价标准和程序，才能准确评判管理人员的工作表现，从而为公职人员的奖惩提供客观、公正的依据。

首先，国有财产保护领域的评价指标要适合国有财产保护的特殊目的。长期以来，我国行政绩效评价体系存在诸多问题，主要表现为单一性和僵化性。这种评价体系过于注重短期效益，而忽视了长期发展的可持续性。具体

来说，评价标准往往过分偏向经济因素，过分强调财政收入的重要性，导致地区生产总值和经济增长率成为衡量政绩的主要指标。这种做法忽视了国有财产在公共事业中的应用和合理分配，未能充分考虑国有财产保护的特殊目的。为了改变这一现状，需要重新审视和构建国有财产保护领域的评价指标体系。国有财产保护领域的评价指标体系应当综合考虑经济、社会和公共利益等多方面因素，既要关注经济效益，也要重视社会效益和公共利益的实现。通过引入与国有财产保护目的直接相关的指标，如公共事业投入比例、平等分配情况以及不合理使用问题等，可以更全面地评估国有财产保护工作的成效，从而推动国有财产管理的科学化、规范化和法治化。具体来说，第一，应当将国有财产用于公共事业的比例作为一个重要的衡量标准，这个比例能够有效地反映出国有财产在公共服务领域的投入和应用情况。通过这个指标，可以清晰地看到国有财产在教育、医疗、基础设施建设等公共事业中的分配和使用情况，从而评估其对社会公共利益的贡献程度。第二，评价体系还应关注国有财产的平等分配问题，确保不同地区和社会群体能够公平地享受到国有财产带来的利益。这不仅涉及区域间的均衡发展，也关系到社会的公平正义。第三，是否存在国有财产的不合理使用也是一个关键指标，这有助于及时发现和纠正国有财产管理中的问题，防止资源浪费和腐败现象的发生。通过对国有财产使用效率和效果的监控，我们可以确保每一笔公共资金都用在刀刃上，真正服务于人民的福祉。

其次，国有财产保护领域的评价重点应当从注重结果转向注重过程。这是因为，在国有财产的管理过程中，管理者意思表示的形成阶段是一个非常关键的环节，而恰恰是这个环节，国有财产最容易遭受侵害。传统的绩效评价方法往往只关注最终的结果，而忽略了对管理者意思表示形成过程的深入分析和评价，这种做法实际上忽视了意思表示形成过程中的潜在风险和问题。只有采用一种动态的视角，全面分析和评价管理者在国有财产所有权运行过程中的作用、贡献以及可能的过失，才能够为国有财产的保护提供更加合理和有效的奖惩机制，从而确保国有财产的安全和增值。因此，应当将评价重点从单纯的结果导向转变为过程导向，关注管理者在国有财产保护过程中的每一个环节，包括决策、执行、监督等。通过对管理者在各个阶段的表现进行综合评价，可以更全面地了解其对国有财产的保护效果，从而为奖惩提供更为科学、合理的依据。这样的评价体系不仅能够及时发现和纠正管理过程中的问题，还能够激励管理者更加积极主动地履行职责，确保国有财产的安全和增值。

最后，国有财产保护领域的评价模式需要从内部转向外部。在国有财产保护领域，评价模式的转变尤为重要。目前，行政系统的绩效评价体系主要依赖于内部机制，即行政领导对下属公务员的评价，以及上级机关对下级机关的评价。这种主要依靠内部评价的方式，往往缺乏必要的信息交流和民主参与机制，因此难以全面和准确地反映公民的利益诉求。为了更有效地保护国有财产，可以逐步推动评价模式的转变，使之从内部评价转向外部评价。这包括实现评价信息的公开透明，以及在现有的上级评价和自我评价的基础上，积极引入外部评价主体，如利害关系人、社会公众、专业领域的专家等。通过这种多元化的评价体系，评价结果将更加全面和客观，能够更真实地反映公民的利益和需求，从而显著提高国有财产保护的效率和效果。此外，外部评价的引入还能增强政府工作的透明度和公信力，进一步促进公众对政府工作的信任和支持，为构建和谐社会奠定坚实的基础。

（二）直接关联的奖惩机制和重大决策失误的追责机制

一方面，将公职人员的个人得失与工作绩效直接挂钩，能够有效地激发他们保护国有财产的动力。例如，美国采用“增益分享”制度，允许行政人员在不降低行政质量的情况下，将节省下来的行政经费的一半作为奖励。[①]我们也可以探索建立多元化的奖励措施。比如，对于那些在保护财产方面做出较大贡献的公职人员，给予他们职业发展机会或者荣誉奖励，以此来表彰他们的努力和成就。同时，对于那些滥用职权的管理者加以惩戒，通过法律

---

① ［美］戴维·奥斯本、彼得·普拉斯特里克：《政府改革手册——战略与工具》，谭功荣等译，中国人民大学出版社2004年版，第201~202页。

和规章制度来使管理人员主动约束自己的行为，确保他们不会因为个人利益而损害公共利益。从而提高公职人员的工作积极性，还能增强他们对职责的忠诚度，并且从根本上减少腐败现象的发生。

另一方面，应当完善对管理者滥用权力或作出重大失误决策时的责任追究制度。“职权与职责是同一事物的两个侧面，犹如一枚硬币的正反面。”[①]二者相互依赖、相互制约，只有明确行政职责，才能用好行政职权。通常来说，行政职责意味着在行政职权的范围内，所有的义务都必须被严格地履行，同时，任何违反法律的行为都必须承担相应的责任。由于我国对行政决策失误问题尚没有构建有效的个人责任追究制度，导致个人的失误往往由管理机构整体来承担。为了改变这一现状，需要构建更加健全的问责机制，对于那些因个人失误导致重大损失的管理者，应当依法依规进行严肃处理，以起到警示和震慑的作用，从而确保每个管理者在行使职权时都能意识到自己肩负的责任。

具体来说，当管理者滥用国家所有权权能时，应当承担道德责任、政治责任、法律责任三方面责任。道德责任不属于法律范畴，其影响和后果无法用法律来约束。因而应当在政治责任和法律责任两方面两个层面上建立和完善相应的追责机制。在我国特有的党政结合的政治体制背景下，对党员干部的政治责任可以通过党纪进行追究。这意味着，一旦有党员干部在作出重大决策时出现严重失误，并且这些失误触犯了党纪条例，中国共产党纪律检查委员会有权对这些承担政治责任的党员进行问责，并根据情况给予相应的党内处分。与此同时，如果管理者的某些行为违反了国家的法律法规，那么他们还将面临行政处分或刑事处罚，以此来追究其行政法律责任和刑事法律责任。

更为重要的是，国有财产遭受管理者侵害的行为往往具有一定的隐蔽性，这使得问题不能被及时发现和处理。因此，除了实施一般的惩罚机制之外，我们还应当对国有财产保护领域的重大决策失误进行倒查，并实行终身

---

① 柳砚涛：《行政给付研究》，山东人民出版社2006年版，第153页。

追责制度。党的十八届四中全会上，《中共中央关于全面推进依法治国若干重大问题的决定》中已经明确提出了要对重大决策失误进行倒查和终身责任追究的要求。因此，建立重大决策失误终身追责机制不仅是保护国有财产的迫切需要，也是全面推进依法治国的必然要求，它体现了我们国家对于法治建设的坚定决心和明确态度。这样的措施能够有效地倒逼国有财产管理人员切实履行其保护国有财产的职责和义务。具体来说，对于国有财产重大决策错误有故意或者重大过失的公职人员，这种追责机制不受时效的限制，无论何时发现国有财产管理中的问题，相关责任人员都应当被问责，并承担相应的法律责任。这也将对那些潜在的违规者起到强大的震慑作用，促使他们时刻警醒，恪守职责，确保每一分国有财产都得到妥善管理和合理利用，为国家的长远发展和人民的福祉贡献力量。

从责任类型来看，那些在决策过程中导致了重大国有财产流失的个体，如果他们存在故意或者严重的过失，那么他们理应承担起相应的责任。这种责任的承担是基于对国有财产保护的严肃态度和对国有财产管理者的严格要求。然而，对于那些在工作中仅仅出现了程序上的瑕疵，或者是一般过失的管理者，则不宜采取过于严苛的追责手段。这样的区分处理方式，旨在确保追责的界限更加明确，避免模糊不清的责任划分导致的不公平现象。同时，这也是为了鼓励国有财产的管理者在工作中能够积极主动，勇于创新，而不是陷入一种“宁愿不做，不愿犯错”的消极心态。这种心态不仅会抑制管理者的积极性，还可能导致国有财产管理的效率和效益降低。因此，通过明确责任的界限，能够更好地激发国有财产管理者的工作热情。

从责任主体来看，承担重大决策失误终身责任的主体应当包括行政首长、负有责任的其他领导人员和相关责任人员两类人。具体来说，行政首长以及负有责任的其他领导人员作为行政决策的最终决定者，同时也是决策失误的第一责任人，因此他们应当对重大决策失误承担起相应的责任。这样的做法旨在避免在实践中经常出现的“开除临时工”等“丢卒保车”的逃避责任行为。此外，对于那些在决策过程中存在行为违法或者不当，并因此直接导致了重大决策失误的负责人和经办人员，也应当根据他们的过错程度，让他们承担起相应的责任。这样的规定能够确保每个人在决策过程中都保持高度的责任心和警觉性，从而有效减少决策失误的发生，确保决策的正确性和有效性。

从适用程序来看，应当建立国有财产重大决策失误的倒查程序和问责程序。责任倒查程序和责任追究程序共同构成了国有财产管理中不可或缺的法律机制。它们不仅有助于纠正已经发生的错误，更重要的是通过这一过程，不断完善和强化国有财产的管理体系，确保国有财产得到妥善保护和合理利用。

责任倒查程序是责任追究程序的前置条件，它本身并不直接导致任何实体法律效果的产生。然而，这一程序扮演着至关重要的角色，因为它能够帮助我们识别出那些在重大决策中存在失误，从而应当承担相应责任的个体或集体。只有在通过责任倒查程序明确责任归属之后，才能正式启动针对相关责任人的责任追究程序，进而确保国有财产的管理得到适当的法律监督和纠正。在实际操作中，责任倒查程序需要细致入微地调查和分析，以确保每一个决策环节都被充分审查。这可能包括对决策过程的记录、会议纪要、相关文件的审查，以及对决策者行为的评估。此外，倒查程序还应当考虑到决策失误可能带来的连锁反应，以及对国有财产安全和效益的长远影响。责任倒查不仅仅是一个简单的责任归属过程，它还涉及对决策失误背后原因的深入挖掘，包括是否存在管理漏洞、监督不力或个人利益冲突等问题。

责任追究程序则是在责任倒查程序的基础上，对确定的责任主体采取法律行动。这可能包括纪律处分、行政或民事诉讼，甚至在某些情况下，可能涉及刑事责任的追究。责任追究程序的启动，不仅是为了惩罚那些在国有财产管理中犯有重大失误的个人或集体，更重要的是为了起到警示和预防的作用，防止类似事件的再次发生，从而维护国有财产的安全和完整。

第二节 处分国有财产时的第三方论证审查机制

在探讨对行政权的控权机制时，我们不仅要考虑自制，也就是行政体系内部的自我约束，还要考虑他制，即来自其他国家机关以及广大人民群众的监督。在我国，行政权的外部监督体系是多元化的，包括权力机关的监督、司法机关的监督、检察机关的监督、监察机关的监督、党的监督、人民群众的监督以及社会舆论的监督等多种形式。这些监督机制共同构成了一个全方位的外部监督网络，旨在确保行政权力的合法、合理运用。然而，尽管这些外部监督机制在一定程度上能够对行政行为进行有效控制，它们往往更多地关注于对整体行政行为的监督和制约，而相对缺乏针对国家所有权特点的专门控权机制。例如，监察机关的监督往往要在国有财产管理者的行为已经严重触犯法律，涉嫌严重职务违法甚至犯罪时才能介入，对于一般的国有财产管理中的处分失误则无法介入。国家所有权涉及的领域广泛，包括国有财产的管理、使用、收益和处分等方面，这些领域需要更为细致和专业的控权措施，以确保国有财产不被滥用，保障国家和人民的利益。

国家所有权的核心权能是处分，即依法对物进行处置从而决定物的命运。[①] 这不仅涵盖了对物品本身的处分，还包括了对财产权利的处分，例如变更、转移所有权，或者改变物品的性质和用途等。处分行为的制度设计与国有财产是否会流失之间存在着极其紧密的联系。国有财产的处分行为不仅要严格遵守法律法规，确保合法性，同时也要科学合理，以保证国家利益不受损害。此外，由于国有财产的类别繁多，包括公产和私产，这些不同类别的财产在处分时会受到不同的限制和规定。由于国有财产的处分具有极强的专业性，这使得一般的外部监督机制难以对其合理性进行有效的审查和评估。例如，在国有企业进行国进民退改革的时期，国企改制时由于缺少有效的监督和制衡机制，许多企业为了追求短期的经济效益，无形财产、国有土地使用权等权益性财产不被纳入账目管理的情况非常普遍。这种做法导致了大量国有财产的流失，从而暴露出了在国有财产处分过程中，缺乏合理性监督的问题。这不仅损害了国家和人民的利益，也对社会的公平正义造成了冲击。一些不法分子利用改革的漏洞，通过各种手段将国有财产据为己有，造

---

① 彭万林：《民法学》（第2版），中国政法大学出版社1994年版，第223页。

成了国有财产的大量流失。这些现象引起了社会的广泛关注和讨论，人们开始反思如何建立更加完善的监督机制，以确保国有财产的安全和合理使用。改革的初衷是提高国有企业的效率和竞争力，但如果没有相应的监督和制衡，改革就可能走向反面，成为国有财产流失的温床。

近年来，国有财产处分过程中缺乏专业化监督带来的问题也依然不容忽视。根据 2022 年度中央预算执行及其他财政收支审计工作报告的详细披露，通过对 408 个政府和社会资本合作（PPP）项目进行的细致抽查，揭示了一系列令人担忧的问题。这些问题主要集中在项目入库阶段的审核不够严格，导致一些项目在没有达到应有标准的情况下被纳入；在履约过程中，参与方缺乏必要的诚信，导致合同执行不力；以及在建设运营环节中，出现了不当的推诿和揽责行为，影响了项目的正常进展。报告中特别指出，有 19 个项目是通过中介机构采用夸大预期收入和减少财政支出等手段进行虚假包装后，才得以纳入 PPP 项目库。[①] 由此可见，由于缺乏专业的第三方论证和审查体系，国有财产在管理和处理过程中，遭受损失的风险会显著地增加。

因此，为了确保国有财产的处分结果能够科学合理，应当构建一个专门的第三方论证审查机制，即由具备专业知识和专业资质的机构恪守独立、客观、公正的原则，结合论证审查目的，运用科学方法对处分国有财产行为的合法性、科学性、可行性及风险大小等进行系统的论证分析。通过这样的论证审查，可以为管理者提供决策依据，形成有效制约机制，从而防止决策肆意而导致国有财产流失。如果说国有财产管理者意思表示形成的内部行政法控制机制是为了使国有财产处分有法可依、有法必依，那么国有财产处分时的第三方论证审查机制就是为了使国有财产处分有章可循、有章必循，从而在制度层面为国有财产的安全和合理使用提供双重保障。

在当前的法律框架下，《重大行政决策程序暂行条例》已经明确地规定

① 侯凯：《国务院关于 2022 年度中央预算执行和其他财政收支的审计工作报告》，2023 年 6 月 26 日在第十四届全国人民代表大会常务委员会第三次会议上的报告，https://www.audit.gov.cn/n5/n26/c10338025/part/10338039.pdf，第 10 页。

了一系列关键的程序要求，包括专家论证、风险评估、合法性审查等，这些都是确保行政决策科学性和合法性的重要环节。同时，《企业国有资产法》《国有资产评估管理办法》《探矿权采矿权转让管理办法》《国有土地上房屋征收评估办法》等法律法规，也都对国有财产的处分提出了明确的评估和审查要求。这些规定体现了国家对于国有财产管理的严格态度和对公共利益的保护责任。

然而，在实际操作过程中，现有的论证审查机构往往与管理者之间存在着千丝万缕的利益联系，这导致了在进行论证审查时，这些机构很难保持完全的中立性和客观性。更令人担忧的是，这些机构并不需要为它们的审查结果承担法律责任，这就使论证审查的权威性和公信力受到了质疑。此外，现行体制下，论证审查的结果仅仅是作为管理者决策时的一个参考，它们并没有对管理者产生法律上的强制力，这在一定程度上削弱了审查程序的实际效力。

鉴于上述问题，需要构建一个独立的第三方论证审查机构。这个机构应当独立于管理者之外，不受任何利益关系的影响，能够以公正无私的态度对国有财产的处分事项进行深入的论证和严格的审查。为了实现这一点，该机构必须遵循法定的标准和程序，确保审查过程的透明度和审查结果的准确性。更为重要的是，这个机构的论证审查结论应当对国有财产的管理者具有法律上的约束力，从而确保管理者在进行国有财产处分时，必须认真考虑和遵循这些结论。这样的法定机制将有助于提升国有财产管理的规范性，增强公众对国有财产管理公正性的信心，最终实现国有财产的保值增值，维护国家和人民的根本利益。

一、第三方论证审查机构的资格要件

在国有财产处分决策中，论证审查机构应当属于独立、成熟的社会市场主体。这些机构应当是独立于政府和相关利益方的社会市场主体，拥有足够的资质和专业能力。它们必须能够在国有财产处分的决策中扮演一个中立的第三方角色，确保其判断和审查不受任何外部不当影响。此外，这些机构还

应当具备承担法律责任的能力，以便在出现问题时能够独立地承担责任。只有当论证审查机构满足上述条件时，它们才能有效地发挥其应有的作用，确保国有财产的处分决策既合理又合规，从而保护国家和公众的利益。

第一，论证审查机构应当是独立于国有财产管理者之外的社会市场主体，而不宜设置为国家机构。这是因为，一方面，如果是由国有财产管理者的内部论证审查部门或个人直接参与审查，由于他们与国有财产管理者之间存在利益的一致性，将难以保证论证审查结果的客观性和公正性。换句话说，内部审查往往难以摆脱利益冲突的嫌疑，从而影响审查的公信力。另一方面，虽然其他国家机关拥有各自的专业职能，但它们并不能够全面地介入国有财产的处分过程。这些机关通常有其特定的职责范围，它们的主要任务是执行与自身职能相关的法律和政策，而不是深入每一个国有财产的处分细节中。如果让这些机关承担起对国有财产处分内容的全面监督，无疑会分散它们的注意力，影响其主要职能的执行效率，甚至可能导致职能上的混乱和越权行为。鉴于上述两方面的原因，我们可以得出结论，对于国有财产的处分，需要一个既独立又成熟的社会市场主体来提供专业的监督。这样的市场主体应当具备独立法人资格，能够以客观中立的立场，对国有财产的处分进行专业审查和监督。它们的存在和运作，不仅能够确保国有财产处分过程的透明度和公正性，而且能够提高国有财产管理的效率和效果，从而更好地服务于社会和公众的利益。

第二，论证审查机构应当符合专业资质要求。这是因为，在处理国有财产的处分事宜时，会不可避免地遇到一系列复杂的专业问题。这些问题涉及法律、财务、评估等多个领域，需要专业知识和技能来确保决策的正确性和合理性。因此，一个专业的论证审查机构应当具备明确的业务范围，能够覆盖所有与国有财产处分相关的专业领域。同时，它还必须配备先进的仪器和设备，这些工具是进行科学评估和精确估算不可或缺的。此外，该机构的人员不仅应当包括具备法律职业资格的专业人士，还应有会计、评估等领域的专家。这些人员应当具有丰富的实践经验，并且持续接受专业培训，以保持其专业能力的前沿性和适应性。只有这样，他们才能对国有财产的处分事项进行全面、深入的论证，确保每一项决策都符合法律法规，同时考虑到经济的可行性和潜在的风险性，能够为国有财产的合理处分提供足够专业的评估论证。

第三，论证审查机构应当具有独立性，应当来自与国有财产管理者没有直接利害关系的第三方，并在论证审查中处于独立地位。独立性是确保客观公正的前提。例如，在诉讼过程中，为了确保司法鉴定的客观真实，司法鉴定机构应当具有相对独立的地位：如果是侦查机关内设的鉴定机构，则与侦查业务部门分离；如果是社会鉴定机构，则是独立的法人组织，而且鉴定人的工作的全流程都由鉴定人独立进行，司法机关不得干预。相比之下，在国有财产管理领域，现有的专家论证、资产评估、社会审计等论证审查是在管理者的领导下作出的，更像是管理者的“工具”。这些单位和国有财产管理者利益具有一致性，很可能按照管理者的指示作出论证审查，无法确保论证审查结果的客观公正。实践中，国有财产管理者为了达到某些特定目的，甚至会强行要求论证审查机构按照自己的意思出具论证审查结果报告，而论证审查机构为了获得长期委托的收益，在无须对论证审查结果独立承担责任的前提下也会不惜违背自己的职业原则，积极迎合国有财产管理者的意图，成为肆意决策处分国有财产的帮凶。因此，为了防止这种情况的发生，必须确保论证审查机构的独立性，使其能够不受外界不当影响，公正无私地进行工作，从而保障国有财产管理的透明度和公正性。

第四，论证审查机构必须能够自主承担相应的法律责任，并且能够独立地出具审查报告，对报告中的结果负责。无责任即无束缚，这种独立性是至关重要的，因为只有当审查机构和人员意识到自己需要对外部承担法律责任时，他们才会更加认真和客观地进行工作，以确保审查结果的公正性和准确性。如果审查机构仅仅是作为管理者决策过程中的一个参考环节，而不需要对外承担任何法律责任，那么其审查结果的客观性和公正性就难以得到保证。以司法鉴定为例，司法鉴定实行的是鉴定人负责制，这意味着鉴定人必须在鉴定书上亲自签名或者盖章，以表明其对鉴定结果的个人责任。当有多个鉴定人参与同一案件的鉴定工作，并且意见出现分歧时，每个鉴定人必须分别注明自己的意见，并且亲自签名。此外，司法鉴定中还通过要求鉴定人出庭作证的方式，进一步强化鉴定人的个人责任。因此，在涉及处分国有财产的论证审查中，同样应当要求论证审查机构和参与审查的人员对审查结果承担独立的责任。如果论证审查机构在进行审查时违反了相关法律法规，或者进行了虚假的审查工作，或者在审查过程中出现了重大失误，那么该机构及其相关责任人员就应当承担相应的法律责任。在这种情况下，主管部门或者相关的行业协会应当介入，对这些机构或个人进行责任追究，以确保论证审查的严肃性和权威性。

第五，应当明确论证审查机构在违反相关法律法规时所应承担的法律责任。如果论证审查机构存在作弊行为或者严重玩忽职守，导致论证审查结果与实际情况不符，那么相关的行政主管部门有责任宣布该论证审查结果无效。同时，根据违规行为的严重程度，行政主管部门可以对违规的论证审查机构采取一系列的处罚措施，包括但不限于发出警告、实施停业整顿，甚至吊销其资格证书。一旦被处罚的单位或个人认为处罚决定不公，他们有权依据行政复议法和行政诉讼法的规定，在法定期限内向有关部门申请行政复议或者提起行政诉讼，以维护自己的合法权益。此外，对于国有财产的管理者而言，如果他们违法指示或强迫论证审查机构进行不当的论证审查，或者要求提供虚假的论证审查结论，从而导致国有财产遭受损失，那么主管单位或监察机关应当根据干部管理权限，对这些管理者进行相应的行政处分。在情节严重的情况下，甚至需要追究其刑事责任。对于那些违法进行论证审查或提供虚假论证审查报告，造成重大国有财产损失的行为，如果情节严重到构成犯罪，司法机关将依法介入，追究相关人员的刑事责任，确保国有财产的安全和法律的严肃性。

第六，论证审查结果应当依法公开。在当下日益注重法治和民主参与的时代，论证审查结果的公开性已经成为一项基本原则。为了保障公众的知情权和参与权，确保社会的公平正义，除了那些确实涉及国家秘密、个人隐私或者有其他特殊情形需要保密的情况外，论证审查的依据和结果都应当依法进行公开。这种公开透明的做法，不仅能够强化论证审查机构的责任感，而且能够有效避免暗箱操作的发生，确保整个审查过程的公正性和透明度。通过这样的机制，可以倒逼论证审查机构严格遵守相关的法律法规、执业准则和执业规范，从而提升整个行业的专业水平和公信力。此外，还应鼓励更多公众参与到对论证审查机构的社会监督中，以提升政府的透明度和责任感，增强政府与民众之间的互信。

二、论证审查机构的随机选择程序

为了确保能够持续获得委托合同，论证审查机构有时可能会选择性地忽视自己的职业道德准则。它们可能会采取一种更为积极的态度，以迎合那些掌握着财产管理权的管理者的意图。这种行为的后果是，它们可能会变成那些肆意处分国有财产行为的帮凶。以“范桥铁矿低价转让案”为例，在这个案例中，负责评估的单位为了取悦当时的霍邱县委书记权俊良，出具了一份虚假的铁矿评估报告，将原本价值高达6.2亿元人民币的探矿权，伪造评估为仅仅3亿元。这种不实的评估直接导致了数亿元国有财产的流失，给国家和人民带来了巨大的经济损失。在这一事件中，评估单位在权俊良的授意下，有意忽视了铁矿资源的市场价值和潜在收益，而仅仅为了满足某些人的私利。这种行为不仅损害了国家的利益，也破坏了市场经济的公平竞争环境。更为严重的是，这种行为还可能涉及腐败和权力滥用的问题，因为评估结果的不实，往往与背后的利益输送和权力“寻租”有着千丝万缕的联系。

因此，为了避免国有财产管理者与论证审查机构之间形成一致性利益，确保论证审查机构之间的公平竞争，有必要建立公平选择论证审查机构的机制。具体来说，主管机关应当对这些论证审查机构的资格进行严格的审批和管理，以确保它们具备必要的专业能力和公正性。更重要的是，为了进一步促进公平性，应当建立一个透明且公正的选择机制，使得所有市场主体都能在同等条件下参与竞争。此外，为节省行政成本，可以考虑建立一个论证审查机构库，包含经过主管机关认证的合格机构。当国有财产的管理者需要处分重大国有财产时，为了避免利益冲突和确保决策的公正性，可以由上级行政机关从机构库中随机选择参与决策的论证审查机构。这样的随机选择机制不仅能够保证审查机构的独立性和公正性，还能有效节省行政成本，避免不必要的资源浪费。这样，既可以确保国有财产的处分过程公开透明，又维护了各方市场主体的合法权益。

第一，为了确保行业规范运作，应当成立专门的行业主管部门和行业协会。行业主管部门的主要职责是制定论证审查机构管理制度，负责论证审查机构的审批和监督管理，并制定国有财产论证审查的具体程序、要求、内容和标准等，以确保审查工作的规范性和有效性。与此同时，论证审查行业协会应当承担论证审查行业的自律性管理职责，协助主管部门对全国的论证审查机构进行监督管理，确保行业内部的规范运作和健康发展。例如，国家为了促进水资源的优化配置和可持续利用，出台了《建设项目水资源论证管理办法》。该办法要求业主单位对其建设项目进行水资源论证，具体包括项目建设概况、取水水源论证、用水合理性论证、退（排）水情况及其对水环境影响分析等事项。为了确保这些论证内容的科学性和合理性，国家还制定了每项论证审查内容的相关标准，以指导业主单位进行规范的水资源论证。论证审查机构的主管部门应当积极推广这种涵盖论证审查处分合法性、科学性、可行性、风险性的系统全面的论证审查体系。通过制定统一的论证审查标准，确保不同机构在进行论证审查时能够遵循统一的规范和要求，从而提高论证审查的质量和效率，通过标准化管理帮助提升审查工作的专业性和权威性，为相关利益方提供明确的参考依据，确保国有财产的合理利用和保护。

第二，为了确保论证审查机构的质量和规范其执业行为，应当由相关的主管部门和行业协会共同牵头，建立一个权威的论证审查机构库。这些论证审查机构应当主动加入论证审查协会，接受行业协会的统一管理和监督。由行业协会的评审委员会负责对所有报名参与的论证审查机构进行严格的资格审查。审查内容包括但不限于机构是否依法成立、是否具有独立法人资格、是否具有独立承担法律责任的能力且是否具有国家有关机关颁发的资质证明等。通过这些审查步骤，评审委员会将最终确定并公布合格的论证审查机构名单。为了实现对国有财产管理机构的动态管理，论证审查机构有责任及时向行业协会报告其机构的任何重大变动情况，如将合并、分立、撤销、法人代表更换、注册资本变更等。行业协会则应承担起对这些机构进行年度动态考核的责任，包括对从业资质和执业人员变动情况进行抽查，以评估这些变动对机构执业能力的影响。此外，评审委员会还应每年对论证审查机构库中的机构进行综合考核、评比和筛选，同时对上一年度的论证审查案件进行抽查，以确保论证审查机构的质量不断提升。在年度动态考核过程中，如果发现有论证审查机构存在违法违规行为，如虚假论证审查或其他不当行为，评审委员会将毫不留情地将其从机构库名单中除名，并将其列入不良行为记录名单。这样的措施旨在确保整个论证审查行业的专业性和公信力，从而为国有财产管理提供更加可靠和有效的保障。为了进一步加强论证审查机构的管理，行业协会应当定期组织培训和交流活动，提升机构成员的专业技能和职业道德水平。同时，行业协会还应建立一个透明的信息平台，公开发布论证审查机构的考核结果和不良行为记录，以便相关利益方能够及时了解机构的执业情况。此外，行业协会还应鼓励公众参与监督，通过设立投诉和举报机制，确保论证审查机构在公众视野中保持高度的透明度和责任感。

第三，应当采取随机选择论证审查机构的方式。具体来说，可以通过建立预选库电子化管理服务平台、采用随机选择论证审查机构的方式、引入第三方监督机制以及公示和备案制度，有效地提高国有财产管理的效率和公正性，确保国有财产的安全和合理利用。在处理国有财产管理者的国有财产处分问题时，应当采取一种公正且透明的方式来进行论证审查机构的选择。具体来说，国有财产管理者在处分国有财产的过程中，不得私自委托任何论证审查机构，而必须通过主管部门或行业协会进行随机选择。这种方式不仅能够确保选择过程的公正性，还能有效避免潜在的利益冲突。为了节约行政成本，可以考虑不采用传统的招标方式，而是采用随机选择论证审查机构的方式。这种方法不仅可以减少选择机构的成本，还能使论证审查服务的价格更加公开透明。更重要的是，随机选择的方式能够打破一些论证审查机构与当地政府长期合作而形成的服从关系，避免这些机构为了获得长期的委托而一味迎合国有财产管理者的要求。为了实现这一目标，行政主管部门可以建立一个预选库电子化管理服务平台。这个平台可以在当地政府相关部门或当地论证审查行业管理协会设立抽取点。通过电脑自动筛选，可以在一定区域范围内匹配到合适的论证审查机构。为了确保公平性，论证审查分库内的选用应当体现轮流选用的原则。这意味着在同一轮随机抽取中，分库内的每个机构都只有一次被选用的机会，从而确保每个机构都有平等的机会参与论证审查工作。行业管理协会应当对达成论证审查委托意向的机构进行系统内的公示，以增加透明度。国有财产管理机构应在一定期限内与被抽中的论证审查机构签订委托服务合同，并在合同签订后报行政主管部门和行业协会备案。这样做不仅有助于确保合同的合法性和合规性，还能方便后续的抽查管理，确保整个过程的透明度和公正性。通过这种方式，可以有效地提高国有财产管理的效率和公正性，确保国有财产的安全和合理利用。

第四，为了进一步增强这一过程的透明度和公正性，可以考虑引入第三方监督机制。第三方监督机构可以对整个选择过程进行监督，确保随机选择的公正性和合法性。同时，第三方监督机构还可以对论证审查机构的工作进行定期评估，确保其工作的质量和独立性。通过引入第三方监督机制，可以进一步提升国有财产管理的公信力和透明度，为国有财产的安全和合理利用提供更加坚实的保障。

三、论证审查结果对管理者处分行为的拘束效果

在当前的管理体系中，无论是内部的论证审查还是受委托的单一论证评估，其结果对于国有财产的处分决策并没有强制性的约束力。这意味着，国有财产管理者的权力并没有得到论证审查机制的有效制约。在这种情况下，许多论证审查往往只是形式上的走过场，甚至有些论证审查变成了违法处分决策的“橡皮擦”，失去了其应有的严肃性和权威性。

为了弥补现有的专家论证和公众参与等制度存在的不足和缺陷，关键在于确保第三方论证审查的结果对国有财产处分机关具有实质性的拘束效果。换句话说，国有财产管理者在作出处分决定时，必须严格依据第三方论证审查的结果，而不能仅仅将其作为参考依据。这样的措施可以有效地约束国有

财产管理者的权力，确保其在处分国有财产时更加谨慎和负责任。

同时，为了平衡管理者和第三方论证审查机构之间的关系，也应当赋予国有财产管理者一定的救济措施。具体来说，如果国有财产管理者对论证审查结果持有异议，他们应当有权提请上级行政机关进行复核，或者由管理者重新选择其他论证审查机构进行再次论证。这样的救济措施可以确保国有财产管理者的合法权益得到保护，同时也能够保证论证审查的公正性和权威性。

四、国有公物和国家私产的不同论证审查重点

国有财产的处分往往涉及重大公共利益，其合法性、合理性、可行性、风险性等都是必须考虑的内容。对合法性的论证审查意味着要对处分事项是否在管理者法定职权范围内，确保内容、形式和程序都符合法律法规的要求。合理性审查意味着要对国有财产的处分事项是否符合比例原则、平等原则、正当原则进行审查以确保处分行为的公正性和合理性。科学性审查意味着要对处分事项是否采取了以最小成本实现最大利益等技术性事项进行论证审查。可行性审查意味着要对现有资源和条件是否能够确保处分事项的执行进行论证审查。风险性审查则着重于评估处分事项可能带来的风险，包括是否可能导致国有财产流失，是否可能对公共利益或私人利益造成侵害。通过这些综合性的审查，尽可能使国有财产的处分行为既合法又合理，同时科学、可行且风险可控，从而最大限度地保护国家和公众的利益。

由于国有公物和国家私产具有不同的价值和功能，因此，对国有公物的论证审查和对国家私产的论证审查重点有所不同。

（一）处分国有公物的论证审查重点

国有公物原则上是不允许随意自由处分的。也就是说，不能随意买卖、转让或者以其他方式处置。此外，国有公物的使用和管理也不能以营利为目的，即不能将其作为赚钱的工具。同样，国有公物的管理也不能以收益作为主要的价值目标，不能单纯追求经济利益的最大化。相反，国有公物的配置

和使用应当以最符合公共利益的方式进行，确保这些资源能够公平地分配给全体公民，满足他们的基本需求和权益。

国有公物的存在价值在于为公民的基本权利和自由提供必要的物质保障。这些公物包括但不限于公共设施、自然资源、文化遗产等，它们的存在和合理利用对于保障公民的生活质量和社会的稳定发展至关重要。因此，当涉及处分国有公物时，必须以国家公务的需要、提供社会公共产品和公共服务为宗旨。这意味着在处分国有公物的过程中，必须充分考虑到其对社会公共利益的影响，确保处分行为能够真正满足社会公共利益的需求，从而提升整个社会的公共福利水平。

在实际操作中，处分国有公物的论证审查应当成为一项重要的工作。审查的重点应当放在公物目的能否实现，以及处分行为是否会对公共利益造成侵害。换句话说，决策者在考虑处分国有公物时，必须全面评估其对社会公共利益的潜在影响，确保处分行为不会损害公众的利益，不会对社会的公平和稳定造成负面影响。只有在充分论证和审查的基础上，才能确保国有公物的处分行为既符合法律规定，又能够真正服务于社会公共利益，实现其应有的价值和功能。[①]

一方面，应当重点论证审查处分行为是否影响公物目的的实现。国有财产管理者在行使管理权时，有可能会滥用权力，以追求个人或特定群体的经济利益，而忽视了国有财产应当服务于公共利益的本质。因此，在国有财产的论证审查过程中，一个关键的方面就是评估国有财产的用途是否真正符合公物目的，是否会对公物目的的实现产生负面影响。以城市道路为例，作为公物，道路的主要功能是保障全体公民的出行自由和安全。然而，在实际操作中，市政部门可能会在道路上划定收费停车位，以牺牲行人的利益为代价，来满足用车人群的需求并增加政府的财政收入。这种做法实际上是对公物用途的一种处分，因此需要进行科学合理的论证，以确保划定停车位的范围、数量和收费标准都是合理的。这样的论证应当旨在最小化牺牲的利益，

---

① 李昌庚：《国有财产法基本制度研究》，法律出版社 2015 年版，第 196～200 页。

同时最大化保障的利益。然而，在现实生活中，我们经常可以看到由于过度划定收费停车位而导致的交通拥堵和出行不便的现象。这种情况实际上是对全体公民通行权的侵害，反映出在实践中对国有公物的处分可能缺乏充分的论证审查，从而侵害到公物目的的实现。因此，我们必须加强对国有财产处分行为的审查，确保其符合公物目的，避免对公共利益造成不必要的损害。

另一方面，应当重点论证审查对国有公物的处分是否侵害了公共利益。具体来说，对于国有公物的处分，审查的重点应当放在其上设定的收益权是否会对公民的利益造成损害。换句话说，我们需要确保对国有财产的处分能够以最符合公共利益的方式进行，从而使全体公民都能从中受益。早些年，个别国家公园和国有自然旅游景区采取了高额门票制度，这种做法实际上是在国有公物上不合理地设定了收益权，从而侵害了全体公民在这些公物上所享有的权利和利益。因此，在确定门票价格之前，应当进行充分的论证和审查，以确保价格的合理性，并防止对公共利益的侵害。论证审查的过程应当包括对国有公物的性质、用途以及其对公众的重要性进行深入分析。同时，还需要评估设定收益权的必要性和合理性，以及这些收益权是否会对公众的使用和享受造成不利影响。此外，审查过程中还应当考虑不同群体的利益平衡，确保弱势群体不会因为高额的使用费用而被排除在外。

总之，审查国有公物处分的过程应当是一个全面、细致且透明的过程，旨在确保公共利益的最大化。通过充分的论证和审查，可以有效地防止不合理收益权的设定，从而保护全体公民在国有公物上的权利和利益。

（二）处分国家私产的论证审查重点

由于国有财产管理者在处分国家私产时，其主要目的是追求营利，即通过出租、出借、对外投资或转让产权等方式获得国家收益。因此，对国家私产的处分相对自由，但这种自由并非无限制。在进行处分时，管理者应当严格遵守效益优先、兼顾公益的原则。换句话说，对国家私产处分的论证审查重点在于是否实现了国家收益最大化，以及是否会造成国有财产流失。具体而言，管理者在处分国家私产时，必须充分考虑其行为是否能够带来最大的经济效益，同时也要兼顾社会公共利益，确保国有财产的安全和增值。在实际操作过程中，管理者需要对各种可能的处分方式进行详细评估，选择最有利于国家利益的方案，避免因不当处分导致国有财产的流失或浪费。

一方面，应当重点论证审查对国家私产的处分是否能实现国家收益最大化。在国有财产转让的过程中，通过资产评估机构进行科学合理的评估，其结果作为转让价格的基准，往往能够带来显著的经济效益。具体来说，当采用公开拍卖或其他形式进行转让时，成交价格通常会比资产评估机构给出的评估价格高出大约10%。相反，如果采取私下交易的方式，成交价格往往会比评估价格低出约30%。[①] 这一现象表明，通过资产评估机构的专业评估，不仅可以为负责管理国有财产的决策者提供一个科学合理的参考依据，而且还可以在一定程度上限制决策者的主观随意性，防止出现低价折股、低价出让等损害国家利益的行为。资产评估机构的评估结果能够为决策者提供一个相对客观的价格标准，从而确保国有财产在转让过程中能够实现其应有的市场价值，避免因信息不对称或决策失误而导致的国有财产流失。因此，对国家私产的处分进行严格的论证审查，不仅能够确保国家私产转让的透明度和公正性，还能够有效地防止国家私产在转让过程中被低估或贱卖，从而最大限度地保障国家的经济利益。

另一方面，应当重点论证审查对国家私产的处分是否会造成国有财产流失。国有财产市场化是一个复杂的过程，涉及国有财产的使用、处分、收益等多个环节，而这些环节都潜藏着国有财产流失的风险。特别是在国有企业改革的过程中，一些无形财产未能得到妥善入账，国有土地使用权等权益性财产也常常被忽视，这些现象导致了大量国有财产的流失。回顾历史，从1992年党的十四大到2002年这十年间，国有企业经历了深刻的产权改革，也被称为国企改制，以及产权转让的阶段。在这个过程中，国有资本逐步从一般竞争性领域退出。然而，在产权交易和产权转让的过程中，由于监管和

---

① 顾功耘：《国有资产法论》，北京大学出版社2010年版，第345页。

评估体制的不完善，出现了许多问题，如虚假评估国有财产、虚假招投标、自买自卖、自定优惠政策、假破产真逃债以及通过关联交易转移资产等，这些问题严重损害了国有财产，导致了国有财产的大量流失。相关统计数据显示，在20世纪90年代后半期，我国因“寻租”性腐败、地下经济、税收流失、公共投资与公共支出性腐败等原因造成的损失每年在1万亿—1.2万亿元。① 这些数据令人触目惊心，凸显了国家私产流失问题的严重性。因此，在国有私产处分的过程中，必须高度重视国有财产流失的风险，并将其作为论证审查制度设计的核心内容。这需要建立一套严密的论证审查机制，确保在处分国家私产时，能够有效防范和减少国有财产流失的风险。

第三节　以行政命令责令赔偿损失或返还不当得利的机制

如前所述，当国家的财产遭受侵害时，会相应地产生债权，这些债权可以分为私法之债和公法之债两大类。如果国家的财产在私法关系中遭受侵害，负责管理这些财产的管理者可以以民事主体的身份提起诉讼，通过司法途径来维护国家的财产权益。这种方式是基于私法的规定，通过法院的判决来实现对受损财产的保护。如果国有财产在公法关系中受到侵害，负有管理或监督职责的行政机关还可以通过作出行政命令、行政处罚等方式维护国家的财产权益。但是，这些手段本质上是行使公权力的表现，行政机关在使用这些手段时必须严格遵守“法无授权不可为”的原则。这意味着，如果没有法律明确授权行政机关采取特定的行政措施，管理者在面对侵害国有财产的行为时，可能会陷入维权无门的尴尬境地。

然而，私法在保护国有财产方面存在一些局限性，例如保护范围较窄、效率较低、成本较高等问题。如果完全依赖诉讼来行使公法之债请求权，不

---

① 胡鞍钢：《腐败：中国最大的社会污染》，载《中国改革》2001年第4期。

仅会耗费大量的司法资源，而且也不利于及时修复受损的法益。因此，为了更有效地保护国有财产，应当构建专门的公法救济机制。这个机制应当由法律明确授权，允许行政机关通过行政命令的方式主张公法债权请求权，从而更迅速、更高效地保护国家的财产权益。通过这种方式，可以确保国有财产在遭受侵害时能够得到及时和有效的保护，同时也能够避免司法资源的浪费，确保法律的权威和效率。

一、公法之债的解读

公法之债是指在行政法律关系中，行政主体与行政相对人之间形成的一种特定的权利义务关系，是“权力关系”与“债务关系”的复合体。[①] 具体来说，公法之债主要涉及两个方面：一是公法上的侵权损害之债，二是公法上的不当得利之债。

（一）公法上的侵权损害之债

侵权损害关系的构成要件主要包括以下几个方面：首先是行为主体，这包括了实施侵权行为的自然人和法人。其次是侵权行为，这涉及行为主体在客观上侵犯了法益的作为或者不作为。再次是结果，这包括了侵权行为给法益造成的侵害事实或者危险状态。最后是因果关系，这指的是行为与结果之间存在着一种条件关系，即如果没有前者的行为，就不会有后者的损害结果发生。也就是说，实行行为是损害结果发生的原因。

在公法上的侵权损害之债中，还特别要求侵权人必须是在公法关系中实施的侵权行为，可能是公法主体侵害普通公民的权益，也可能是普通公民侵害公法主体的权益。例如，行政机关在征收土地时，如果没有按照法定程序和标准进行补偿，导致土地所有者或使用者遭受经济损失，那么行政机关就需要承担相应的赔偿责任。

---

① 汪厚冬：《公法之债——一种体系化的研究思路》，苏州大学2016年博士学位论文，第15页。

公法上的侵权损害之债的历史源远流长，以填补损害为基础，又发展出诸如赎罪、报应、惩罚、威吓、教育及预防损害等应对理念和措施。[①] 国有财产保护领域的侵权损害之债的主要功能和作用在于填补国有财产的损失、恢复被损害的法益，并对侵权人进行相应的惩戒，以此对普通大众形成威慑，从而维护社会的公平正义和法律的尊严。这种制度的存在，不仅能够有效地保护受害者的合法权益，还能够通过法律手段对潜在的侵权行为进行预防和遏制，从而在社会中树立起遵守法律、尊重他人的良好风尚。

国有财产保护领域的法律对私人侵害国有财产所应承担损害赔偿责任的规定仅散见于《民法典》《矿产资源法》《森林法》等法律法规中，尚未建立起形成体系的公法侵权损害赔偿制度。在《民法典》的侵权责任编中，虽然对侵权损害赔偿请求权的行使规则规定较为全面，但是该法第 1164 条、第 1165 条明确规定“本编调整因侵害民事权益产生的民事关系”“行为人因过错侵害他人民事权益造成损害的，应当承担侵权责任”，因而不完全适用于国有财产基于公法关系受到侵害的情形。这意味着在处理国有财产受到私人侵害的案件时，现有的法律框架并不能完全满足需求，需要进一步完善和补充，以确保国有财产得到充分的法律保护。

（二）公法上的不当得利之债

不当得利是指无法律上的原因而受利益者，应当对致使他人所受损害负返还义务。[②] 具体来说，是在没有法律上的正当理由的情况下，某人意外地获得了利益，而这种利益的获得导致了他人的损失。在这种情况下，获得利益的一方应当承担起返还所获利益的义务，以弥补他人的损失。不当得利制度的核心目的是矫正那些缺乏合法法律关系支持的财产转移行为，确保财产的归属权得到合理的保护。这一制度并不关注行为人在主观上是否存在过

---

① 汪厚冬：《公法之债论——一种体系化的研究思路》，苏州大学 2016 年博士学位论文，第 20 ~ 30 页。

② 王泽鉴：《不当得利》，北京大学出版社 2009 年版，第 2 ~ 4 页。

错，也不考虑受损方与受益方之间的具体利益大小关系。

当财产转移发生在公法关系的背景下时，这种不当得利被称为公法不当得利。公法不当得利涉及的是政府机关或其他公法主体与私人之间的财产转移。这种转移是基于公法关系而发生的，例如税收、行政罚款、补贴等。公法不当得利的处理方式与私法不当得利有所不同，因为它涉及公权力的行使和公共利益的维护。在处理公法不当得利时，需要特别考虑公法的特殊规则和原则，以确保公权力的合法性和公共利益的保护。

在国有财产保护领域，公法上的不当得利之债是指行政主体在行使公权力的过程中，由于某些原因导致行政相对人获得了不应得的利益，行政主体有权要求相对人返还这些不当得利。这种债务关系的产生基于公平原则和法律的明确规定，旨在防止行政相对人因行政主体的错误行为而获得不正当的利益。例如，行政机关在发放补贴或资助时，如果发现相对人不符合领取条件，行政机关可以要求相对人返还已经领取的补贴或资助。

公法不当得利的产生原因通常与“不符合行政目的”密切相关。公法不当得利的产生原因大多是“不合行政目的”。公法行为，尤其是行政行为的一个核心点在于“目的性”，这意味着行政行为的存在及其合法性必须以目的的存在为前提。随着计划经济向市场经济的转变，以及福利国家和服务型政府等理念的兴起，国家与私人之间发生了大量的财货转移。然而，并非所有的转移都具备合法性或符合行政目的性。例如，当不符合低保条件的行政相对人意外获得了低保待遇，这种情况下，国家的给付行为就无法实现其原本旨在保障低收入人群生活的福利目的。因此，这种行政给付行为可能因为不符合既定目的而被认定为无效，从而导致公法不当得利法律关系的产生。再如，在拆迁过程中，如果通过提高补偿标准而多支付了补偿款；在招商引资过程中，国有土地使用权未按市场价值进行评估；或者行政事业单位无节制地发放津补贴等，这些都是公法不当得利的典型例子。这些行为不仅违背了行政行为的目的性原则，还可能导致公共资源的不合理分配和浪费，进而引发法律上的争议和责任追究。

从目前我国的立法现状来看，我们不仅缺乏独立的公法不当得利请求权制度，而且在现有的法律法规中，关于行政相对人返还公法不当得利的规定也极为有限，仅在税收和行政许可等个别领域中散见一些相关条款。例如，《行政许可法》第 69 条明确规定了行政许可的撤销情形，指出在特定条件下，行政机关有权撤销已经作出的行政许可决定，并要求相关行政相对人返还由此获得的不当利益。此外，《城市居民最低生活保障条例》第 14 条也规定了对于骗取低保金的行为人，应当追回其骗取的生活保障款物，以确保公共资金的合理使用。再如，《国家自然科学基金条例》第 34 条和第 35 条则分别规定了在科研资助过程中，如果发现资助对象存在违规行为，如提供虚假材料骗取资助资金等，相关管理部门有权追回已经发放的资助资金，以维护科研资助的公正性和有效性。这些条款虽然在一定程度上涉及了公法不当得利的返还问题，但总体上仍显得零散且缺乏系统性，未能形成一个完整的公法不当得利请求权制度。

由于国家主张公法不当得利返还请求权与没收违法所得在构造上具有高度的相似性，在适用范围上存在交叉，容易引起混淆。实践中，也常常出现以没收违法所得代替公法不当得利返还请求权的情形。因此，有必要对两种制度进行辨析。

一方面，公法不当得利返还请求权的核心目的在于去除受益人无法律原因的获利，其主要目的是恢复原本的财产归属状态。这种请求权的成立，并不以行为的违法性为必要条件，而是更多地关注获取利益的原因是否存在。换句话说，即使行为本身并不违法，但如果受益人获得利益没有合法的原因，公法不当得利返还请求权仍然可以成立。

另一方面，没收违法所得则主要针对行为人因违法行为所获得的非法利益。其核心目的在于去除这些非法利益，从而消除违法行为所带来的后果。与公法不当得利返还请求权不同，没收违法所得的成立必须以行为的违法性为前提。也就是说，只有当行为人通过非法手段获取利益时，没收违法所得的请求权才能成立。因此，其关注的焦点在于获取利益的方式是否合法。①

由此可见，尽管公法不当得利返还请求权与没收违法所得在构造上存在相似之处，但二者在适用条件和目的上有着明显的区别。公法不当得利返还请求权更多地关注利益获取的原因，而没收违法所得则侧重于行为的违法性。

（三）公法上侵权损害之债与不当得利之债的关系

不当得利与侵权损害存在密不可分的联系，都具有补偿性、返还性、惩罚性、预防性等功能。在实际案例中，我们常常会看到一方因不当得利而获得利益，而另一方则因此遭受损失，从而导致两种请求权的竞合现象。从损害赔偿制度的设立目的来看，侵权损害之债不仅是为了填补受害方所遭受的损害，还具有预防未来可能发生的损害以及对侵权行为进行惩罚和制裁的功能。② 如果侵权人通过不当行为获得的利益超过了其所造成的损害，仅仅通过填补损害的方式是无法达到预防和惩罚犯罪的效果的。因此，在某些情况下，法律要求侵权人不仅要赔偿受害方的损失，还要返还其因侵权行为所获得的不当得利。例如，在司法实践中，当实际损失难以准确计算时，不当得利的获利数额有时会被用作替代计算方式。再如，在《商标法》《专利法》《反不正当竞争法》等相关法律中，就明确规定了可以依据侵权人所获得的利益来确定赔偿数额的规定。这样的规定不仅有助于确保受害方获得充分的赔偿，同时也能够有效地遏制潜在的侵权行为，维护公平正义的市场秩序。③

从两者的区别来看，不当得利的成立基础在于一方当事人获得了某种利益；而侵权损害的成立基础则在于另一方当事人遭受了某种损失，这种损失并不一定伴随另一方的受益。因此，在成立不当得利的情况下，返还请求权

---

① 张怡悦：《公法上不当得利研究——以违章建筑租金为例》，南京大学 2017 年硕士学位论文，第 15 ~ 35 页。

② 王泽鉴：《损害赔偿》，北京大学出版社 2017 年版，第 25 页。

③ 《民法典》第 1184 条、《专利法》第 65 条第 1 款、《商标法》第 63 条第 1 款及《反不正当竞争法》第 17 条第 3 款。

的核心在于要求受益方将所获得的利益返还给受损方，以恢复原有的财产状态。而在侵权损害的情况下，赔偿请求权的核心则在于要求侵权方赔偿受损方所遭受的损失，以弥补其受到的损害。

此外，不当得利返还请求权的产生通常是由于财产变动缺乏合法的法律原因，这种变动可能是由于某种行为，也可能是由于某种事实状态的存在。例如，一方无正当理由接受了另一方的财物，或者由于某种事实状态的存在导致一方获得了不应有的利益。而侵权损害赔偿请求权的产生则必须基于侵权行为的存在，即一方当事人故意或过失地侵害了另一方当事人的合法权益，导致其遭受了损失。这种侵权行为可以是积极的作为，也可以是消极的不作为，但必须具备违法性，才能构成侵权损害赔偿的基础。

二、国有财产管理者主张公法之债的必要性

债权与物权作为财产权的两个重要组成部分，不仅得到了民法的重视与认可，还得到了《宪法》的认可与保护。当侵权人侵害他人财产的行为构成犯罪时，侵权人除了要面临刑事处罚和被没收其犯罪所得之外，还必须承担赔偿受害人经济损失的责任。[①] 即便犯罪嫌疑人、被告人逃匿、死亡，司法机关也可以通过违法所得的没收程序，追缴其违法所得以及其他涉案财产。

然而，当侵权人基于公法关系对国有财产进行侵害，但其行为尚未达到犯罪的程度时，现行法律体系中并没有统一规定来明确侵权人应当如何承担相应的公法之债。在这种情况下，关于公法金钱给付的相关规定分布在众多不同的法律条文中，而且这些法律条文所规定的主张方式也存在很大的差异。为了更好地理解和应对这一问题，本书详细列举了在国有财产领域中，针对侵权损害赔偿的几种主张方式，并对它们进行了系统的整理和说明（见表5－1）。

---

① 《刑法》第36条。

表 5－1　国有财产管理者主张侵权损害赔偿的方式

<table>
<tr><th>相关法条</th><th>侵权行为</th><th>有无规定财产责任</th><th>财产责任主张方式</th><th>财产处罚</th></tr>
<tr><td>《水法》第 69 条</td><td>未经批准擅自取水；未依照批准的取水许可规定条件取水的</td><td rowspan="3">无</td><td rowspan="3">无</td><td>罚款（2 万—10 万元）</td></tr>
<tr><td>《大气污染防治法》第 122 条</td><td>违反本法规定，造成大气污染事故</td><td>罚款（损失的 1—5 倍）</td></tr>
<tr><td>《海域使用管理法》第 42 条</td><td>非法占用海域</td><td>罚款（应缴使用金的 5—20 倍）；没收违法所得</td></tr>
<tr><td>《矿产资源法》第 39 条</td><td>未取得采矿许可证擅自采矿等</td><td rowspan="4">赔偿损失</td><td rowspan="2">行政命令（责令赔偿损失）</td><td>罚款（未明确数额）；没收违法所得</td></tr>
<tr><td>《自然保护区条例》第 35 条、第 38 条</td><td>在自然保护区进行砍伐、放牧等，对自然保护区造成破坏的</td><td>罚款（300—10000 元）；没收违法所得</td></tr>
<tr><td>《民法典》第 1235 条</td><td>违反国家规定造成生态环境损害的</td><td rowspan="2">未提及</td><td>无</td></tr>
<tr><td>《公路法》第 78 条、第 85 条</td><td>造成公路损坏的</td><td>未报告的，罚款（1000 元以下）</td></tr>
<tr><td>《企业国有资产法》第 71 条</td><td>违法或不当履职，造成国有资产损失</td><td>返还不当得利（收入）</td><td>追缴或者归国家出资企业所有</td><td>无</td></tr>
<tr><td>《税收征收管理法》第 66 条</td><td>骗取国家出口退税款</td><td>返还不当得利（骗取的退税款）</td><td>由税务机关追缴</td><td>罚款（骗取税款 1—5 倍）</td></tr>
<tr><td>《城市居民最低生活保障条例》第 14 条</td><td>骗取城市居民最低生活保障待遇</td><td>返还不当得利（冒领款物）</td><td>由县级人民政府民政部门追回</td><td>罚款（冒领金额 1—3 倍）</td></tr>
</table>

续表

相关法条	侵权行为	有无规定财产责任	财产责任主张方式	财产处罚
《国家自然科学基金条例》第34条、第35条	申请人、参与者伪造或者变造申请材料等	返还不当得利（已拨付的基金资助经费）	由基金管理机构追回	无

从表5－1的分析中可以清晰地看出，当侵权人侵犯了国有财产时，他们不仅需要承担赔偿损失的责任，或者返还不当得利，还可能面临财产罚加上赔偿损失或返还不当得利的双重责任。然而，在某些情况下，侵权人所承担的责任是以财产罚的金钱给付义务来替代原本的侵权责任或不当得利返还责任。尽管这种以罚款代替赔偿责任的做法在一定程度上提高了索赔的效率，但从法律和道德的角度来看，这种做法并不完全妥当。

第一，行政责任和刑事责任的存在，主要是为了实现法律的惩戒和预防功能，而不是为了替代侵权人应当承担的财产责任。这一点在《行政处罚法》中得到了明确的规定，该法律规定，受到行政处罚的违法行为人，如果对他人造成了损害，还应当依法承担相应的民事责任。[①] 这充分体现了在行政法的理念中，行政处罚与民事赔偿责任是两种不能相互替代的责任形式。此外，侵权损害赔偿制度本身就蕴含了应当对侵权行为进行惩罚的理念。例如，在民法中，就设有惩罚性赔偿金制度，以及“假一赔三”等法律规定，在国有财产领域，处罚和赔偿同样可以并且应当共存，以确保法律的公正和公平。

第二，由于法律对设定行政处罚的态度较为严格和苛刻，因此，当侵权人的行为并未达到行政处罚的标准，而法律上又缺乏明确的规定要求侵权人承担相应的民事责任时，国有财产所遭受的损失就变得难以得到应有的赔

① 《行政处罚法》第7条。

偿。例如，某未成年人撕毁博物馆中的价值百万元的名画《淡黄杨柳带栖鸦》,[①] 在这种情况下，理应对该未成年人进行相应的行政处罚，以示惩戒和警示。然而，根据《行政处罚法》的规定，不满14周岁的人有违法行为的，不予行政处罚,[②] 这就导致了尴尬的局面：对于侵权人所造成的损失，无法通过行政财产罚的方式来挽回和弥补，而要转为民事途径主张侵权损害赔偿。

第三，在处理违法行为时，仅仅依靠罚款和没收违法所得往往无法完全弥补受害方的损失，也无法彻底消除违法者通过不当行为获得的利益。从表5－1中我们可以清晰地看到，罚款的数额可以通过三种不同的方式来确定：一种是设定一个固定的数额区间，另一种是根据违法行为所造成的损失数额的倍数来计算，还有一种是根据违法者通过不当行为所获得的利益数额的倍数来计算。然而，当法律规定的罚款数额采用前两种方式计算，而没有规定必须没收违法所得时，这种做法很可能会导致一个不合理的现象：守法的成本变得过高，而违法的成本却相对较低。在这种情况下，一些企业甚至会主动将罚款纳入企业的成本核算体系中，这样一来，违法行为就变得屡禁不止，难以根除。这种情况不仅削弱了法律的规范性和强制性，使法律的威慑力大打折扣，而且还无形中增加了依法办事的成本，使整个社会的法治环境变得更加复杂和困难。

由此可见，当侵权人的侵权行为造成国有财产损失时，以行政财产罚取代侵权人应当承担的公法之债是不合适的，因此，不论是否规定对侵权人的行政处罚，都应当建立侵权人赔偿损失或返还不当得利的机制。这样的机制不仅有助于保护国有财产，还能确保法律的公正性和权威性得到维护，有效地防止侵权行为的发生，并对侵权人形成足够的威慑力，从而维护社会公平正义。

---

① 《熊孩子闯祸　价值百万的任伯年名画遭撕毁》，载央视网，http：//news. cctv. com/2019/07/23/ARTItYhYyuBeJANzB1d8b5H7190723. shtml。

② 《行政处罚法》第25条。

三、由行政机关以行政命令主张公法之债请求权的必要性

在一些情况下，法律条文仅仅明确了在发生侵权行为时，侵权人应当承担相应的民事责任。然而，对于国有财产管理者在主张其请求权的具体方式上，并没有给出明确的规定。以《公路法》为例，该法仅规定了侵权人应当承担民事责任，并没有规定管理者主张请求权的方式。这种情况下，根据“法无授权不可为”的原则，管理者似乎只能通过调解、磋商、诉讼等民事手段主张权利。再如，在《生态环境损害赔偿制度改革方案》中，明确指出主管机关在面对生态环境损害赔偿问题时，采取磋商和诉讼这两种方式来向侵权人主张赔偿责任，从而确保生态环境得到有效的保护和修复。

因此，为了更有效地维护国有财产的合法权益，法律应当赋予行政机关相应的权力，使其能够通过行政命令的方式，责令侵权人赔偿损失或返还公法不当得利，或者责令拒不返还不当得利的受益人返还不当得利，从而简化程序，提高效率，还能在一定程度上避免诉讼过程中可能出现的拖延和复杂性，从而更好地保护国有财产。

第一，国有财产数量巨大，采用诉讼的方式保护国有财产，不仅效率低下，还会使行政机关疲于应诉。国有财产受损往往具有一定的隐蔽性，自发生到被发现本身就有一定的时间差，在此期间，侵权人所获得的不当得利可能已经毁损或灭失，财产所受损害可能也继续扩大，受损的证据可能也已经灭失。因此，国有财产受到侵害时，急需高效的救济方式。行政权相比于其他国家权力具有主动性和高效性，这决定了“行政权对监视潜在威胁，预防损害发生有显著优势”①。采取行政命令的方式主张损害赔偿请求权或不当得利返还请求权，不仅便捷高效，能够及时地保护国有财产，还可以节省大量的行政资源和司法资源。

第二，如果缺少请求权主张机制的公法规定，国有财产管理者就可能以意思自治的民法规则逃避必须维护国有财产利益的公法义务。本书第二章第

---

① 赵鹏：《风险社会的行政法回应》，中国政法大学出版社2018年版，第62页。

五节所提到的万高拆迁案中，华信公司没有主动维护国家利益，直到检察机关发出检察建议后才提起诉讼，反映了国有财产管理者在缺乏强制性规定的情况下，可能会放弃维护国有财产的利益。对于国有财产管理者来说，行使损害赔偿请求权或者不当得利返还请求权是为了维护全民的利益，这种实现债权的权利实质上是行政机关的职责，所以应当由公法机制来强制国有财产管理者履行维护国有财产的法定职责，而不能任由国有财产管理者自主选择是否作为民事主体提起诉讼。

第三，我国没有"官告民"的制度土壤，国有财产管理者无法通过行政诉讼这一公法诉讼途径维护国有财产。在我国，行政诉讼一向被视为"民告官"的诉讼，行政主体无法作为行政诉讼的原告。这是因为国家已经赋予了行政主体强大的行政职权，并且行政权的行使比司法权更有效率，再赋予其提起诉讼的权利不仅没有必要，还会增加国家机关的运行成本。更重要的是，如果赋予行政主体行政诉权，会使一些违法的行政行为通过诉讼披上合法的外衣，甚至还会衍生出强大到难以控制的行政权，加剧了行政机关内部人员对国有财产的侵害。因此，不宜突破我国《行政诉讼法》的基本规定授权国有财产管理者采取行政诉讼的方式主张公法之债请求权。

由此可见，在公法之债请求权的实现方式上，应当建立由行政机关采取行政命令的方式责令赔偿损失或追回、追缴不当得利的机制。公法债权自民法独立出来以来，就是与国家强制力相伴产生的，例如征税权的实现就离不开国家强制力。因此，当债权人是国家时，国家可以以行政手段强制执行。①

四、主张请求权的主体、客体及时效限制

（一）请求权的主张主体

国有财产管理者，作为直接负责保护和管理国有财产的职责人，肩负着确保国有财产安全和完整的重要使命。在面对侵权行为时，他们应当承担起

---

① ［日］美浓部达吉：《公法与私法》，黄冯明译，中国政法大学出版社2003年版，第88页。

维护国家利益的责任，成为主张损害赔偿请求权或公法不当得利返还请求权的合法权利主体。这意味着，当有不法分子或侵权人对国有财产进行侵害或非法占有时，国有财产管理者有权代表国家提起法律诉讼，要求侵权人承担相应的法律责任，赔偿国家因此遭受的损失。同时，他们也有权要求侵权人返还通过不正当手段获取的国有财产，确保国家利益不受侵害。通过这种方式，国有财产管理者不仅履行了自身的职责，也维护了国有财产的合法权益，保障了国家经济的稳定和发展。

然而，需要注意的是，并非所有的国有财产管理者都是行政机关。国有财产的管理者包括各种不同的主体，其中一些可能是行政机关，而另一些则可能是其他类型的行政主体。因此，为了确保法律的正确实施和国有财产的有效管理，有必要对这两种不同情形进行明确区分。

一方面，当行政机关直接管理和控制的国有财产遭受侵害时，如果将作出行政命令以责令侵权人赔偿损失或者返还不当得利的权力交由同一个机构来行使，那么可能会出现国有财产管理者滥用权力的情况，进而侵害到普通民众的合法权益。为了避免这种情况的发生，可以采取一种更为合理的制度安排：当行政机关直接占有并管理国有财产时，如果财产受到侵害，应当由直接管理国有财产的行政机关向其上级行政机关提出申请。上级行政机关在接到申请后，将负责作出责令赔偿损失或返还不当得利的行政命令。随后，由最初直接管理国有财产的行政机关具体执行上级行政机关所作出的行政命令，确保赔偿或返还不当得利的措施得以落实。通过权力被适当的分离和制衡，可以有效防止滥用权力的情况发生。这种制度安排既保障了国有财产的安全，又维护了民众的合法权益，实现了法律的公正和效率。

另一方面，当事业单位或者其他公法主体管理的国有财产受到侵害时，国有财产管理者虽然是损害赔偿请求权或不当得利返还请求权的权利主体，但他们并不具备直接发布行政命令的权力。同时，由于这种带有执法性质的行政命令并不适合由他们来执行，因此，为了确保法律的正确实施和国有财产的有效保护，应当由相应的行政主管部门来负责作出并执行责令赔偿损失或返还不当得利的行政命令。这样的做法既符合法律规定，又能够确保行政命令的权威性和执行力，从而更好地保护国有财产免受侵害。

（二）请求权的客体范围

在处理涉及国有财产损失的案件时，公法之债请求权的行使不仅要达到弥补国有财产所遭受的损失的目的，还要实现去除不当得利的目标。由于侵权行为给国有财产造成的损失可能大于或小于不当得利的金额，国有财产的管理者在原则上应当主张金额较高的请求权。这样做可以确保同时实现弥补损失和去除不当得利的双重目的。根据知名学者王泽鉴的观点，“请求权之并存或竞合，有请求权之上诉人，得就二者选择行使其一，请求权之行使已达目的者，其他请求权即行消灭，如未达目的者，仍得行使其他请求权。”① 我国《民法典》第 987 条也规定了“得利人知道或者应当知道取得的利益没有法律根据的，受损失的人可以请求得利人返还其取得的利益并依法赔偿损失”。这些都体现了当损害赔偿请求权与不当得利返还请求权发生竞合时，应当同时实现填补损害和去除不当得利目的的理念。

因此，在侵权行为导致国有财产遭受损失的情况下，如果侵权人并未因此行为获得任何利益，或者其获得的利益远远小于国有财产所遭受的损失，那么国有财产的管理者应当积极主张并行使侵权损害赔偿请求权。相反，如果侵权人在其侵权行为中获得了不当得利，并且这种不当得利的数额超过了国有财产所遭受的实际损失，那么管理者应当主张并行使不当得利返还请求权。在这种情况下，管理者应当要求侵权人返还其通过侵权行为所获得的所有不当利益，以恢复国有财产的原有状态，确保国家利益不受侵害。

此外，当国有财产管理者主张损害赔偿请求权时，应当以国有财产遭受的损失作为赔偿标准。然而，在某些情况下，损失的具体数额可能难以准确计算和确定。在这种情况下，法律提供了一种替代性的计算方式，即可以将侵权人所获得的不当得利的数额作为赔偿的标准。这种做法在民法损害赔偿

---

① 王泽鉴：《王泽鉴法学全集·第十三卷——债法原理②》，中国政法大学出版社 2003 年版，第 225～226 页。

领域中是有先例的，尤其是在实际损失难以确定的情况下，以侵权人所获不当得利作为损害赔偿请求权客体的替代计算方式。《民法典》第 1184 条规定，侵害他人财产的，财产损失按照损失发生时的市场价格或者其他合理方式计算。这意味着，当国有财产遭受损害，而损失的具体数额无法确定时，应当以侵权人所获得的不当得利的数额作为赔偿的标准。这种规定旨在确保国有财产的管理者在主张损害赔偿请求权时，能够有一个明确的赔偿标准，从而保障国有财产管理者的合法权益。通过这种方式，法律既考虑到了实际损失难以确定的现实情况，又为国有财产的管理者提供了一种合理的赔偿计算方法，确保了法律的公平性和可操作性。

值得注意的是，当国有财产管理者主张不当得利返还请求权时，应当以不当得利者所获得的利益和基于所获得的利益产生的进一步收益作为返还请求权的客体。这一做法的核心理念是“得利应予返还”，即在民法中关于不当得利的普遍理论中，不当得利返还的客体范围应当包括不当得利者所获得的利益以及由此产生的所有孳息。例如，在我国台湾地区相关规定中，不当得利应予返还的客体被明确界定为所受利益以及基于该利益所取得的其他收益。此外，如果在特定情况下无法返还原物，那么应当偿还其相应的价额。这样的规定确保了国有财产的合法性和正当性，防止了不当得利行为的发生，并为不当得利者设定了明确的法律义务，即必须返还其所获得的不当利益及其产生的所有收益。

（三）请求权的时效限制

在行政管理过程中，为了平衡管理者与行政相对人之间的权益，管理者在行使行政命令请求权时，必须受到严格的时效限制。例如，德国《行政程序法》第 48 条第 4 款[①]规定，行政机关在主张不当得利返还请求权时，除了在受益人通过欺诈、胁迫或行贿等不正当手段骗取不当得利的特殊情况下，

---

① 德国《行政程序法》第 48 条第 4 款：“行政机关获知撤销一违法行政行为的事实，仅允许从得知时刻起计一年内作出撤销。但不适用于第 2 款第 3 句第 1 项。”

必须在得知不当得利事实之后的1年内行使该请求权。如果超出这一时效限制，行政机关将无法再主张不当得利返还请求权。同样地，国有财产管理者在主张赔偿损失或返还不当得利时，也应当受到明确的时效限制。为了确保法律秩序的稳定性和权益保护的合理性，管理者行使请求权的时效应当被设定为明知或应当知道侵权事实或不当得利事实以及义务人之后的3年。这意味着，如果管理者在3年之后才主张损害赔偿和不当得利返还请求权，那么这些请求权将不再被法律所支持。通过设定这样的时效限制，一方面可以督促行政机关及时履行其职责，维护既定的法律秩序，防止管理者滥用权力；另一方面也可以避免这一权力对行政相对人基本权益的侵害，保护行政相对人的合理期待。时效限制的存在，既保障了行政相对人的合法权益，又确保了行政机关在合理的时间范围内行使权力，从而在管理者与行政相对人之间建立起一种平衡和公正的法律关系。

值得注意的是，行政处罚的时效规定是“违法行为在二年内未被发现的，不再给予行政处罚”，这意味着，一旦超过这个时间限制，即使违法行为被发现，行政机关也不能再对其进行处罚。同样地，民事诉讼的时效规定是“自权利人知道或者应当知道权利受到损害以及义务人之日起计算”。[①]这意味着，权利人必须在发现自己权利受到侵害后及时采取法律行动，否则可能会因超过诉讼时效而丧失胜诉权。然而，由于国有财产受到侵害往往具有一定的隐蔽性，这些侵害行为可能不容易被及时发现。因此，为了保护国有财产，确保其不受非法侵害，相关法律还应当规定责令赔偿损失和返还公法不当得利的时效规定。时效应当从国有财产管理者知道或应当知道侵权事实或不当得利事实以及确定义务人时起算。这样的规定旨在确保国有财产管理者在发现侵权行为或不当得利行为后，能够及时采取措施，要求责任人赔偿损失或返还不当得利，从而有效保护国有财产的安全和完整。这不仅有助于及时发现和处理国有财产的侵害行为，还能够促使国有财产管理者更加积极地履行其职责，确保国有财产的合法权益不受侵害。

---

① 《民法典》第188条。

五、责令赔偿损失或返还不当得利的程序

根据行政正当程序原则的要求，为了确保执法机关在履行职责时的合法性和公正性，责令赔偿损失和返还公法不当得利的机制必须具备明确的执行程序和救济程序。这样的机制设计旨在为执法机关在执行职务过程中提供清晰的指导，确保其在责令赔偿损失和返还公法不当得利时能够遵循既定的法律程序，从而保障行政相对人的合法权益。同时，明确的执行程序和救济程序也为行政相对人提供了寻求救济的明确途径，使他们在面临不当得利返还或赔偿要求时能够依法维护自己的权益，确保他们的合法权益不受侵害。通过这样的机制，可以有效地平衡执法机关的权力和行政相对人的权利，促进法治行政的实现，增强公众对行政行为的信任度和满意度。

（一）执行程序

在执行责令赔偿损失或返还公法不当得利的行政行为时，执法主体必须严格遵循公开原则、回避原则和程序法定原则，以确保行政相对人享有知情权、参与权、公正对待权等正当程序权利。具体而言，执法主体在作出和执行这一决定的过程中，必须明确告知其身份、出示相应的执法证件，事先向行政相对人和利害关系人进行通知，并提供听证的机会。此外，执法主体还需通知合理期限和事后的权利救济途径，确保行政相对人能够在合理的时间内了解相关决定，并在决定执行后有机会寻求进一步的权利救济。这样的程序不仅有助于保障行政相对人的合法权益，也有助于提高执法的透明度和公正性，从而增强公众对执法行为的信任和认可。①

如果在法律规定的期限内，返还义务人既没有进行赔偿损失或返还不当得利，也没有提起行政复议或者行政诉讼，那么执法主体有权依据《行政强制法》中关于金钱给付义务的特别程序规定，采取间接强制执行的方式，例如加处罚款或滞纳金等，以促使相对人履行其金钱给付义务。如果相对人依

① 胡建淼：《行政法学》，法律出版社2015年版，第617～619页。

然拒不履行，执法主体可以依法采取进一步的强制执行措施，如向法院申请强制执行、划拨存款、拍卖财物等，以确保法律的权威和义务的履行。

（二）救济程序

如果赔偿义务人或返还义务人认为执法主体责令其赔偿损失或返还公法不当得利的行政行为侵害了自己的合法权益，可以通过行政复议或行政诉讼寻求救济。无论是选择行政复议还是行政诉讼，赔偿义务人或返还义务人都应当在法定的期限内提出申请或起诉，以确保自己的权益得到及时有效的救济。

行政复议，即行政相对人（公民、法人和其他组织）不服行政主体的行政行为，认为该行为侵犯了他们的合法权益时，依法向行政复议机关提出申请，请求该机关对原行政行为进行重新审查，并在必要时予以纠正的一种法律制度。[①] 根据《行政复议法》第 11 条第 15 项的规定，认为行政机关的其他行政行为侵犯其合法权益的，可以申请行政复议。这意味着，诸如责令赔偿损失或返还公法不当得利等行政行为，都属于行政复议的受理范围。例如，在我国《海关法》第 64 条中，明确规定了行政相对人有权对行政机关追缴税款的行为提起行政复议或行政诉讼。这一规定充分体现了责令返还不当得利是行政复议和行政诉讼的受理范围之一，从而保障了行政相对人的合法权益。

行政诉讼是指公民、法人或者其他组织认为行政机关和行政机关工作人员的行政行为侵犯其合法权益，向人民法院提起诉讼，由人民法院依法予以受理、审理并作出裁判的法律制度。根据《行政诉讼法》第 12 条第 1 款第 12 项的规定，当行政相对人不服责令赔偿损失或返还不当得利的行政决定而向人民法院提起行政诉讼，符合受案范围。他们有权向人民法院提起行政诉讼，以维护自己的合法权益。一旦人民法院受理此类案件，便会依法对行政机关要求返还不当得利的行政行为进行合法性审查。在审查过程中，人民

① 胡建淼：《行政法学》，法律出版社 2015 年版，第 740 页。

法院将全面评估行政行为的合法性和合理性，最终作出维持原行政决定或撤销并重新作出行政决定的判决。这一过程旨在确保行政机关的行政行为合法、公正，同时也保障了公民、法人或其他组织的合法权益不受无理侵犯。

第四节　系统的国有财产检察保护制度

如前所述，国有财产面临着“谁控制谁所有”的特殊保护难题。为了实现这一目标，需要有专门的法律监督机关来进行动态监督，确保国有财产管理者的行为合法、合规，从而保护国有财产不受侵害，确保其真正用于造福人民。在这种背景下，人民检察院作为《宪法》规定的国家法律监督机关，承担着重要的职责。其任务之一就是保护社会主义的公共财产及公民的合法财产不受侵犯，维护公共利益，保障社会主义现代化建设事业的顺利进行。人民检察院通过行使法律监督权，对国有财产的管理和使用情况进行监督，确保其合法性和有效性。[①]

一、充分发挥检察机关作用保护国有财产的必然性

之所以必须由检察机关作为专门的法律监督机关，强化法律监督职能保护国有财产，有着多方面的原因。

（一）检察权本质是具有公益性的法律监督权

检察权的性质到底是什么？这个问题一直存在争议。我国《宪法》第134条和第136条规定[②]，人民检察院是国家的法律监督机关，依照法律规定独立行使检察权。根据《宪法》和相关法律规定，人民法院和人民检察

---

① 齐小力主编：《宪法学导论》，群众出版社2006年版，第321页。

② 《宪法》第134条规定，中华人民共和国人民检察院是国家的法律监督机关。第136条规定，人民检察院依照法律规定独立行使检察权，不受行政机关、社会团体和个人的干涉。

院是国家司法机关的核心组成部分，国内法学界长期以来将人民检察院与人民法院共同视作司法机关，并认为检察权属于司法权的范畴。

近年来，学界和司法实务界越发关注“人民检察院是国家的法律监督机关”这一宪法定位，并深入研究检察权与司法权、法律监督权的关系。有观点认为，由于法律监督权的固有本性是立法权的派生，是保障法律实施的手段，应分散配置于不同的国家权力之中，从而承担起相应的监督法律实施的护法功能以及制约其他国家权力的平衡功能，因此检察权与法律监督权是两种异质的权力①；也有观点认为，我国检察权的本质属性应为法律监督权，宪法基础是人民代表大会制度下的“一府一委两院制”以及《宪法》对检察机关是国家的法律监督机关这一性质的界定②；还有观点认为，我国《宪法》明确规定检察机关是国家法律监督机关，这对检察机关的权力属性和基本权能产生了根本性影响，检察权的定性始终都是法律监督权。③

那么，检察权是否属于司法权？检察权和法律监督权是否具有同一性，还是检察权只是属于法律监督权的一部分，抑或检察权与法律监督权是由人民检察院同时行使的两项完全不同性质的权力，甚或检察权只是实现法律监督功能的手段？显然，对于这一问题的答案，我们并不能直接从《宪法》文本中读出，需要通过对相关法律条文进行解释才能得出。

1.《宪法》文本中“法律监督”是检察机关的独有表述

根据我国《宪法》第 62 条和第 67 条的规定，全国人大及其常委会都有行使监督宪法实施的职权，全国人大常委会行使撤销违法的行政法规和地方性法规的职权，但并无监督法律实施的职权；《宪法》第 89 条也没有赋予国务院监督法律实施的职权，只赋予改变或撤销下级行政机关的不适当的决

---

① 冯景合：《法律监督权，能否与检察权兼容——从法治的角度对中国检察权的反思》（上），载《中国检察官》2006 年第 7 期。

② 石少侠：《论我国检察权的性质——定位于法律监督权的检察权》，载《法制与社会发展》2005 年第 3 期。

③ 童建明、孙谦等主编：《中国特色社会主义检察制度》，中国检察出版社 2022 年版，第 100 ~ 103 页。

定、命令等的权力。我国《宪法》仅仅在第99条规定地方各级人民代表大会行使“保证宪法、法律、行政法规的遵守和执行”的职权。在整个《宪法》文本中，“监督”一词在多个场合使用，如第109条规定“地方各级审计机关依照法律规定独立行使审计监督权”，但是使用“法律监督”一词的地方仅限于第134条，即中华人民共和国人民检察院是国家的法律监督机关。因此，从《宪法》文本来看，“法律监督”是完全不同于其他监督的一个概念，指的是人民检察院作为专门机关为保障《宪法》和法律的统一实施，在全国人大及其常委会无力保障这么多法律在全国范围内得到有效实施的情况下，行使检察权的活动。

2. 汉语中“检察”始终有法律监督之意

“检察”的字面意义如何，对于明确检察权的性质以及与其他国家权力的关系非常关键。

首先，“检”字本身就有约束、法制以及察验等多重含义。[1]《孟子·梁惠王上》云：“狗彘食人食而不知检。”《三国志·魏志·锺会传》云：“会于是禁检士众不得钞略。”这两处的检就意味着约束、制止的意思。《旧唐书·刘蕡传》云：“京师，诸夏之本也，将以观理，而豪滑逾检。”这里的检就意味着法度、法制。《三国志·蜀志·向朗传》云：“朗少时虽涉猎文学，然不治素检，以吏能见称。”这里的检就意味着行为规范。《后汉书·周燮黄宪传》云：“骠骑执法以检下。”李贤注：“检，犹察也。”说明了检有考察、查验之意。在宋代的孤幼财产检校制度中，“检”则有“审查”的意思。

其次，“察”字一直有通过分析而明辨之意。[2]《孟子·梁惠王上》云：“明足以察秋毫之末。”这里的“察”就意味着发现、发觉的意思。《新书·道术》云：“纤微皆审谓之察。”直接将察解释为细看、详审之意。《新唐书·百官志三》云：“监察御史十五人，正八品下。掌分察百寮。”将察解释为

---

① 夏征农、陈至立等主编：《大辞海》（第6版），上海辞书出版社2009年版，第1064页。

② 夏征农、陈至立等主编：《大辞海》（第6版），上海辞书出版社2009年版，第235页。

考察、调查。《后汉书·班彪传》云："后察司徒廉为望都长。"李贤注："察，举也。"将察解释为考察后举荐。

最后，"检察"一词也多指考察、寻找之意。《后汉书·百官志五》云："什主十家，伍主五家，以相检察。民有善事恶事，以告监官。"这里的"检察"是考察、检具、稽查的意思。《晋书·曹摅传》云："时天大雨雪，宫门夜失行马，羣官检察，莫知所在。"这里的"检察"是查找、寻找的意思。

因此，从汉语语义来看，我国《宪法》规定的"检察权"中的"检察"应当包含了上述多种意思在内，即依据法律规定，审查、检查有关国家机关的行为是否合法并采取相应措施的行动，这当然符合法律监督之意。

3. 检察权属于监督权的范畴

有学者认为，我国人民代表大会制度之下的立法权、行政权、监察权、检察权与审判权的设立，有别于西方的三权分立理论，权力的分立和制衡不是我国检察权配置所追求的目标，而具有协调、统一性质的监督才是其真正的价值预设。[①] 各级地方人大负有保证宪法、法律、行政法规在本行政区域内得到遵守和执行的职责，然而对如此多的行政机关行使行政权的活动进行全面的法律监督也是难以周全，只能对政府、法院的活动在宏观上进行整体监督；监察机关的监督仅针对职务违法犯罪，适用面侧重点有限；审判权则只有在有权主体提起诉讼后才能对行政行为的合法性进行监督。

因此，在我国人大体制下，检察机关作为专门的法律监督机关，必然承担着代表本级人大监督行政权、审判权的功能。这也是《宪法》专门设置人民检察院，并授权人民检察院代行人大的法律监督职权，对有关国家机关和国家工作人员是否遵守宪法、法律法规的活动进行检察，并在尊重其他国家机关职权行使的前提下，采取适当的措施维护法律的权威并保障其有效实施的原因。这种专门由人民检察院行使的检察权，与审计机关行使的审计监督权一样，都属于监督权的范畴。

---

① 刘宗珍：《理解检察权：语境与意义》，载《政法论坛》2015 年第 5 期。

4. 我国检察发展史印证了检察权始终是法律监督权

1949 年中央人民政府成立后，10 月 22 日成立了最高人民检察署。我国检察制度成立之初，便主要是以苏联法律监督理论为指导，列宁的法律监督思想的核心观点是“保障法律正确实施，维护国家法制统一、尊严和权威，是检察机关的根本职责和价值追求”。[①] 因此，虽然我国检察机关成立之初并没有明确法律监督机关的地位，但贯穿着浓厚的法律监督之意。

1954 年，新中国第一部《宪法》出台，其中第 81 条明确规定：“中华人民共和国最高人民检察院对于国务院所属各部门、地方各级国家机关、国家机关工作人员和公民是否遵守法律，行使检察权。地方各级人民检察院和专门人民检察院，依照法律规定的范围行使检察权。”同年颁布的《人民检察院组织法》将人民检察署更名为人民检察院，并规定最高人民检察院和地方各级检察院分别对国务院所属各部门和地方国家机关的决议、命令和措施是否合法，国家机关工作人员是否遵守法律实行监督。这初步、概括地确立了检察权是法律监督权的定位。

经历过 1958—1978 年检察制度发展停滞的历史后，1978 年《宪法》明确规定重新设置人民检察院，使检察机关恢复重建，1979 年《人民检察院组织法》出台，第 1 条便是“中华人民共和国人民检察院是国家的法律监督机关。”这明确了人民检察院的法律监督机关地位及一系列基本职权。随后，1982 年《宪法》修订增加了这一条，与 1954 年《宪法》一脉相承，将检察机关的法律监督机关地位在宪法层面重新确立。在这一时间段，《刑事诉讼法》《民事诉讼法》《行政诉讼法》三大诉讼法均规定了人民检察院的法律监督权，1996 年《刑事诉讼法》更是确立了检察机关依法对刑事诉讼实行法律监督的基本原则，这些使检察机关的法律监督权有了具体的架构，也为 2018 年《人民检察院组织法》确认刑事、民事、行政、公益诉讼的四大检察的格局打下了基础。

因此，从我国检察机关几十年的发展历史来看，检察机关的法律监督机

---

① 谢鹏程：《新时代检察机关的功能定位》，载《检察日报》2020 年 8 月 5 日，第 3 版。

关的宪法地位从未改变，检察权的决定性始终都是法律监督权。

5. 检察权具有极强的公益性

在现代法治国家中，检察机关通常被誉为“公共利益的代表”。这个称谓恰如其分地反映了检察机关在法律体系中的重要地位和作用。如果说审判制度是维护和修复私人利益受损的“最后一道防线”，那么检察制度则是确保公共利益不受侵害或者在受损时得到及时修复的“最后一道屏障”。检察机关作为法律的忠实守护者，承担着代表人民代表大会作为公共利益监护人的神圣职责。它们通过行使检察权，监督和确保国家机关是否严格遵守法律法规，是否在行使职权过程中损害了公共利益。这种监督机制不仅保障了国家机关的合法性和公正性，还为社会公众提供了一种有效的法律救济途径，确保公共利益得到充分的保护和维护。

从我国法律规定来看，维护公共利益是我国检察机关的义务。这一点在《人民检察院组织法》中得到了明确体现，该法第2条第2款规定：“人民检察院通过行使检察权，追诉犯罪，维护国家安全和社会秩序，维护个人和组织的合法权益，维护国家利益和社会公共利益，保障法律正确实施，维护社会公平正义，维护国家法制统一、尊严和权威，保障中国特色社会主义建设的顺利进行。”此外，《检察官法》也明确规定：“检察官应当履行下列义务……维护国家利益、社会公共利益，维护个人和组织的合法权益……”这些法律条文共同强调了一个核心观点，即检察机关在履行其职权的同时，必须承担起维护公共利益的义务，确保国家和社会的稳定与和谐发展。

从历史起源来看，我国检察机关始终是公共利益的代表。首先，我国作为社会主义国家，国家的一切权力属于人民。检察机关作为国家机构，权力当然也属于人民，理应将维护国家利益和社会利益的原则和要求贯穿各项检察职能。其次，检察机关从成立之初主要行使公诉职能，而“公诉权属于社会，且唯一属于社会”。[①] 公诉本身就是一种公共利益的诉讼，检察机关履

---

① ［法］卡斯东·斯特法尼等：《法国刑事诉讼法精义》，罗结珍译，中国政法大学出版社1999年版，第118页。

行批捕、公诉等法律监督职能，都是以代表和维护公共利益为出发点和归宿的。[①] 最后，在当前形成的四大检察格局中，检察机关不论是对犯罪提起刑事诉讼，或是对损害公共利益的违法行为进行检察监督，抑或直接对损害公共利益的行为提起公益诉讼，都是作为公共利益代表人的角色。

因此，我国检察权具有极强的公益性，代表的是全体人民和社会大众的公共利益，这一特性与社会主义国家国有财产极强的公益性不谋而合。

综上所述，检察权是具有极强公益属性的法律监督权，是人民代表大会制度下完全独立于行政权和审判权，而且是为了制约这两权而存在的一种监督权，是我国《宪法》规定的一项独立的权力。

如前文所述，国家所有权在具体运行过程中转化为广义的行政权，国有财产管理者行使财产权权能的过程不能仅遵守民法的“意思自治”原则，还必须严格受到公法的监督约束，以确保处分行为符合全民利益。这种监督和制约国有财产管理者依法为公共利益行使财产所有权职能的权力，理应由《宪法》所规定的法律监督机关——检察机关来承担。这是因为检察机关不仅具备法律监督的职能，而且其职责范围和权力行使都与公共利益紧密相关。此外，国有财产的公益属性是其本质特征之一，这一点为检察机关通过充分行使检察权来保护国有财产提供了重要的切入点。检察机关有责任为了公共利益而充分履行其法律监督职能，保护国有财产不受侵害，确保国有财产所承载的公共利益得到维护。这种做法不仅是宪法、法律和检察制度赋予检察机关的法律监督权的应有之义，也是检察机关在履行其职责时必须坚守的原则。

（二）由检察机关强化法律监督职能保护国有财产的时代必然性

当今时代，检察机关进一步拓展法律监督职能保护国有财产，维护国有财产所承载的公共利益，具有时代必然性和必要性。

---

① 童建明、孙谦等主编：《中国特色社会主义检察制度》，中国检察出版社 2022 年版，第 177 页。

1.《中共中央关于加强新时代检察机关法律监督工作的意见》赋予检察机关加强法律监督的依据

2021年，中共中央印发《中共中央关于加强新时代检察机关法律监督工作的意见》（以下简称中发28号文件），为当前和今后一段时期检察机关加强法律监督工作指明了方向。文件强调人民检察院是国家的法律监督机关，是保障国家法律统一正确实施的司法机关，是保护国家利益和社会公共利益的重要力量，是国家监督体系的重要组成部分，在推进全面依法治国、建设社会主义法治国家中发挥着重要作用。而且，中发28号文件明确指出，进入新发展阶段，与人民群众在民主、法治、公平、正义、安全、环境等方面的新需求相比，法律执行和实施仍是亟须补齐的“短板”，检察机关法律监督职能作用发挥还不够充分，并明确要求检察机关要准确把握新发展阶段，深入贯彻新发展理念，充分发挥法律监督职能作用，为大局服务、为人民司法，为经济社会高质量发展提供有力司法保障。这些规定为检察机关进一步强化法律监督职能、拓展法律监督范围和手段提供了依据。检察机关应当按照中发28号文件的要求，提升检察监督的刚性，拓展检察监督的范围，使检察机关更加符合《宪法》赋予的国家法律监督机关的定位。由于国有财产具有强烈的公益属性，中发28号文件还专门提出要“加大生态环境和资源保护、食品药品安全、国有财产保护、国有土地使用权出让和英烈权益保护、未成年人权益保护等重点领域公益诉讼案件办理力度”。检察机关在国有财产保护领域进一步强化法律监督职能，完全符合中发28号文件的要求。①

2. 保护国有财产是检察机关服务中国式现代化的必然要求

法治是发展的重要保障，习近平总书记作出重要指示，“政法战线要全面贯彻落实党的二十大和二十届二中全会精神，坚持党的绝对领导，忠诚履

① 本书研究的是广义的国有财产，其内涵和外延大于中发28号文件中的“国有财产”，不仅包括文件中的国有财产，还包括文件中提到的生态环境和资源、国有土地使用权，以及文件中未提到的其他国有财产。——笔者注

职、担当作为，以政法工作现代化支撑和服务中国式现代化，为全面推进强国建设、民族复兴伟业提供坚强安全保障。”① 党的中心工作推动到哪里，司法工作就要跟进到哪里。发展是我们党执政兴国的第一要务，而高质量发展是全面建设社会主义现代化国家的首要任务，是以中国式现代化全面推进强国建设、民族复兴伟业，是新时代新征程党和国家的中心任务。我国作为社会主义国家，高质量发展的应有之义包括提高公共服务、完善公共设施，实现国家整体的高质量发展，进而惠及全民，而这些都离不开大量国有财产作为物质支撑。换句话说，保护国有财产就是保证实现高质量发展的基础。因此，对于检察机关而言，充分发挥检察职能保护国有财产，进而服务于中国式现代化建设，是新时代赋予检察机关的必然使命。具体理由如下：

第一，强化法律监督保护国有财产，是检察机关自觉融入国家治理，服务保障发展大局的责任担当。近年来，中央经济工作会议明确要求“依法加强对资本的有效监管”，国务院政府工作报告也明确提出“加强国有资产监管”。党和国家在推进经济社会高质量发展过程中提出了一系列重大决策部署、重要经济政策和重大改革举措，各项政策部署的实施也有赖于充盈的国有财产作保障。可见，强化法律监督保护国有财产，可以作为检察机关主动服务保障国家重大战略实施的具体举措。

第二，强化法律监督保护国有财产，是检察机关落实以人民为中心的发展思想，服务保障国计民生的重要举措。国有资产来之不易，是全体人民的共同财富，需要完善监管制度，使国有财产取之于民更要用之于民。国有财产保护的效果虽不像生态、食药等领域那样具体、直接可感，但却与国家方针政策、人民基本生活深度融合。检察机关加强国有财产保护，有利于促进民生保障、财政补贴、税收优惠等各项政策红利落实到位，切实回应人民群众对美好生活的新期待新要求。

---

① 《以政法工作现代化支撑和服务中国式现代化——习近平总书记重要指示为政法战线接续奋进指明方向》，载《人民日报》2024年1月15日，第2版。

第三，强化法律监督保护国有财产，是检察机关切实履行主责主业，服务保障检察工作全面协调充分发展的必然要求。立法明确将国有财产保护列举在公益诉讼办案领域，可见立法也意识到了由检察机关作为公共利益代表人保护国有财产的必要性。对于国家机构来讲，法律赋权的领域理应做深做实。以加强国有财产领域公益诉讼检察工作为抓手，全面强化国有财产保护领域的法律监督职能，充分发挥四大检察合力，有利于巩固和完善中国特色检察制度。

（三）检察监督相比其他监督方式具有优越性

检察权的性质决定了检察监督的独立性和权威性、监督方式的灵活性和主动性，这使得在保护国有财产方面，检察监督相比其他监督方式具有优越性。因此，充分发挥检察机关的法律监督职能，由检察机关监督国家所有权权能的运行过程，从而维护国有财产所承载的公共利益，具有较强的现实价值。

1. 检察监督具有独立性和权威性

独立是确保客观公正的前提。《宪法》明确规定人民检察院依照法律规定独立行使检察权，不受行政机关、社会团体和个人的干涉。可以说，依法独立行使检察权原则是现代检察制度建立和发展的基础性原则，是中国特色社会主义检察事业健康发展的保障。[①] 独立性是保证充分发挥职能和明确落实责任的前提和基础，排除外界干涉更是合法公正的必要保障。国有财产管理者内部的法务部门虽然能够对国有财产的处分是否合法合理进行审查，但是由于负责内部审查的部门或个人与国有财产管理者利益具有一致性，受同一个领导管理，很难坚持客观公正的立场。仅依靠论证审查人员的职业道德和社会责任感，不足以确保审查结果的客观公正，甚至可能会存在内部审查部门与具体处置部门串通起来为了单位利益侵害国有财产的情况。检察机关

---

① 童建明、孙谦等主编：《中国特色社会主义检察制度》，中国检察出版社2022年版，第182页。

是《宪法》规定的独立的法律监督机关，其法律监督权则是专门化的国家权力，只能由检察机关代表国家行使，并由检察机关独立承担责任，不受行政机关、社会团体和个人的干涉。因此，强化检察机关的法律监督权，通过法律授权的方式对国有财产的处分进行监督，相比于国有财产管理者内部的监督更具有独立性和权威性，更能确保客观公正。

2. 检察监督方式具有多样性

根据《人民检察院组织法》的规定,[①] 检察监督的方式具有多样性和灵活性，这使检察机关能够有效地履行其作为专门法律监督机关的职责。根据《人民检察院组织法》的规定，检察机关可以通过多种手段进行监督，以确保法律的正确实施和国家治理的完善。具体来说，检察机关可以通过追诉犯罪和提起公益诉讼的方式进行事后监督，确保那些已经发生的违法行为得到应有的法律制裁。同时，检察机关还可以通过发出检察建议和检察意见等方式进行事前监督，从而预防潜在的违法行为，为党委、政府提供法治方面的参谋和建议。此外，检察机关还能够直接对那些侵害国有财产的行政违法行为以及那些披着私法外衣、试图套取国有财产的民事行为进行监督。在监督的过程中，检察机关有权进行调查核实，并依法提出抗诉、纠正意见和检察建议，以确保国有财产的安全和合法权益不受侵害。

与检察机关相比，其他监督主体的监督方式则显得较为单一。例如，人大对行政机关和审判机关的监督主要是通过每年召开的会议期间审议政府工作报告和法律工作报告来进行。这种方式虽然能够对行政机关和审判机关的

---

① 《人民检察院组织法》第 20 条规定："人民检察院行使下列职权：（一）依照法律规定对有关刑事案件行使侦查权；（二）对刑事案件进行审查，批准或者决定是否逮捕犯罪嫌疑人；（三）对刑事案件进行审查，决定是否提起公诉，对决定提起公诉的案件支持公诉；（四）依照法律规定提起公益诉讼；（五）对诉讼活动实行法律监督；（六）对判决、裁定等生效法律文书的执行工作实行法律监督；（七）对监狱、看守所的执法活动实行法律监督；（八）法律规定的其他职权。"

第 21 条第 1 款规定："人民检察院行使本法第二十条规定的法律监督职权，可以进行调查核实，并依法提出抗诉、纠正意见、检察建议。有关单位应当予以配合，并及时将采纳纠正意见、检察建议的情况书面回复人民检察院。"

工作进行总体的审查，但由于其监督的频率和范围有限，难以面面俱到，难以对所有相关问题进行深入细致的监督。法院的审判监督则主要集中在对涉及国有财产的诉讼案件进行公正审判，通过司法程序间接对国有财产的管理者和侵害国有财产者形成震慑。然而，这种方式只能对个别案件中的国有财产进行监督，对于规模庞大、涉及面广的国有财产整体保护来说，其监督力度和效果是有限的。监察机关的监督则主要针对已经造成严重后果的职务违法犯罪行为进行惩戒。这种方式虽然能够在一定程度上遏制职务犯罪，但由于其监督的重点在于已经发生的严重后果，因此在预防和全面保护国有财产方面存在一定的局限性。

综上所述，检察机关作为专门的法律监督机关，其监督方式的多样性和灵活性使其在国家治理中发挥着不可替代的重要作用。通过多种监督手段的综合运用，检察机关能够更全面、更有效地保护国有财产，维护法律的尊严和正义。

3. 检察监督具有主动性

审判机关在履行其职责时坚守客观中立的立场，对待社会上出现的各种问题，必须遵循“不告不理”的基本原则。这意味着，只有当有人提出诉讼请求时，审判机关才会介入并进行审理。在裁判过程中，审判机关还需要严格遵守“优势证据原则”，即在被动的情况下，根据双方当事人所提供的证据，进行综合评估和判断，以确保裁判的客观性和公正性。这一系列操作，实际上是审判制度的内在要求和基本准则。

然而，在现实生活中，由于缺乏强烈的保护国有财产的激励和冲动，国有财产往往面临被侵害的风险。相比之下，私人对自己的财产则有着天然的、强烈的保护动力。在这种情况下，如果没有一个强有力的公共利益代表人来维护国有财产的合法权益，那么在公共利益与私人利益发生冲突时，看似强大的公共利益反而可能在不合法的私人利益面前显得脆弱，甚至不得不做出让步。这种情况的存在，不仅损害了国家和公众的利益，也对社会公平正义构成了威胁。例如，N 市 A 区法院依据某国有企业的申请查封了债务人的一栋别墅，查封时，房产电子登记系统上显示该别墅上未有抵押标注。随后 B 区法院在某银行诉该债务人的借贷纠纷中，作出民事调解协议书，确认银行对已被查封的别墅有优先受偿权。最后该银行又去 C 区住建局申请变更房产抵押登记上的“错误”（抵押合同上写的抵押房产是别墅，但抵押权证上记载的却是债务人的另一套公寓房），C 区住建局以手写的方式将抵押权证上的抵押标的物更改为被查封的别墅。在后的司法行为、行政行为与 A 区法院在先的司法行为相互冲突，A 区法院的协助执行通知得不到 C 区住建局的执行，导致该国有公司的权利无从保障，体现了审判权被动监督在保护国有财产方面的局限性。

与审判监督相比，检察监督具有更为积极主动的特点，它不仅能够起到提醒、纠偏和预防的作用，还能够通过主动调查核实全面掌握事实，采取合适的方式和措施来保护国有财产。检察机关在国有财产面临被侵害的危险，而实际损害尚未发生时，就能够主动采取措施来保护国有财产。例如，最高人民检察院在个别地方办理的粮食购销领域腐败案例中发现了问题，通过对近年来检察机关办理的粮食购销领域职务犯罪案件进行梳理、总结和分析，针对案件背后暴露出的制度完善、监督管理、企业经营等方面存在的问题，于 2023 年 11 月分别向国家粮食和物资储备局及中国储备粮管理集团发出了第 9 号、第 10 号检察建议。这些建议有针对性地提出了进一步完善制度、强化管理、规范经营等工作建议，通过检察监督防患于未然，夯实国家粮食安全根基，有效避免了粮食腐败造成的国有财产流失。

综上所述，通过比较各种监督方式，我们可以清晰地看到，检察监督在许多方面具有独特的优势。检察机关拥有专门的法律监督权力架构，这使它们能够充分拓展和发挥四大检察各自不同的监督职能。具体来说，检察机关通过对国有财产的管理和处分过程进行法律监督，能够较为全面地保护国有财产。这种监督不仅涵盖了财务和经济活动的各个方面，还包括了对相关责任人员的监督，确保他们在管理和处分国有财产时遵守法律法规。通过这种方式，检察机关能够及时发现和纠正国有财产管理中的问题，防止国有财产流失，确保国有财产的安全和有效利用。

二、构建专门的、系统的国有财产检察保护制度的必要性

如前所述，国有财产管理者行使财产权权能的过程不能仅遵守民法“意思自治”原则，还必须受到公法的监督约束，受到《宪法》规定的法律监督机关——检察机关的监督制约，以确保处分行为符合全民利益。在当前法律体系中，检察机关的四大检察职能都与国有财产的保护密切相关。第一，刑事检察部门在处理涉及国有财产的案件时，不仅有权对涉嫌贪污罪、私分国有资产罪等管理人员侵害国有财产的行为依法批准逮捕和提起公诉，而且对于私人侵害国有财产的犯罪行为，如非法采矿罪、盗伐林木罪、盗窃罪等，也有权提出没收财产、罚金等财产刑的量刑建议。此外，刑事检察部门还负责对侦查活动、审判活动中涉及查封、扣押、执行财物的行为进行监督，以确保财产的执行得到妥善处理。第二，民事检察部门发现法院的判决书、裁定书、调解书损害国家利益和社会公共利益的，尤其是对披着民事行为外衣侵占国有财产的，可以通过启动法院的内部纠错程序，纠正不公或违法执行问题，从而保护国有财产。第三，行政检察部门既可以对侵害国有财产的生效行政判决、裁定、调解书提出检察建议或提出抗诉，督促法院对损害国家利益、社会公共利益的行政判决、裁定、调解书进行纠正，也可以对行政非诉执行行为提出检察建议，确保应当纳入国有财产的待执行财产执行到位，还可以对行政机关违法或不作为导致国有财产受到损害的情形提出检察建议，督促行政机关纠正侵害国有财产利益的行政违法行为。第四，公益诉讼检察作为最后一道屏障，既可以向侵害生态环境和资源保护的行为提起民事公益诉讼和行政公益诉讼，也可以向对国有财产保护、国有土地使用权出让等领域负有监督管理职责的行政机关提起行政公益诉讼，以此来维护国有财产的合法权益。

近年来，四大检察部门都高度重视国有财产保护，并取得一定成绩。然而，目前的国有财产检察保护工作仍然存在一些问题。其中一个重要问题是，大多数情况下，各个部门在处理案件时往往孤立地进行，相互之间的协调与合作不足，导致了保护工作的不均衡发展。这种状况使各个部门在共同

应对国有财产保护的挑战时，应有的强大合力未充分发挥。此外，检察机构在国有财产保护方面的职能尚未得到充分发挥和利用，这使其在面对体量庞大、种类繁多的国有财产时，保护工作显得力不从心，难以达到预期的效果。

在坚持检察机关是国家法律监督机关的宪法地位不动摇的前提下，检察权的外延和行使方式应当随着不同时期国家任务、各项制度的变革动态调整。[①] 特别是在当前这个阶段，保护国有财产显得尤为重要，因此，构建一个专门的、系统的国有财产检察保护制度显得尤为必要。这一制度的核心应当是以强化对国有财产管理者的公法监督为出发点和落脚点，通过建立国有财产保护的一体化综合履职机制，以及“专业化监督 + 恢复性司法 + 社会化治理”的国有财产保护办案机制，来充分发挥检察机关的四大职能。同时，通过压实行政机关监督管理责任，形成国有财产检察监督保护合力。在此基础上，在制度层面调整国有财产保护领域检察监督的范围，赋予检察监督对国有财产管理者进行合法性和合理性全面审查的权力，并构建由检察机关支持公民提起行政公益诉讼的制度，以实现对体量庞大的国有财产的全方位保护。

三、优化高质效办理国有财产保护案件的办案机制

办案是检察机关履职的基础方式，“高质效办好每一个案件”是新时代检察履职办案的基本价值追求，也是充分发挥检察监督职能保护国有财产的基础和关键抓手。然而，国有财产保护领域的案件往往具有点多面广的特点，涉及的公益损害问题往往具有隐蔽性，政策敏感性也较强。这些案件常常与地方保护主义和地方政府的利益相互交织，导致在办案过程中存在一定的阻力。因此，为了确保办案的顺利进行，需要通过顶层设计来加强办案的保障措施。机制现代化是检察工作现代化的关键，鉴于国有财产保护的重要

① 童建明、孙谦等主编：《中国特色社会主义检察制度》，中国检察出版社 2022 年版，第 103 页。

性和该领域检察监督的必要性，应当通过机制现代化来为高质效办好国有财产保护案件提供保障，强化对国有财产的保护。

（一）建立国有财产保护案件一体履职、综合履职机制

涉及国有财产保护的案件大多具有疑难复杂的特征，更为重要的是，这些案件在处理过程中容易受到地方保护主义的影响和行政干预的干扰。由于检察院和法院在人事、财务和物资管理方面都受到地方政府的控制和影响，因此，相较于民事案件和刑事案件，行政案件更容易受到地方政府的干预。检察机关在办理涉及国有财产的行政公益诉讼案件或职务犯罪案件时，以及在对行政违法行为进行监督的过程中，所面临的阻力和挑战是不容忽视的：在民事和刑事案件中，对司法过程的干扰往往以个体的、隐蔽的方式出现，而在行政案件中，这些阻力可能来自地方政府的直接干预，也可能来自地方政府相关部门的组织性干预。这些干预行为不仅影响了案件的公正审理，也可能影响到国有财产的有效保护和法律的公正执行。

为了解决这些问题，检察系统内部应当建立健全国有财产保护案件一体履职、综合履职机制。最高人民检察院强调，要强化一体履职、综合履职，探索打破业务“壁垒”，形成履职合力，以履职办案机制的现代化推进检察工作现代化。各级检察院、各项检察职能既相对独立又相互关联，具体来说，为了充分保护国有财产权益，从中央到地方的四级检察机关、各个业务条线以及院内各部门，可以探索完善建立健全内部线索移送、跨区域检察履职等机制，从而确保纵向的贯通和横向的联动，真正实现各项检察职能的深度融合。这样的措施将有助于优化办案质效，通过更高层面的办案意见来破除地方保护主义的障碍，从而实现对国有财产的全方位司法保护。

1. 完善线索互移和处理机制

在刑事、民事、行政以及公益诉讼等各个业务部门中，都应当加强并提升对国有财产全面保护的意识和责任感。当在办理案件的过程中，发现涉及其他检察业务职能的案件线索时，应当及时制作并发出线索移送函，以便将这些线索移交给相应的业务部门进行进一步的处理和办理。此外，如果发现

案件线索属于上级检察院的职责范围之内，那么应当立即上报并请求上级检察院介入处理。对于那些不属于检察机关管辖范围内的其他违纪违法犯罪线索，相关部门也应当迅速采取行动，将这些线索及时移送至公安、纪检监察等具有相应管辖权的主管部门，以便这些部门能够及时介入并采取相应的法律措施。通过这样的方式，对涉及国有财产保护的各类案件进行全面、有效的处理，从而更好地维护国家利益和社会公共利益。

2. 完善上下联动机制

针对那些重大、敏感、疑难复杂，以及存在地方干预等问题的国有财产保护案件，省、市、县三级检察院可以采取上下联动的方式进行处理。在这种联动机制下，下级检察院需要迅速响应，并执行快速反应和请示报告制度。同时，省检察院将根据职权或根据下级检察院的申请，对正在处理的案件进行同步介入、同步阅卷和同步审查，确保案件处理的及时性和有效性。此外，省检察院还可以统筹调配专业化办案力量，以参与案件的处理工作，从而加强内部各部门和各业务之间的协作配合，确保办案工作能够实现“上下统一、横向协作、内部整合、总体统筹”的目标。省级检察院应根据案件的具体类型、重大敏感复杂程度等因素，确立并实施一体化的办案模式，以提高司法效率和质量。在此模式下，下级检察院必须遵循逐级审核、逐级负责的原则，确保每一个案件在处理过程中都保持高度的严谨性和高效性，从而保障司法公正和效率的双重目标得以实现。

3. 加强上级院办案指导

对于那些引起公众广泛关注的热点、难点案件，以及具有示范效应、可以为其他案件提供借鉴的案件，上级检察院有责任和义务加强对下级检察院的业务指导。这种指导可以通过依职权主动审查，或者根据下级检察院的申请进行审查把关，进而提出具有指导性的意见，或者直接作出处理决定。在办理这类指导性案件时，必须坚持独立办案的原则，确保案件处理的公正性；同时，要实行逐级把关，确保案件处理的严谨性；并且要进行分类指导，确保案件处理的针对性和有效性。下级检察院在处理这类案件时，应当首先提出自己的明确意见，并将这些意见上报给上级检察院。上级检察院在收到下级检察院的报告后，应当及时给出明确的指导性意见，并以书面形式反馈给下级检察院。这些指导性意见应当具有法律上的强制力，即下级检察院必须按照上级检察院的指导性意见来执行，并且在执行完毕后，需要以书面形式向作出指导性意见的上级检察院报告执行情况。如果下级检察院在某些情况下认为不宜完全执行上级检察院的指导性意见，或者需要部分调整执行方式，甚至是在指导性意见的范围之外作出某些决定，那么下级检察院应当在作出决定之前，向上级检察院书面说明理由。

4. 推广专案组办案模式

在处理涉及特殊领域的案件时，应充分利用地域特色和办案经验，构建跨部门的办案团队。对于跨部门、跨业务类别的案件，应当明确牵头部门来负责整体协调，同时其他相关部门则需提供必要的办案支持。在某些情况下，为了更有效地处理案件，可以成立跨部门的联合办案组，以便集中各方力量共同解决案件。此外，对于那些特别重大、敏感或复杂的案件，需要全面统筹办案资源，可以成立由检察长或分管领导担任组长的专案组。同时，也可以尝试建立一个跨层级的联合办案组，以确保案件能够得到充分和有效地处理。对于那些对社会有重大影响的国有财产案件，可以成立市区（县）两级院的联合办案组，或者在省市区（县）三级之间建立办案组，以确保案件处理的连贯性和有效性。上级检察院的专案组成员应当全程介入下级检察院的案件办理过程中，承担起组织指挥、统筹协调以及审核把关的重要职责。对于其他重大、敏感、复杂的案件，上级检察院应当指定经验丰富的检察官，在详细阅卷的基础上，对各个诉讼节点进行同步审查和指导，以确保案件处理的正确性和公正性。

5. 用好提级办案和异地办案

在司法实践中，个别案件由于种种原因，在下级检察机关的管辖范围内处理起来显得尤为棘手。这些案件可能因为涉及复杂的利益关系，或是因为地方保护主义的影响，使得办案人员难以公正无私地执行职责。在这种情况下，上级检察机关的介入显得尤为重要。上级检察机关可以采取提级办理的措施，将案件的管辖权上移至更高级别的检察机关，以确保案件能够得到更为公正和有效的处理。

当案件符合行政公益诉讼的条件时，上级检察机关还可以指定其他基层检察院来提起公益诉讼。这样的安排有助于打破地域限制，避免了本地政府和利益集团的不当干预，从而为检察办案人员提供了一个更为客观和中立的工作环境。在这个环境中，办案人员可以不再受到地方利益的牵绊，而是能够站在一个更高的视角，以维护国家利益和社会公众利益为己任，从而确保案件能够得到及时和公正的审理。

6. 建立跨区域检察协作机制

对存在跨区域检察办案可能性的，相关地区可以联合建立跨区域检察协作机制。这种机制的建立，不仅体现了司法合作的精神，而且可以在多个关键方面形成合力，包括但不限于线索移送、跨区域调查取证以及案件的办理工作。通过这种协作，可以有效地提高办案效率和质量，确保司法公正和法律的严肃性得到维护。例如，沿京杭大运河的八个主要城市，建立了京杭大运河世界文化遗产保护检察公益诉讼跨区域共护协作机制，从而共同保护和维护大运河这一世界文化遗产，确保其历史价值和文化意义得到传承和发扬。通过这种跨区域的协作机制，各城市能够携手合作，共同应对保护工作中遇到的挑战，确保大运河的生态环境、历史遗迹和文化景观得到全面而有效的保护。此外，跨区域检察协作机制的建立，还能够促进不同地区检察机关之间的信息共享和经验交流。在面对复杂多变的案件时，这种机制能够提供一个平台，让各地检察官能够相互学习、借鉴，从而提升整体的办案能力和专业水平。同时，协作机制还能够帮助检察机关更好地应对跨区域犯罪，例如水污染犯罪等，这些犯罪往往涉及多个地区，需要各地检察机关协同作战，才能有效打击和预防。

在实践中，跨区域检察协作机制的运作需要建立一套完善的规则和程序，确保协作的高效和有序。这包括建立定期的联席会议制度、案件信息通报机制、联合调查和取证的流程等。通过这些机制的建立，可以确保在遇到跨区域案件时，更好地履行法律监督职能，各协作单位能够迅速响应，形成合力，共同推进案件的侦破和处理，在更大范围上保护国有财产。

7. 探索“全科检察官”培养模式

在国有财产保护领域，经常会出现一些侵犯国有财产的案件，这些案件往往与四大检察的工作内容紧密相关。对于那些人员配置相对较少的检察机关来说，可能在全面保护国有财产方面面临一定的挑战。由于资源和人力的限制，这些检察机构可能难以通过组建专门的办案团队等集体协作的方式来全方位地执行保护任务。因此，有必要探索并实施“全科检察官”培养模式。这种模式的核心在于调整现有的案件分配机制，赋予单个检察官处理刑事、民事、行政以及公益诉讼四大检察领域的案件的权力。通过这种方式，可以确保检察官能够全面地负责与自己领域相关的案件，实现从案件的立案到最终处理的全过程负责。承办检察官将对每一个案件进行逐案审查，确保在立案监督、侦查监督、抗诉、司法工作人员职务犯罪、民事行政检察监督、公益诉讼检察监督、社会治理类检察建议、行刑反向衔接以及其他应当移交的线索等多个方面的问题得到充分的审查和处理。这样的做法旨在确保每一个国有财产保护案件都能得到深入而全面的调查，从而提高案件处理的透明度和公正性，确保国有财产得到有效的保护。

（二）构建“专业化监督＋恢复性司法＋社会化治理”办案机制

党的二十大报告中明确提出，要完善社会治理体系，提升社会治理法治化水平的重要指示。“专业化监督＋恢复性司法＋社会化治理”生态检察工作机制就是检察机关践行习近平生态文明思想和习近平法治思想的重要成果之一。这一工作机制的核心在于，检察机关在办理破坏环境资源保护案件过程中应避免就案办案，而是要采取更加积极主动的态度，将四大检察职能有机融合，依法执行生态环境保护的法律监督职责。其中，专业化监督强调强化行刑衔接，由生态环境部门、自然资源部门等专业行政部门或者市场化的第三方治理机构或修复机构作为生态恢复的专业技术部门，负责指导协调和监督生态保护修复工作，确保通过专业化手段实现生态修复的技术效果和目标。恢复性司法则倡导“重修复、轻惩罚”的理念，主张“以修复代替惩戒”，通过补种复绿、增殖放流、土地复垦、认购碳汇等措施，让加害人参与修复过程，以“同质”弥补的方式承担责任，从而积极促进生态法益的恢复和被害人利益的救济。最后，社会化治理强调法治与德治相结合，要求检察机关、行政执法部门和社会公众共同参与，通过主体协作、公众参与、宣传教育等多种方式，形成社会公众的良性互动，共同推动社会治理体系的完善和法治化水平的提升。

由于生态环境和资源中大部分属于国有财产，因此在生态环境保护和资源保护方面，与国有财产保护有很多共通之处。例如，这些共通之处包括它们都与公共利益密切相关，缺乏个人或集体的强烈的保护冲动和激励，以及在刑罚方面，对于报应性惩罚的需求相对较弱。此外，这些领域容易出现所谓的“公地悲剧”，即资源被过度利用，导致环境和资源的退化。而且在国有财产保护案件的办理中，“重惩处、轻修复”的传统观念依然存在，使得最重要的损失修复和违法预防长期受重视不足。鉴于此，可以将这一检察工作机制扩展到所有国有财产保护的领域中，构建一个全面的国有财产保护机制，即国有财产领域的“专业化监督＋恢复性司法＋社会化治理”检察办案机制。

1. 贯彻恢复性司法理念

与传统的报应性司法相比，恢复性司法更加注重于修复因违法犯罪行为而产生的破坏性后果，其目的在于及时地恢复那些受到损害的法益。在国有财产保护的领域内，实施恢复性司法理念显得尤为重要。为了有效地贯彻这一理念，应当坚持“四大检察”即刑事检察、民事检察、行政检察和公益诉讼检察的一体化监督的法律监督基本格局。这种做法强调了法律监督的全面性和系统性，确保了法律监督工作的连贯性和有效性。同时，还应当注重内外协同协作，即检察机关与其他司法机关、行政机关以及社会团体之间的合作，共同推进恢复性司法的实施。通过综合运用打击犯罪、法律监督、保护国有财产、预防犯罪以及提供法律服务等多种措施，可以有效地扩大“公益＋多重监督”的叠加效应。这种叠加效应不仅能够增强法律效益，即确保法律的正确实施和执行，还能够提升社会公共效益，即通过法律手段促进社会和谐与稳定。

在保护国有财产的检察办案全流程贯彻恢复性司法理念，有助于及时恢复受损害的法益。一方面，刑事检察部门在提前介入、审查逮捕、审查起诉等刑事诉讼全流程积极开展恢复性司法工作，通过这种方式，可以有效地引导修复因犯罪行为而受到损害的社会关系。并且，建议在刑事检察办案之初，就主动联系公益诉讼部门，实现同步参与和信息共享。引导公安机关在侦查办案中收集后续公益诉讼可能需要的证据。另一方面，检察机关在刑事检察办案、行政违法检察监督、公益诉讼办案过程中，应采取灵活的修复模式，以直接修复为主，辅之以替代性修复措施，以此来弥补损失。检察机关在进行刑事检察办案、行政违法检察监督以及公益诉讼办案的过程中，对于那些无法直接采取措施弥补国有财产损失的情况，可以结合实际情况，采取赔偿损失、劳动补偿等替代性修复措施。例如，在处理滥伐林木案件时，可以探索由当事人通过认购碳汇、补植复绿、劳务代偿的方式修复受损生态。这样的措施能够有效解决补种树木在幼龄期固碳增汇能力不足的问题，从而实现对受损生态的有效修复。

2. 强化专业化监督

检察机关与行政机关在保护国家利益和社会公共利益方面具有共同的目标和使命。检察机关在依法积极履行职责的过程中，应当特别注重与行政机关协作配合，通过加强行政执法与刑事司法的衔接，检察机关可以进一步强化其专业化监督的职能，确保法律的正确实施。在具体的办案过程中，检察机关应当充分发挥统筹协调的作用，积极引导和调动多元主体的参与，形成协同共治的良好局面。这样不仅能够助推行政机关在治理工作中更加深入地推进系统治理和综合治理，还能够有效提升社会治理的整体效能，实现法律效果与社会效果的有机统一。

一方面，由于侵害国有财产的手段、结果复杂，涉及很多专业知识。更为重要的是，这些案件的上下游很可能与其他违法犯罪行为有着千丝万缕的联系。因此，在这种情况下，四大检察部门的检察人员在办案过程中，必须进一步加强法律监督，确保司法公正。具体来说，检察人员应当始终保持敏锐的线索意识和问题意识，全面加强对立案、侦查、审判、执行等各个环节的法律监督。为了实现这一目标，检察人员需要注重从多个渠道发现监督线索。首先，应当密切关注侦查机关的信息通报，从中寻找可能存在的监督线索。其次，还应当加强与行政执法和刑事司法的衔接工作，确保在这一过程中能够及时发现并处理相关问题。此外，还可以通过提前介入案件、自行开展侦查等方式，及时提出检察意见，确保案件的顺利进行。在办案过程中，检察人员还应当注意挖掘与案件相关的上下游违法犯罪线索。对于那些可能存在的漏罪和漏犯，应当及时监督公安机关立案侦查，确保不遗漏任何犯罪行为。同时，对于那些有案不立、有罪不纠、以罚代刑等问题，也应当及时予以纠正，确保法律的严肃性和公正性。在案件办理过程中，检察人员还应当依法加大对漏捕漏罪的追捕追诉力度，确保所有犯罪行为都能得到应有的法律制裁。此外，对于那些在判决裁定中存在认定事实不清、采信证据不当、适用法律错误的情况，以及那些有罪不判、量刑畸轻畸重的问题，检察人员应当依法提出抗诉，确保司法判决的公正性和准确性。

另一方面，注重与行政机关之间的沟通与协作，以构建一个高效协同的办案机制。这种机制不仅能够加强行政与刑事之间的衔接，还能够确保行政机关在监督管理方面的责任得到压实。特别是在面对国有财产受到侵害的情况时，其后的修复工作往往涉及复杂的程序和大量的专业知识。因此，建议在相关领域与生态环境部门、自然资源部门、国资部门等专业行政部门建立有效的衔接机制。具体来说，检察机关与这些专业行政部门进行定期的沟通会议，共同探讨和解决国有财产保护过程中遇到的问题。例如，可以与生态环境部门建立协作机制，更好地处理因环境污染导致的国有财产损害问题；与自然资源部门建立协作机制，更有效地应对因资源开发不当而引发的国有财产损失问题；与国资部门建立监督协作机制，确保国有财产在遭受侵害后能够得到及时、有效地修复和保护。此外，还可以通过建立联合工作组，定期开展联合执法行动，以加强对国有财产的保护力度。通过这些措施，我们不仅能够提高国有财产保护工作的效率和效果，还能够进一步增强全社会对国有财产保护的意识和责任感，最终共同构建一个更加完善、高效的国有财产保护体系。

3. 融入社会化治理

加强源头治理、提升违法犯罪治理现代化水平，是深化全面依法治国、落实以人民为中心的发展思想、推进国家治理体系和治理能力现代化的现实路径，这不仅是检察机关强化法律监督、促进良善司法的应然职责，更是实现社会和谐稳定的重要举措。通过全域治理、多元治理、共享治理，实现案件矛盾风险的全息化解，有效推动犯罪治理体系和治理能力现代化。在办案中，检察机关可以通过多种方式推动，凝聚社会治理合力。例如，制发检察建议、推动专项整治、开展检察调研、强化检察宣传等。对于案件反映的行政监管问题，检察机关应积极制发社会治理类检察建议，针对办案发现的社会治理漏洞提出改进建议，助推行业治理、系统治理，并且持续跟进落实，加强跟踪问效，防止纸面整改。对于个案中发现的普遍性行业问题，检察机关应推动开展区域专项行动，确保整治到位。开展调查研究，针对办案发现的普遍性、苗头性、倾向性问题进行研究思考，针对性提出解决办法，为行政犯罪的社会治理提供理论依据。

此外，检察机关还应加大宣传力度，凝聚社会共识，丰富宣传方式、宣传内容，尤其是通过培育典型案例、开展庭审直播等方式，以群众身边案加强以案释法，营造遵纪守法的社会氛围。通过这些措施，检察机关能够更好地履行其法律监督职责，促进社会和谐稳定。

四、国有财产保护领域检察监督内容的调整

（一）拓展领域：行政检察监督和行政公益诉讼

受案范围是法律程序启动的前提。根据目前四大检察职能以及它们各自的受案范围所规定的具体内容进行分析，我们可以发现，除了行政检察监督以及行政公益诉讼这两个领域之外，刑事检察、民事检察、民事公益诉讼等其他检察职能的受案范围，基本上能够有效地激发和发挥出相应的职能作用。

首先，刑事检察必须严格遵循罪刑法定原则，保持其应有的谦抑性，不

应也不宜无限制地扩大案件受理的范围。而且无论是对涉嫌贪污罪等职务犯罪的国有财产管理人员，还是对涉嫌盗窃罪等侵害国有财产犯罪的私人进行批捕、起诉、提出量刑建议，通常是在已经产生了严重后果、涉嫌违法犯罪的情况下才会进行。因此，在保护庞大的国有财产方面，刑事检察工作存在一定的局限性和滞后性。为了更有效地发挥刑事检察部门保护国有财产的作用，更重要的是在司法实践中加大对侵害国有财产犯罪行为的打击力度，重视全流程追赃挽损，制发检察建议强化事前预防等，而不是扩大受案范围。

其次，关于民事检察的受案范围，法律并没有明确具体地加以限定。它主要是根据法律监督机关的定位以及民事检察的职能，进行了一个较为笼统的归纳和表述。民事检察部门对披着民事行为外衣侵害国有财产的判决书、裁定书、调解书，基本都可以“侵害国家利益及社会公共利益”为由予以监督，实质上已经实现了对民事检察保护国有监督职能的充分开发，因此，在现有的受案范围基础上，只需进一步加强对涉及国有财产案件的办理力度，就能更好地发挥民事检察的作用，也无须扩大受案范围。

最后，公益诉讼包括民事公益诉讼和行政公益诉讼两大类别。由于国有财产管理者不仅具备保护国有财产的权力和能力，更肩负着保护国有财产的公法义务，如果过度依赖通过民事公益诉讼挽回国有财产损失，不仅会掩盖国有财产管理者在保护职责上不作为的事实，还可能纵容管理者怠于履行保护国有财产的职责，进而导致诉讼案件数量不断增加，形成恶性循环。因此，国有财产保护不应过多依赖民事公益诉讼这一途径，而应当更多地着眼于行政公益诉讼，通过行政手段充分激发和调动国有财产管理者在保护国有财产方面的积极性和责任感，从而更有效地保护国有财产。

相比之下，在维护和保障国有财产方面，行政检察和行政公益诉讼扮演着至关重要的角色，它们的作用还有很大的拓展空间。一方面，尽管行政检察并未严格限定其受案范围，但是由于一些检察人员对“法律监督机关”这一概念的字面理解存在局限性，他们在执行法律监督职责的过程中，往往只是机械地逐字逐句对照法条，审查行政机关和审判机关的羁束性行政行为是否符合法律规定，这种做法在很大程度上限制了行政检察监督在保护国有财产方面所能发挥的积极作用。另一方面，虽然《行政诉讼法》明确规定了生态环境和资源保护、国有财产保护、国有土地使用权出让等领域可以提起行政公益诉讼[①]，然而，目前的行政公益诉讼制度仍然存在一定的局限性，特别是它仅限于对那些具有明确法律约束力的行政行为进行合法性审查，这在一定程度上限制了公益诉讼的广泛性和深入性。

由此可见，在当前的法律体系中，充分拓展行政检察监督和行政公益诉讼的监督内容非常具有必要性。由于涉国有财产保护的行政检察和行政公益诉讼的核心关注点都集中在那些对国有财产负有监管职责的行政机关身上。这些机关在行使职权时可能出现的违法行为以及不作为的问题，是当前法律监督的重点。此外，制发检察建议作为行政公益诉讼的一个重要前置程序，对于推动问题的解决和法律的实施具有不可替代的作用。鉴于此，本节内容将对行政检察监督和行政公益诉讼的监督内容进行综合研究，旨在深入探讨如何更有效地发挥这两项制度的作用，以确保国有财产得到妥善保护，同时提升行政机关的法治意识和责任担当。

（二）行政检察和行政公益诉讼监督内容的不足之处

在监督和制约国有财产管理者的检察职能中，行政检察监督与行政公益诉讼是发挥最直接且最大作用的领域。首先，行政检察监督和行政公益诉讼能够直接介入国有财产管理的各个环节，确保管理者的行为符合法律法规和国家政策的要求。通过这种方式，可以及时发现和纠正国有财产管理中的违规行为，防止国有财产的流失和浪费。其次，行政检察监督和行政公益诉讼能够为国有财产管理提供法律保障，确保管理者的决策和行为在法律框架内进行，从而提高国有财产管理的透明度和公正性。最后，行政检察监督和行

---

① 《行政诉讼法》第 25 条第 4 款规定："人民检察院在履行职责中发现生态环境和资源保护、食品药品安全、国有财产保护、国有土地使用权出让等领域负有监督管理职责的行政机关违法行使职权或者不作为，致使国家利益或者社会公共利益受到侵害的，应当向行政机关提出检察建议，督促其依法履行职责。行政机关不依法履行职责的，人民检察院依法向人民法院提起诉讼。"

政公益诉讼还能够增强国有财产管理者的责任感和使命感，促使他们在管理过程中更加谨慎和负责。因此，为了确保国有财产的安全和合理利用，防止和纠正国有财产管理中的不当行为，有必要深入探讨和充分挖掘行政检察监督和行政公益诉讼的监督范围。

从现实需要来看，要充分发挥行政检察监督和行政公益诉讼的作用，需要对其监督范围进行调整。这不仅包括对国有财产管理者的具体行为进行监督，还应涵盖对国有财产管理的制度和程序进行审查。通过充分发挥行政检察监督和行政公益诉讼在国有财产管理中的重要作用，对国有财产管理的各个环节进行全方位的监督，从而确保国有财产的合理配置和有效利用，防止和减少国有财产管理中的腐败和浪费现象。

从现有行政检察监督和行政公益诉讼的立法规定和司法实践来看，现有监督内容存在以下不足：

第一，当前的法律体系在很大程度上侧重于对国有财产占有权的保护，却在一定程度上忽视了对公共信托用途的保护。举例来说，在现实生活中，个别地方政府投入巨额资金用于建造一些实际上并无实际用途的地标性建筑或者豪华的政府办公大楼。此外，还有将原本规划为住宅用地的土地擅自改变用途，转为商业用地，以及在河堤大坝等重要水利设施上建设商铺等行为。这些做法显然违背了国有财产作为公共信托资源的初衷和用途，实际上是对国有财产的一种侵害。然而，对于这种虽然明显滥用处分国有财产的权力，但并未直接违反法律中明确禁止性规定的做法，现行的法律制度由于受到案件受理范围的限制，往往难以有效地发挥其应有的作用。

第二，在当前的法律实践中，司法监督主要集中于对羁束性行政行为的审查上，而对于裁量性行政行为的监督则相对较少。以湖北省公安县人民检察院提起的针对公安县环保局未对非法排污行为履行职责的行政公益诉讼案件为例，法院在判决中认为，环保部门在责令改正期限届满，违法行为人违反“三同时”行为继续状态下，没有认定为新的违反“三同时”的环境违法行为，只处罚了超标排污行为，并不违反相关法律规定。由此可见，法院在审理过程中，仅对那些具有明确法律依据和执行标准的羁束性行政行为进行了司法审查，而对于环保局在处理非法排污问题时所拥有的一定裁量空间内的行政行为，并没有进行深入的审查和评价。①

第三，在当前的法律监督实践中，监督范围往往局限于对行政行为合法性监督的范畴，而对合理性监督的涉及相对较少。囿于对“法律监督机关”的形式化理解，一些检察人员在履行法律监督职责时，仅仅逐字逐句对照法条，审查行政机关和审判机关的行为是否符合法律的明文规定，然而，当被监督对象的行为在没有明显违反法律条文的情况下，检察人员往往忽视了进一步探讨其是否符合科学性、高效性以及精简性等原则的合理性监督。这种做法实际上极大地限制了检察监督作用的全面发挥，未能充分实现法律监督的深层次价值。

（三）拓展行政检察和行政公益诉讼受案范围的理论基础

首先，2014 年 10 月，党的十八届四中全会通过了《中共中央关于全面推进依法治国若干重大问题的决定》，提出“探索建立检察机关提起公益诉讼制度”。会议强调，在现实生活中，对一些行政机关违法行使职权或者不作为造成对国家和社会公共利益侵害或者有侵害危险的案件，如国有资产保护、国有土地使用权转让、生态环境和资源保护等，由于与公民、法人和其他社会组织没有直接利害关系，使其没有也无法提起公益诉讼，导致违法行政行为缺乏有效司法监督，不利于促进依法行政、严格执法，加强对公共利益的保护。由检察机关提起公益诉讼，有利于优化司法职权配置、完善行政诉讼制度，也有利于推进法治政府建设。这说明了在保护国有财产领域充分赋予检察机关监督行政机关和提起行政公益诉讼权力的必要性。

其次，党的十九届四中全会通过的《中共中央关于坚持和完善中国特色社会主义制度、推进国家治理体系和治理能力现代化若干问题的决定》中提出“拓展公益诉讼受案范围”，对公益诉讼检察“以诉的形式履行法律监督

---

① 最高人民检察院第八检察厅编：《行政公益诉讼典型案例实务指引——生态环境资源保护领域》（上册），中国检察出版社 2019 年版，第 185 页。

本职”提出了更高要求。2021 年，党中央制发《中共中央关于加强新时代检察机关法律监督工作的意见》，明确要求加大“国财国土”等重点领域公益诉讼案件办理力度。最高人民检察院已经明确指示对于所谓的“等外案件”的处理方式，应当从“稳妥积极”向“积极稳妥”转变，并发布《关于积极稳妥拓展公益诉讼案件范围的指导意见》。“积极”二字的含义在于，必须坚持在政治站位上对人民高度负责、展现出勇于担当的精神和行动；“稳妥”则意味着在处理案件时必须严格遵守法律规定，同时注重案件处理的质量和效果，二者相辅相成、缺一不可。值得注意的是，我国改革开放以来的第一起具有公益诉讼性质的案件就是涉国有财产流失的案件①，这表明国有财产保护领域与公益诉讼之间存在着最为紧密的联系，也是最值得我们深入探索的领域。因此，我们有必要全面深入地研究和探索国有财产行政公益诉讼的受理范围，通过公益诉讼的方式，为检察机关保护国有财产建立起一道坚实的防线。

最后，公共信托理论为拓展国有财产保护的法律监督范围提供了有力的理论依据。根据公共信托理论，涉国有财产保护的公益诉讼案件的受案范围应当涵盖国有财产管理者在处理国有财产时，未能履行其信托义务的行为。保护国有财产不仅要保护国有财产的归属，还要保护国有财产的公共信托用途。因此，与一般公益诉讼案件主要诉求在于停止侵害行为或要求赔偿因侵权行为造成的损害不同，国有财产公益诉讼的范围应当更为广泛。它不仅应当包括国有财产管理者在行使职权时的违法行为，或者对于他人侵害国有财产的不作为行为，还应当扩展到国有财产管理者违反公共信托用途的情况。例如，将本应作为生活资料使用的国有公物错误地用作生产资料，或者在国有公物上不当地设置收益权等行为，都应当成为公益诉讼的审理内容。

---

① 1997 年，河南省方城县人民检察院就该县工商局擅自出让房地产致使国有财产流失向人民法院提起诉讼。

（四）检察监督内容的调试：合法性和合理性的全面监督

本书认为，应当探索将违背公共信托义务的处分行为、裁量性行政行为纳入行政检察监督和行政公益诉讼的监督领域。这样的做法旨在从合法性和合理性的两个维度，对国有财产的管理者实施全面的监督。鉴于行政检察监督在公益诉讼中扮演着前置程序的角色，并且与国家强化行政公益诉讼职能的宗旨相一致，因此，检察机关在涉及国有财产保护的行政检察和行政公益诉讼方面，应当采取统一的横向拓展策略，将管理者侵害国有财产的不合法和不合理的行为，尤其是违背了公共信托义务的行为都纳入行政检察监督和行政公益诉讼的监督范畴之内。在这一过程中，应当纳入受案范围的国有财产应该涵盖国家依照《宪法》和法律规定取得和认定的，或者依公权力取得，或者通过民事行为取得的具有货币价值的物和权利的全部，包括但不限于土地、自然资源、财产及财产性权利；侵害行为包括侵占、损坏、私分、违法或极不合理的处分，以及违反公共信托义务的处分行为等。

需要释明的是，有观点认为检察机关作为国家的法律监督机关，应当仅限于对行政机关的行为是否违反了法律规定进行审查判断，而不应涉及对这些行为是否合理进行监督。本书不赞同这种观点，对国有财产管理者的行为是否违反了公共信托义务进行合理性监督，并不与检察机关作为“法律监督机关”的角色定位相冲突，也没有超出检察监督的合理范围。这种监督实际上是对公共利益的一种保护，确保国有财产的管理者在履行职责时，不仅遵守法律条文，而且符合法律精神和公共利益的要求。

第一，根据公共信托理论，公共利益的代表人被赋予了审查受托人是否违反信托义务的权利。这一理论强调了公共信托义务的一个关键方面，即合理地分配和使用公共财产。因此，公共利益的代表人必须对公共信托财产的使用进行严格的审查，确保其合理性。具体应用到我国的国情中，公共信托理论实际上赋予了检察机关一项重要的职责，那就是审查国有财产的管理者是否在行使国有财产所有权的权能时，既合法又合理。

第二，检察权，作为一种极具公益性质的法律监督权，赋予了检察机关双重身份：既是法律监督机关，也是公共利益的代表。作为公共利益的代表，检察机关有责任和义务对国有财产管理者的各种行为进行细致的审查，确保这些行为符合公共利益的需要。我国改革开放以来的第一起具有公益诉讼性质的案件——1997 年河南省方城县人民检察院诉该县工商局擅自出让房地产致使国有财产流失案，就涉及对该县工商局出让房地产的合法性和合理性的双重判断。

第三，根据公共信托理论，公共信托所有权与州一般警察权力不同。公共信托理论使法院能够对政府处置公共信托资源的行为，比对警察权力管制行为进行更严格的审查。[①] 因此，审判机关在处理案件时，应当对国有财产管理者行使国家所有权的行为进行比传统行政行为更为细致和严格的审查。与此同时，检察机关作为公益诉讼中的原告，在提起公益诉讼时，也应当对国有财产管理者行使财产所有权权能的行为进行全面和深入的审查，确保这些行为符合公共利益，并且在法律框架内得到妥善执行。

第四，检察机关提出检察建议时，并无强制性，此时国有财产管理者或负有监管职责的行政机关认为检察机关的检察建议不合理时，可以回复说明理由，检察权并没有干预行政权。当检察机关作为公共利益代表人提起公益诉讼时，国有财产管理者是否违背公共信托义务的审查裁判权在人民法院，而我国本来就有对行政行为进行全面审查的制度土壤。虽然法院一般情况下仅能对行政行为进行合法性审查，但是其可以对行政处罚进行合理性审查并判决变更。[②] 说明了法院有对政府的行政行为进行合理性审查的法理基础。从法理上来看，法律之所以赋予法院对行政处罚进行合理性审查的权力，是由于行政处罚对公民权利影响的绝对性和行政处罚权与公民权利之间力量悬殊。同理，公民的国有财产所有权与国家的财产所有权相比力量悬殊，如果没有司法权的加持，公民的国有财产所有权得不到应有的保障。而且大部分

---

① Randal David Orton, *Inventing the Public Trust Doctrine: California Water Law and the Mono Lake Cintroversy*, University of California, 1992, p. 52.

② 《行政诉讼法》第 77 条。

侵害国有财产的处分行为都是披着合法外衣的不合理处分。如果仅规定合法性审查，法院也只能眼睁睁看着国有财产被不合理滥用而无能为力。因此，法院应当对国有财产管理者行使国有财产所有权权能的行为进行合法性和合理性的全面审查，相应地，公共利益诉讼者——检察机关也应当对涉案内容作合法性和合理性的双重审查。

第五，由于国家所有权是一种私法类型的权力，因此，在处理国家所有权相关事务时，必须考虑到民法中关于财产权的基本理念。由于财产权本质上具有私法性质，这使国家所有权与传统的行政权力有所区别，它实际上是一种融合了公法和私法双重属性的特殊权力形式。因此，在法律适用上，我们不能简单地将国家所有权完全等同于公权力，并完全按照行政诉讼法中对公权力审查的规定来处理。相反，应当根据国家所有权所具有的私法属性，适当地借鉴和吸收私法领域内的一些合理规定和原则。在民事诉讼的过程中，法院承担着对案件事实进行深入和全面审查的责任，这不仅包括对合法性进行审查，也包括对合理性进行综合判断，确保案件处理的公正性和合理性。

第五节 由检察机关支持公民提起行政公益诉讼的制度

检察公益诉讼制度从顶层设计到实践落地，从局部试点到全面推开，已经得到了社会广泛认同。作为保护国有财产的最后一道屏障，公益诉讼制度能以较小的代价弥补国有财产保护制度上的漏洞，无疑是一个兼顾效果与效率的选择。然而，制度的设计不可能是完美的，不论在行政自制和他制上下多少工夫来完善国有财产管理制度，实现100%保护国有财产依然是天方夜谭。但是，如果通过行政自制和行政他制使行政机关能够保护到90%的国有财产，再将难以避免的漏洞部分的保护责任交给检察机关，由检察机关通过公益诉讼制度实现事后修复弥补，则能大大降低国有财产的保护成本，并且提高国有财产保护覆盖面。自 2017 年 7 月开展检察公益诉讼至 2020 年年底，全国检察机关就办理了国有财产保护和国有土地使用权出让领域公益诉讼案件 42,413 件，督促收回国家所有财产和权益价值 125 亿元，督促收回欠缴的国有土地使用权出让金 285 亿元。① 这些数字不仅彰显了检察机关在维护国家利益和社会公共利益方面的积极作用，也进一步验证了公益诉讼制度在保护国有财产方面的有效性和必要性。通过检察机关的监督和努力，大量的国有财产和权益得以挽回，为国家财政和经济发展提供了有力保障。同时，这也为公民提起行政公益诉讼提供了有力的实践支持和制度保障，进一步推动了公益诉讼制度的完善和发展。

虽然，我国公益诉讼制度取得了显著成效，但在保护国有财产方面仍存在一些局限性。首先，从客观现实看，庞大的行政组织都不足以对国有财产面面俱到地监管，更不用说在规模和资源上都远不及行政组织的检察机关了。检察机关的工作职责广泛，涵盖了众多领域，因此不可能将全部的注意力和资源都集中于国有财产的保护工作上。其次，根据现行的法律规定，只有检察机关有权提起行政公益诉讼，而公益诉讼只是检察机关众多职能中的一项。由于资源和人力的限制，公益诉讼部门往往只能选择那些损失巨大、社会影响极为恶劣的重大案件提起诉讼，而无法对所有公共利益受损的案件都进行诉讼，特别是在国有财产保护这一特定领域内。最后，从办案实践来看，目前国有财产领域的公益案件线索大多依赖于线索移送，这种做法具有明显的被动性。这导致了广大人民群众在这一过程中并没有发挥出应有的作用，他们的力量和智慧并未得到充分的利用和发挥。

为了应对检察机关在面对众多案件时精力有限，无法对所有国有财产受侵害的案件进行全面保护的客观难题，我们可以考虑借鉴检察机关支持民事

① 闫晶晶：《督促收回国有财产和国有土地出让金 410 亿元》，载《检察日报》2020 年 12 月 18 日，第 1 版。

公益诉讼制度的成功经验,[①] 在检察公益诉讼的立法过程中，构建一个有效的机制。这个机制应当能够处理国有财产管理者在拒不履行其保护国有财产义务的情况下，检察机关可以支持公民或社会组织代表国家提起行政公益诉讼。通过这样的立法创新，可以确保国有财产得到更加有力的法律保护，同时也能提高检察机关的工作效率，使其能够更加专注于那些重大或具有典型意义的案件。

一、赋予公民行政公益诉讼原告资格的依据和价值

原告资格，被视为“接近正义的第一步”[②]，由公民自己维护自己的权益，首先应当赋予公民诉讼的资格。“无利益即无诉讼”作为诉讼制度的普遍规则，规定只有那些与诉讼利益直接相关的人才有资格成为原告，将与诉讼利益无关者排除在了原告范围之外。在诉讼制度的早期阶段，很多国家的法律都对起诉人资格严格限制，即起诉人必须是与案件有直接利害关系的人。然而，随着社会的进步和发展，这种严格限制已经不能满足保护公民权益的基本要求，因此很多国家已经开始逐步放宽对起诉人资格的限制。允许广大公民来监督国有财产管理者的行为，并代表国家提起公益诉讼，这有助于解决检察机关因资源有限而无法充分处理的问题，同时也能缓解国家机关在处理代理问题时所面临的困境。赋予公民行政公益诉讼原告资格的合理性，不仅源于公共信托理论的内在要求，而且也是实现民主法治的现实需求，以及客观诉讼制度的应有之义。

（一）赋予公民诉讼资格是公共信托理论的要义

在公共信托理论发展较为完善的美国，公共信托理念与公共信托诉讼相

---

① 《民事诉讼法》第58条第2款明确了检察机关对适格主体提起民事公益诉讼开展支持起诉的依据。检察机关可以通过提供法律咨询、向人民法院提交支持起诉意见书、协助调查取证、作为支持起诉人出席法庭等方式，为民事公益诉讼人提供法律支持。

② ［美］John E. Bonine：《原告资格：接近正义的第一步》，李鸧译，载《行政执法与行政审判》（总第20集），法律出版社2007年版，第106页。

伴发展并相互成就。根据美国的公共信托理论，公共信托理论的保障在于司法，信托的基石在于司法的执行，否则所谓的公共信托理论对公共信托财产管理者权力的限制就是一纸空文，不过是一个“恳求的劝告”而已。[①] 诉讼不仅对于将公共信托理论应用于实际操作是必不可少的条件，而且它也是公民参与政治过程的一个重要途径。因为法院提供了一个平台，使公民个体、社会团体以及那些已经具备专业训练的利益集团，都能在平等的基础上被倾听，确保了不同声音的公正表达。[②]

根据公共信托理论，全体公民作为公共信托财产的所有权人，具有诉讼利益，是公共信托诉讼的适格原告。公共信托财产受到侵害时，虽然表面上看普通公民的利益并没有受到直接侵害，但是其作为信托财产的所有权人、委托人和受益人的一分子，权益已经受到侵害，不再是事不关己的陌生人，而是与案件有利害关系的人，因而具备诉讼资格，可以提起诉讼，要求公共信托财产管理者履行信托义务。

因此，公共信托理论在普通公众与国有财产利益之间搭建起了利益相关的桥梁，为普通公民提起国有财产公益诉讼提供了理论依据。根据这一理论，国有财产属于全体人民共同拥有，而国家机构或管理者只是作为受托人代为管理和运用这些财产。当国有财产管理者未能积极履行其财产国有化的义务，或者在管理过程中出现疏忽、滥用职权等行为，导致国有财产遭受损失或未能实现其应有的公共利益时，普通公民作为国有财产的委托人和受益人，理应有权提起诉讼，请求法院介入并采取相应措施，以维护自己的合法权益。

（二）赋予公民诉讼资格是实现民主法治的现实需要

构建公民为保护国有财产提起公益诉讼的制度，是民主法治的必然要

---

① 王灵波：《美国公共信托理论的司法适用与启示》，载《河南司法警官职业学院学报》2017 年第 3 期。

② ［美］约瑟夫 · L. 萨克斯：《保卫环境：公民诉讼战略》，王小钢译，中国政法大学出版社 2011 年版，第 49 页。

求，也是实现民主法治的有益尝试，具有重要的法律意义和政治意义。这一制度的建立，不仅能够有效保护国有财产，还能够进一步推动公民参与国家事务的管理，增强公民对法治的信任和认同。要表明国有财产属于全民所有不仅仅是一种政治宣言，而是落在实处的制度要求，就需要完善由公民充分行使权利的法律制度。我国《宪法》第2条明确规定："人民依照法律规定，通过各种途径和形式，管理国家事务，管理经济和文化事业，管理社会事务。"但是，实践中公民直接参与民主管理的途径较为有限。为了改变这一现状，需要进一步拓宽公民参与的渠道，确保公民能够真正参与到国有财产的保护和管理中来。公民是国有财产的所有权人和受益人，在国有财产保护领域赋予公民诉讼资格，使公民能够通过诉讼救济自己的权利，是一种既安全又便于操作的体现民主和法治的方法。通过这种方式，公民可以更加积极地参与到国有财产的保护中，从而更好地维护自身的合法权益。同时，这也有助于提高公民对法治的认识和理解，增强公民对国家和社会的责任感。此外，构建公民为保护国有财产提起公益诉讼的制度，还能够促进政府和相关部门更加透明和负责任地管理国有财产，防止和减少国有财产的流失和滥用。

总而言之，构建公民为保护国有财产提起公益诉讼的制度，不仅具有重要的法律意义和政治意义，而且对于推动民主法治建设、增强公民参与意识、提高政府透明度和责任感等方面都具有积极的作用。因此，应当赋予公民诉讼资格，确保公民能够充分行使自己的权利，共同维护国有财产的安全和完整。

（三）赋予公民行政公益诉讼资格是客观诉讼的应有之义

根据客观诉讼理论，行政诉讼不仅仅是为了处理和解决纠纷，其核心目标在于维护客观的法律秩序。这种诉讼形式除了具备与民事诉讼相似的解决争议的功能之外，还具有更为重要的特殊功能，即救济行政相对人的权利以及保障客观的公法秩序。因此，在行政诉讼中，原告与诉的利益之间的相关性不应仅仅局限于那些直接利益相关的人。[①] 以法国为例，行政诉讼中的利益范围被广泛地扩展。财政利益、公共设施的使用权益以及地方纳税人挑战地方财政的反射性利益等，都可以成为行政诉讼中的利益主体。这种做法使行政诉讼能够更好地适应社会发展的需要，同时也与“无利益，无诉讼”的传统诉讼理念相兼容。通过这种方式，行政诉讼不仅能够解决具体的纠纷，还能够有效地维护整个社会的法律秩序和公共利益。

长期以来，我国行政诉讼体系一直呈现出明显的主观诉讼特征。这种特征导致了行政公益诉讼在我国的发展相对滞后，直到近年来才逐渐起步并逐步发展起来。根据我国《行政诉讼法》第2条和第25条的规定，行政诉讼的原告范围包括行政行为的相对人和其他与行政行为有利害关系的公民、法人或者其他组织。这意味着，公民在提起行政诉讼时，必须能够证明自己与受侵害的国有财产存在直接的利益关系，才能具备作为原告的资格。然而，从《行政诉讼法》的立法目的来看，行政诉讼制度的设立，主要是为了保证人民法院公正、及时审理行政案件，解决行政争议，保护公民、法人和其他组织的合法权益，并对行政机关职权的行使进行监督。[②] 根据双向性原则，行政诉讼应兼具主观诉讼和客观诉讼之义。也就是说，行政诉讼不仅要为私人提供合法权益的救济，还应当承担起保护国家利益和公共利益的责任。因此，仅仅局限于主观诉讼的特征，显然无法全面满足行政诉讼制度的立法初衷和实际需求。

因此，在行政诉讼法领域，通过建立客观诉讼制度保护国家和公共利益，是从制度上完善我国行政诉讼制度的一个基本方向。[③] 现有的检察机关提起的行政公益诉讼已经呈现出诸多客观诉讼的特征，例如以违法造成实际损害作为起诉条件，以实质合法性为审查标准，受案范围从行政行为扩展到

---

① 薛刚凌、杨欣：《论我国行政诉讼构造：“主观诉讼”抑或“客观诉讼”?》，载《行政法学研究》2013年第4期。

② 《行政诉讼法》第1条。

③ 于安：《行政诉讼的公益诉讼和客观诉讼问题》，载《法学》2001年第5期。

行政活动等。[①] 在此基础之上，赋予作为国有财产所有权人和受益人的公民提起国有财产公益诉讼的资格，是符合我国行政诉讼逐渐从主观诉讼走向客观诉讼的发展方向的。进一步而言，这种制度的完善也有助于推动我国行政诉讼制度与国际接轨，提升我国法治建设的水平，为构建一个公正、透明、高效的法治社会奠定坚实的基础。

二、诉讼的性质——行政公益诉讼

在我国，公益诉讼根据被告的不同身份被划分为民事公益诉讼和行政公益诉讼两大类。具体来说，当被告是私主体时，涉及的是民事公益诉讼；而当被告是行政机关时，则涉及的是行政公益诉讼。为了进一步完善公益诉讼体系，有必要构建一种新的机制，即由公民代表国家提起的国有财产公益诉讼机制。在这种机制下，应当明确将被告限定为行政机关，以确保诉讼的性质属于行政公益诉讼。这样的安排有助于加强对国有财产的保护，确保国家利益不受侵害，同时也能够更好地监督行政机关的行为，防止其滥用职权或疏于职守。通过这种方式，可以进一步完善我国的公益诉讼体系，使其更加全面和有效。

首先，根据公共信托理论，无论是私人侵害国有财产时国有财产管理者的不作为，还是国有财产管理者滥用管理权直接侵害公共利益，公民都应当以行政主体作为被告提起诉讼。这种诉讼的主要目的是强制管理者履行公共信托义务，而不是直接对侵害国有财产的私人提起诉讼。一方面，从法律关系的相对性来看，全体公民是公共信托财产的委托人，而国有财产管理者是受托人，双方之间实质上构成了一种代理法律关系。第三人侵害国有财产时，与国有财产管理者之间形成的是侵权损害赔偿或不当得利返还等法律关系，双方之间是另一种法律关系。如果由公民直接向侵害国有财产的第三人提起诉讼，存在着法律关系越位的尴尬。另一方面，国有财产管理者不仅具备保护国有财产的权力和能力，而且负有保护国有财产的公法义务，如果依

① 刘艺：《构建行政公益诉讼的客观诉讼机制》，载《法学研究》2018 年第 3 期。

赖于民事公益诉讼直接追究私人造成的国有财产损失，不仅会掩盖国有财产管理者不作为的事实，还会纵容管理者怠于履行保护国有财产的职责，造成诉讼越来越多的局面。因此，公民应当以国有财产管理者作为被告提起诉讼，以强制管理者履行公共信托义务，而不应直接对侵害国有财产的私人提起诉讼。

其次，虽然国有财产管理者行使的国家所有权权能具有私法特征，但其本质上属于广义的行政权范畴。因此，公民对那些负有管理或监管国有财产职能的机关提起的诉讼，应当被归类为行政公益诉讼。如前所述，国有财产管理者是基于行政主体的身份获得所有权权能的，其获得的权能属于私法类型的行政权。国有财产管理者通过行使行政职权和履行行政职责的方式来运行这些权能，因此，应当按照行政权的控制方式，通过行政诉讼来进行制约。相应地，公民提起国有财产公益诉讼是为了强迫管理者履行行政职责。在这种情况下，这样的诉讼只能是行政公益诉讼。

最后，应当明确行政公益诉讼的被告是具有行政机关地位的国有财产管理者；当国有财产管理者不具有行政机关的身份时，应当将负有监督管理职责的行政机关作为被告，从而与现行行政诉讼制度相容。鉴于现行行政诉讼制度框架下，公民提起行政诉讼的被告只能是行政机关，而国有财产管理者并非全部都是行政机关，因此有必要区分国有财产管理者对国有财产的保护职责和其上级行政机关的保护监督职责。具体来说，如果是由行政机关直接占有、管理国有财产，但该机关拒不履行其保护国有财产的职责，那么公民应当直接起诉该行政机关，要求其履行保护职责。如果拒不履行保护职责的国有财产管理者是事业单位或者其他公法主体时，那么其行政主管部门对国有财产负有保护监督职责。在这种情况下，如果行政主管部门不履行保护监督职责，公民应当以行政主管部门为被告提起行政公益诉讼，要求其履行保护监督职责，确保国有财产得到妥善管理和保护。这样的做法不仅符合现行的行政诉讼制度，而且能够有效地保障国有财产的安全和合理利用。

综上所述，公民提起的国有财产保护公益诉讼的性质属于行政公益诉讼范畴。这意味着，当国有财产的管理者未能履行其应有的信托义务，未能妥善管理和保护国有财产时，公民有权代表国家利益，对那些肩负着国有财产保护职责或监督职责的行政机关提起公益诉讼。通过构建由公民提起行政公益诉讼的机制，公民可以督促相关行政机关履行其职责，确保国有财产的安全和合理利用，从而在法律框架内实现对国有财产的保护和监督。

三、设置检察机关支持起诉前置程序的必要性

在公民个人提起的行政公益诉讼制度中，应当将公民提起行政公益诉讼视为最后的救济途径，并充分发挥检察机关的过滤把关和法律监督方面的重要作用。之所以要设置严格的诉前程序，并将检察机关支持作为起诉条件，是基于以下几个方面的考虑。

第一，把公民纳入行政公益诉讼的原告资格范围时，必须设置严格的诉前程序，防止滥诉、恶诉的发生。为了确保公民在行政公益诉讼中的原告资格得到合理运用，必须建立一套完善的诉前程序机制，以避免滥用诉讼权利和恶意诉讼现象的出现。公益诉讼制度的核心目标之一就是防止和解决滥诉问题，因此，当检察机关决定直接提起行政公益诉讼时，也应当受到严格的诉前程序约束。这意味着在正式提起诉讼之前，检察机关需要先向相关行政机关提出检察建议，以期通过行政机关的自我纠正来解决问题。在英美法系国家，公民提起公益诉讼同样面临着严格的诉前程序要求。这些国家规定，公民在提起公益诉讼之前，必须先通知并要求有关国家机关采取措施制止损害社会公共利益的违法行为，或者直接提起诉讼。只有当有关国家机关不起诉时，公民才可以直接提起诉讼。[①] 鉴于我国庞大的人口基数和复杂的社会状况，如果将公民纳入公益诉讼的原告资格范围，必须设计更为严密和严格的诉前程序，以确保诉讼的合理性和有效性，防止滥用诉讼权利和恶意诉讼的发生。

第二，当检察机关觉得有起诉必要性，但没有必要自行起诉时，应当充分发挥公民的主观能动性，并提供法律支持，积极支持公民提起诉讼，以尽

---

① 赵许明：《公益诉讼模式比较与选择》，载《比较法研究》2003 年第 2 期。

可能全面地保护国有财产。公民提起行政公益诉讼的定位应当是检察机关直接提起公益诉讼的一种补充形式。检察机关直接提起行政公益诉讼的重点在于“精”，即专业性和精准性；公民个人或社会组织提起行政公益诉讼的重点在于“全”，即广泛性和全国性。检察机关不仅具备法律监督机关的身份，还承担着公共利益代表人的角色，这使其提起的公益诉讼比普通公民直接起诉更具威慑力和制约力。此外，检察机关可以通过行使调查权，更加深入地查明事实真相，确保案件的公正处理。而且检察公益诉讼制度经历了从试点到全面开展，再到制度化建设的过程中，已积累了丰富的实践经验。在处理重大案件时，检察机关的办案效果往往优于个人起诉，因为检察机关能够调动更多的资源和专业力量，确保案件得到妥善处理。因此，公民提起行政公益诉讼应当作为检察机关直接提起公益诉讼的补充，检察机关在维护公共利益方面仍然发挥着不可替代的重要作用。

因此，公民个人在面对国有财产受到侵害的情况时，想要提起行政公益诉讼时，必须首先穷尽其他可能的救济途径，才能向检察机关申请监督。当检察机关经过审查后，认为案件具有起诉的必要性，但同时认为没有检察机关自行提起诉讼的必要性时，公民才能在检察机关的支持下提起公益诉讼。具体来说，公民应当先向国有财产管理者或其行政主管部门反映相关问题，如果行政机关在接到反映后，能够自行纠正违法，那么就没有必要再提起诉讼。但是，即使公民已经向国有财产管理者或其主管部门提出过申请，且管理者无正当理由拒不纠正，公民也不能直接向法院提起诉讼。在这种情况下，公民还应当向检察机关提出支持申请，请求检察机关介入。如果检察机关在审查后认为案件重大复杂，具有直接办理的必要性，那么检察机关将作为公益诉讼人直接向法院提起诉讼。反之，如果检察机关认为案情相对简单，认为由公民个人提起诉讼即可获得较好的保护效果，那么检察机关可以支持公民个人向法院提起诉讼。这样的程序既确保了公民在面对公共利益问题时有救济途径，又避免了滥用诉讼资源，确保了检察机关在公益诉讼中的监督和引导作用。

四、国有财产行政公益诉讼的特别程序要求

（一）诉讼费用的合理承担方式

在检察机关提起公益诉讼的过程中，通常是以国家财政作为坚实的后盾和支撑的。然而，当普通公民决定提起诉讼时，他们往往需要预先支付一定的诉讼费用。如果在诉讼过程中败诉，这些公民还必须承担相应的诉讼费用。提起国有财产公益诉讼是为了维护公共利益，然而，无论是预交诉讼费用还是在败诉后承担诉讼费用，这些经济负担都可能极大地挫伤民众维护公共利益的积极性和热情。这种情况显然不利于国有财产的保护和维护。

因此，在构建和完善公民提起国有财产公益诉讼的机制时，应当充分考虑到诉讼费用的合理承担方式。这不仅是为了减轻公民在诉讼过程中的经济压力，更是为了激发和保护他们维护公共利益的积极性。通过合理设置诉讼费用的承担方式，可以有效地降低公民提起公益诉讼的门槛，从而更好地保护国有财产，确保公共利益不受侵害。这样的机制设计，既能体现国家对公民参与公共事务的支持，又能增强公民对公共利益保护的责任感和使命感。

一方面，应当明确公民提起国有财产公益诉讼时，无须预先支付诉讼费用。根据《诉讼费用交纳办法》的规定，追索赡养费等几种类型的案件无须预交诉讼费用。为了进一步激发公民提起公益诉讼的积极性，应当将国有财产公益诉讼案件也纳入无须预先缴纳诉讼费用的案件范围之内。这样做的目的是确保公民能够更加积极主动地通过法律途径来维护公共利益，同时减轻他们的经济负担，避免因诉讼费用问题而阻碍他们行使法律权利。这样一来，公民在面对涉及国有财产的公益诉讼时，将不再因经济压力而犹豫不决，从而更好地发挥他们在维护公共利益方面的积极作用。

另一方面，当公民败诉时，应当按照公民是善意还是恶意区别对待。在处理败诉的情况时，各国的诉讼制度通常规定败诉方需要承担诉讼费用。这种做法既是为了确保司法系统的正常运行，维持其运作成本，同时也是对那些违法或违约行为的一种惩罚。然而，在国有财产公益诉讼中，原告通常与

案件本身并无直接的利害关系，他们提起诉讼的目的是保护公共利益。因此，在这种情况下，不应完全按照败诉人承担诉讼费用的原则来要求原告。以法国为例，在提起越权之诉时，当事人无须事先交纳诉讼费用，只有在败诉的情况下，才会根据规定标准收取费用，而且这些费用相对较低。[1] 这种做法体现了对公益诉讼原告的特殊考虑。为了进一步减轻公民在提起国有财产公益诉讼时可能面临的经济负担，可以考虑设立公益诉讼保险或公益诉讼基金会。通过这些机制，可以有效地转嫁公民在败诉时所需承担的诉讼费用。对于那些善意提起国有财产公益诉讼的公民，应当适当减轻他们所需承担的费用，甚至可以考虑由诉讼保险或诉讼基金来全额承担这些费用。这样的安排不仅能够鼓励公民积极参与保护国有财产，还能减轻他们在经济上的压力。相反，如果存在证据表明原告是出于恶意提起诉讼，仅仅是为了滥诉或恶诉，那么应当按照原价收取诉讼费用，并且还应当追究这些恶意诉讼者的法律责任。这样的规定能够有效遏制滥用司法资源的行为，确保司法系统的公正和效率。

（二）对公民提起公益诉讼的激励措施

自公益诉讼制度诞生以来，其所面临的挑战并非仅仅局限于滥诉问题，更为严重且亟待解决的是诉讼不足的问题。由于人类天生具有利己性，公众普遍存在“搭便车”心理。在这种心理的驱使下，很少有人愿意为了保护国有财产而花费自己的财力物力参与诉讼。因此，即便法律赋予了公民公益诉讼的原告资格，也很少有人会去主动提起公益诉讼。而且，相比于好诉的西方国家，中国一直崇尚“以和为贵”，长期以来习惯于厌讼和息讼，追求和谐。即便是私益诉讼，也因为权利诉求不足，存在与社会发展水平不相称的诉讼不足问题，甚至导致了大量法外诉求现象的出现，如信访和群体性事件等。这些问题的存在，不仅影响了社会的稳定，也对法治建设提出了更高的要求。因此，如何激发公众参与公益诉讼的积极性，以及如何在传统观念

---

① 王名扬：《法国行政法》，中国政法大学出版社1988年版，第669页。

与现代法治之间找到平衡点，成为当前中国公益诉讼制度亟须解决的重要课题。

因此，构建公民提起公益诉讼的机制时，必须制定一系列配套的激励措施，以鼓励公民积极参与并为保护公共利益提起诉讼。在古罗马时代，人们就意识到很少有人愿意耗费自己大量的时间、精力和成本去维护公共利益。因此，他们通过罚金诉讼机制形成对公益诉讼（当时称为“民众诉讼”）的激励。在这种机制下，原告在胜诉后可以从法院对被告所处罚金中获得部分补偿。[①] 由此可见，对公民提起公益诉讼设置激励措施是非常有必要的。而且，公民为保护国有财产提起公益诉讼，这不仅是侠肝义胆、忧国忧民精神的体现，更是符合社会主义核心价值观的要求，理应受到相应的奖励。具体来说，可以从多个方面对公民提起公益诉讼加以激励。通过这些激励措施，可以更好地激发公民的积极性，使他们更加愿意为保护公共利益而提起公益诉讼。

第一，应当对提起公益诉讼的公民给予一定的经济补偿。公益诉讼人在进行诉讼时，会花费大量的人力、物力与财力，由其自己承担这种维护公共利益的花费是不合适的，也是不公平的。而且，如果公益诉讼不仅不能给公益诉讼人带来任何实际的好处，反而还可能导致他们的合法权益受到损害，那么这将极大地阻碍公民提起国有财产公益诉讼的闸门。因此，为了鼓励和保障公民能够积极地提起公益诉讼，许多国家在制定公益诉讼制度时，都明确规定了对公民提起公益诉讼的费用的补偿措施，如美国 1914 年的《克莱顿法》就明确规定，如果原告在公益诉讼中胜诉，就可以获得诉讼费的奖励，其中包括合理的律师费。在我国，构建公民提起的国有财产公益诉讼制度时，同样应当考虑到对公民提起公益诉讼所花费的费用进行补偿。

第二，为了鼓励公民积极参与公益诉讼，可以对提起公益诉讼的公民给予一定的物质奖励。经济学理论通过奖励改变行为人行为的成本或收益的比

① ［意］彼得罗·彭梵得：《罗马法教科书》，黄风译，中国政法大学出版社 1992 年版，第 92 页。

值，从而起到巩固、保持、加强行为的正强化作用。例如，美国 1986 年《反欺骗政府法》（False Claims Act）修正案规定，如果原告在公益诉讼中胜诉，就可以按照被告所需要支付的罚金的 15% 到 30% 的比例，奖励给公益诉讼的原告。在构建我国公民提起的国有财产公益诉讼机制时，我们也可以以一定比例对公民提起公益诉讼的行为给予物质奖励，从而激发公民的积极性，增强公民对国有财产保护的责任感，提高公益诉讼的成功率和效率。

第三，可以对公民提起公益诉讼予以精神奖励。在当今社会，人们可以通过多种途径获得物质上的满足和享受。然而，仍有许多人选择投身于各种公益活动，这不仅仅是为了获得物质上的回报，更多的是为了满足他们的社交需求、自尊心、自我发展以及自我实现的愿望。对于这些积极参与公益活动的公民，给予他们适当的精神奖励往往比物质奖励更能激发他们的积极性和热情。具体来说，对于那些勇于提起公益诉讼并最终取得胜诉的公益诉讼人，可以通过一系列的精神奖励措施来表彰他们的努力和贡献。这些措施可以包括公开表彰、授予荣誉称号、颁发奖章或证书等，以在更高的层次上调动公民参与公益活动的积极性。通过这种方式，不仅能够肯定和赞赏他们的付出，还能在社会上树立榜样，鼓励更多的人投身于公益事业，共同推动社会的进步和发展。

结 语

在建立了上述国有财产的专门公法保护机制之后，我们是否能有效约束国有财产管理者在行使国家所有权各项权能时的行为？是否能切实防止国有财产的流失？又是否能充分保障全民对国有财产所享有的各项权利和利益免受侵害？

答案无疑是否定的。国有财产的保护是一项艰巨且庞大的工程，它绝非能在短时间内一蹴而就，也绝非仅凭本书之力所能完全涵盖。本书旨在聚焦于国有财产保护所面临的，相较于私有财产而言更为特殊的挑战与难题，力求探索出几条高效且可行的“捷径”，以期在有限的资源下，最大限度地实现对国有财产的广泛而有效的保护，并非对国有财产保护制度面面俱到的探讨。

除构建本书所述的特殊公法保护机制外，为实现全面而有效的保护国有财产的目标，我们还有很长的路要走。

首先，为了全面加强和改进国有财产的公法保护制度，我们不仅需要构建本书所探讨的机制，还需整合公法领域内所有部门法的力量，共同构建完善的保护体系。例如，为了解决国有财产管理中普遍存在的“谁控制谁所有”的难题，立法应当构建国有财产重大事项的法律保留机制，确保在关键问题上法律有明确的规定和约束。同时，我们还需要完善刑法对滥用国家所有权行为的刑事追究，通过刑事手段严厉打击那些侵害国有财产的行为，确保国有财产的安全和完整。此外，明确强化人大、检察机关、监察机关等监督机关对国有财产管理机构及其公职人员的监督职能，确保监督的全面性和有效性，防止权力滥用和腐败现象的发生。并且，立法应明确区分国有财产中的国有公物与国家私产，将国有财产与公共利益的紧密联系具体化、明确化。在此基础上，要求国有公物的分配必须严格遵循最有利于公共利益的原则，确保国有土地、自然资源等关键资源能够以最有利于维护社会公平和保障公民基本权利实现的方式得到合理、高效的使用。这意味着在分配和使用国有财产时，必须优先考虑公共利益，确保这些资源能够惠及广大人民群众，而不是被少数人所垄断或滥用。

其次，为了构建一个健全的国有财产法律保护体系，我们必须依赖私法和公法的共同努力和协同合作。全国人民代表大会及其常务委员会应当根据宪法的精神和原则制定一部专门的《国有财产保护法》，以此来全面优化国有财产保护的法律框架。作为《宪法》实施的首要监督和立法机构，全国人大及其常委会肩负着监督宪法执行、进行立法活动以及修订现行现有法律的重要职责。他们应紧密围绕宪法中“社会主义公共财产神圣不可侵犯”的原则，针对国有财产保护所面临的独特挑战，精心设计和构建一套完善的保护机制。这些保护机制应当从实体和程序两个维度出发，规范和指导管理者在行使所有权权能时的行为。具体来说，实体维度应当明确国有财产的范围、性质和管理职责，而程序维度则应当规定国有财产保护的具体操作流程、监督机制和责任追究措施。通过这样的双重保障，可以为国有财产构筑起一个更为坚实和有效的法律保护屏障，确保国有财产的安全和完整。

最后，法学界的持续耕耘与法律制度本身的日益完善，无疑是这一过程中的基石，但仅有这些还远远不够。为了构建一个更加坚固、全面的保护体系，我们必须积极引入其他学科的智慧与力量。例如，可以借鉴政治学的理论和方法，深入探讨不同政治体制在国有财产保护方面的优势和劣势。通过这种体制优越性论证，我们可以更加清晰地认识到我国政治体制的独特优势，如集中力量办大事的能力和高效决策的执行机制。这些优势在国有财产的保护和增值过程中发挥了不可替代的作用，帮助我们更好地维护国家和人民的利益。此外，我们还可以借助经济学的分析工具，如绩效分析，为国有财产的高效利用提供科学的指导。通过对国有财产的使用情况进行全面的绩效评估，我们可以准确判断各项政策和项目的实际效果，及时调整和优化资源配置。这样，我们就能确保国有财产能够发挥最大的社会效益和经济效益，为国家的发展和人民的福祉做出更大的贡献。我们还可以通过构建国有财产信息化管理系统，实现国有财产的动态监测、实时预警和精准管理。这种信息化管理手段可以大大提高国有财产保护的效率和准确性，确保国有财产的安全和增值。通过这些技术手段，我们可以更好地掌握国有财产的状况，及时发现和解决潜在问题，从而为国家的长远发展提供坚实的物质基础。

综上所述，为了真正实现对国有财产的有效保护，需要法学、政治学、经济学以及互联网技术等多元学科领域的紧密合作与协同努力。通过持续完善法律制度、优化政治架构、提升经济效能，并高效运用高科技工具，才能有望共同构建一个全面且多层次的国有财产保护体系，这样的国有财产保护体系，将为国家确保国有财产得到有效保护，真正捍卫全体公民的核心利益，从而为国家的昌盛富强与人民的福祉安康奠定稳固的物质基石。

参考文献

一、中文文献

（一）著作类

［1］辞海编辑委员会：《辞海（经济分册）》，上海辞书出版社1980年版。

［2］佟柔：《民法原理》，法律出版社1983年版。

［3］汪永祥、李德良、徐吉升编著：《〈家庭、私有制和国家的起源〉讲解》，中国人民大学出版社1986年版。

［4］王名扬：《英国行政法》，中国政法大学出版社1987年版。

［5］王名扬：《法国行政法》，中国政法大学出版社1988年版。

［6］司法部法学教材编辑部编审：《中国民法》，法律出版社1990年版。

［7］王利明：《国家所有权研究》，中国人民大学出版社1991年版。

［8］江平主编：《民法学》，中国政法大学出版社2019年版。

［9］张淳：《信托法原论》，南京大学出版社1994年版。

［10］彭万林主编：《民法学》（第2版），中国政法大学出版社1994年版。

［11］《马克思恩格斯选集》（第1卷），人民出版社1995年版。

［12］《马克思恩格斯选集》（第2卷），人民出版社1995年版。

［13］应克复等：《西方民主史》（修订版），中国社会科学出版社1997年版。

［14］郭道晖：《法的时代精神》，湖南出版社1998年版。

［15］胡建淼：《行政法学》，法律出版社1998年版。

［16］谢次昌：《国有资产法》，法律出版社1997年版。

［17］史际春编著：《当代国际惯例：国有资产管理》，海南出版社1999年版。

［18］杨解君、肖泽晟：《行政法学》，法律出版社2000年版。

［19］梁慧星编著：《中国物权法草案建议稿：条文、说明、理由与参考立法例》，

社会科学文献出版社 2000 年版。
[20] 史尚宽：《债法总论》，中国政法大学出版社 2000 年版。
[21] 董礼胜：《欧盟成员国中央与地方关系比较研究》，中国政法大学出版社 2000 年版。
[22] 陈新民：《德国公法学理论基础》（上册），山东人民出版社 2001 年版。
[23] 陈新民：《德国公法学理论基础》（下册），山东人民出版社 2001 年版。
[24] 刘大洪、何易主编：《公有财产法律保护》，西苑出版社 2001 年版。
[25] 张树义：《行政法与行政诉讼法学》，高等教育出版社 2002 年版。
[26] 翁岳生教授祝寿论文编辑委员会编辑：《当代公法新论（下）——翁岳生教授七秩诞辰祝寿论文集》，台北，元照出版有限公司 2002 年版。
[27] 王泽鉴：《王泽鉴法学全集·第十三卷——债法原理②》，中国政法大学出版社 2003 年版。
[28] 黄风：《罗马私法导论》，中国政法大学出版社 2003 年版。
[29] 史树林、庞华玲等：《国有资产法研究》，中国财政经济出版社 2003 年版。
[30] 陈敏：《行政法总论》，台北，神州图书出版有限公司 2004 年版。
[31] 江平、米健：《罗马法基础》（修订本第 3 版），中国政法大学出版社 2004 年版。
[32] 杨海坤主编：《宪法基本权利新论》，北京大学出版社 2004 年版。
[33] 应松年主编：《行政法学新论》，中国方正出版社 2004 年版。
[34] 吴庚：《行政法之理论与实用》（增订 8 版），中国人民大学出版社 2005 年版。
[35] 齐小力主编：《宪法学导论》，群众出版社 2006 年版。
[36] 余凌云：《行政契约论》（第 2 版），中国人民大学出版社 2006 年版。
[37] 柳砚涛：《行政给付研究》，山东人民出版社 2006 年版。
[38] 王利明主编：《民法学》（第 9 版），中国人民大学出版社 2020 年版。
[39] 张健文：《转型时期的国家所有权问题研究：面向公共所有权的思考》，法律出版社 2008 年版。
[40] 何永坚主编：《〈中华人民共和国企业国有资产法〉释义及实用指南》，中国民主法制出版社 2008 年版。

[41] 徐国栋:《罗马法与现代意识形态》,北京大学出版社 2008 年版。
[42] 焦洪昌主编:《宪法制度与法治政府》,北京大学出版社 2008 年版。
[43] 肖泽晟:《公物法研究》,法律出版社 2009 年版。
[44] 江平主编:《物权法》,法律出版社 2009 年版。
[45] 翁岳生编:《行政法》,中国法制出版社 2009 年版。
[46] 史际春等:《企业国有资产法理解与适用》,中国法制出版社 2009 年版。
[47] 王泽鉴:《不当得利》,北京大学出版社 2009 年版。
[48] 顾功耘等:《国有资产法论》,北京大学出版社 2010 年版。
[49] 马俊驹、余延满:《民法原论》,法律出版社 2010 年版。
[50] 王利明:《合同法研究》(第 2 卷)(修订版),中国人民大学出版社 2011 年版。
[51] 李昌庚:《国有财产法原理研究——迈向法治的公共财产》,中国社会科学出版社 2011 年版。
[52] 江平主编:《物权法教程》,中国政法大学出版社 2011 年版。
[53] 任进:《行政组织法教程》,中国人民大学出版社 2011 年版。
[54] 年志远等:《国有资产流失及其治理机制研究》,经济科学出版社 2012 年版。
[55] 王泽鉴:《人格权法:法释义学、比较法、案例研究》,北京大学出版社 2013 年版。
[56] 崔建远:《物权法》,中国人民大学出版社 2014 年版。
[57] 李昌庚:《国有财产法基本制度研究》,法律出版社 2015 年版。
[58] 李曙光等:《国有资产法律保护机制研究》,经济科学出版社 2015 年版。
[59] 胡建淼:《行政法学》,法律出版社 2015 年版。
[60] 胡建淼、江利红:《行政法学》(第 3 版),中国人民大学出版社 2015 年版。
[61] 冯乐坤:《地方所有财产的基本问题研究》,法律出版社 2016 年版。
[62] 王名扬:《法国行政法》,北京大学出版社 2016 年版。
[63] 王克稳:《行政许可中特许权的物权属性与制度构建研究》,法律出版社 2015 年版。
[64] 王利明:《债法总则研究》,中国人民大学出版社 2015 年版。

［65］石佑启、陈咏梅：《法治视野下行政权力合理配置研究》，人民出版社 2016 年版。

［66］刘现伟、李红娟：《国有资产监管权力分配与制衡》，中国政法大学出版社 2017 年版。

［67］王泽鉴：《损害赔偿》，北京大学出版社 2017 年版。

［68］赵鹏：《风险社会的行政法回应》，中国政法大学出版社 2018 年版。

［69］张雪樵等主编：《行政公益诉讼典型案例实务指引》，中国检察出版社 2019 年版。

［70］童建明等主编：《中国特色社会主义检察制度》，中国检察出版社 2022 年版。

［71］万春等主编：《刑事检察业务总论》，中国检察出版社 2022 年版。

［72］贾宇、王敏远等主编：《检察学》，中国检察出版社 2023 年版。

［73］胡建淼：《行政法学》，法律出版社 2023 年版。

［74］姜明安主编：《行政法与行政组织法》，北京大学出版社 2024 年版。

［75］中华人民共和国最高人民法院行政审判庭：《行政执法与行政审判》第 20 期，法律出版社 2007 年版。

［76］中国法学会行政法学研究会编：《财产权与行政法保护—中国法学会行政法学研究会 2007 年年会会议论文集》，武汉大学出版社 2008 年版。

（二）译著类

［1］［法］莱翁·狄骥：《宪法论第一卷——法律规则和国家问题》，钱克新译，商务印书馆 1959 年版。

［2］［日］田中二郎：《要说行政法新版》，东京弘文堂 1972 年版。

［3］［古希腊］亚里士多德：《政治学》，吴寿彭译，商务印书馆 1965 年版。

［4］［古罗马］查士丁尼：《法学总论：法学阶梯》，张企泰译，商务印书馆 1989 年版。

［5］［美］罗伯特·考特、托马斯·尤伦：《法和经济学》，张军等译，上海人民出版社 1999 年版。

［6］［英］洛克：《政府论》（下篇），叶启芳、瞿菊农译，商务印书馆 1995

年版。
[7] [奥] 凯尔森:《法与国家的一般理论》,沈宗灵译,中国大百科全书出版社 1996 年版。
[8] [美] 理查德·A. 波斯纳:《法律的经济分析》,蒋兆康译,中国大百科全书出版社 1997 年版。
[9] [日] 石川敏行:《基本论点行政法》,法学书院 1997 年版。
[10] [英] 弗里德利希·冯·哈耶克:《自由秩序原理》,邓正来译,生活·读书·新知三联书店 1997 年版。
[11] [意] 彼得罗·彭梵得:《罗马法教科书》,黄风译,中国政法大学出版社 1992 年版。
[12] [日] 盐野宏:《行政法》,杨建顺译,法律出版社 1999 年版。
[13] [法] 卡斯东·斯特法尼等:《法国刑事诉讼法精义》,罗结珍译,中国政法大学出版社 1999 年版。
[14] [德] 哈特穆特·毛雷尔:《行政法学总论》,高家伟译,法律出版社 2000 年版。
[15] [德] 汉斯·J. 沃尔夫、奥托·巴霍夫、罗尔夫·施托贝尔:《行政法》(第 2 卷),高家伟译,商务印书馆 2002 年版。
[16] [日] 美浓部达吉:《公法与私法》,黄冯明译,中国政法大学出版社 2003 年版。
[17] [法] 弗雷德里克·巴斯夏:《财产·法律与政府》,秋风译,贵州人民出版社 2003 年版。
[18] [美] 曼瑟尔·奥尔森:《集体行动的逻辑》,陈郁等译,格致出版社、上海人民出版社 2014 年版。
[19] [美] 克里斯特曼:《财产的神话——走向平等主义的所有权理论》,张绍宗译,广西师范大学出版社 2004 年版。
[20] [美] 戴维·奥斯本、彼得·普拉斯特里克:《政府改革手册——战略与工具》,谭功荣等译,中国人民大学出版社 2004 年版。
[21] [法]《法国民法典》,罗结珍译,法律出版社 2005 年版。

[22] [英] 亚当·斯密:《国富论》,唐日松等译,华夏出版社 2005 年版。
[23] [英] 阿弗里德·马歇尔:《经济学原理》,廉运杰译,华夏出版社 2005 年版。
[24] [英] 昆廷·斯金纳、[瑞典] 博·斯特拉斯:《国家与公民》,彭利平译,华东师范大学出版社 2005 年版。
[25] [美] 斯蒂芬·芒泽:《财产理论》,彭诚信译,北京大学出版社 2006 年版。
[26] [英] 帕特里克·邓利维、布伦登·奥利里:《国家理论:自由民主的政治学》,欧阳景根、尹冬华、孙云竹译,浙江人民出版社 2007 年版。
[27] [英] 勒克斯:《英国法》,张季忻译,中国政法大学出版社 2007 年版。
[28] [英] F. H. 劳森、伯纳德·冉得:《英国财产法导论》,曹培译,法律出版社 2009 年版。
[29] [法] 佛朗索瓦·泰雷、菲利普·森勒尔:《法国财产法》(下),罗结珍译,中国法制出版社 2008 年版。
[30] [日] 南博方:《行政法》,杨建顺译,中国人民大学出版社 2009 年版。
[31] [美] 朱迪·弗里曼:《合作治理与新行政法》,毕洪海、陈标冲译,商务印书馆 2010 年版。
[32] [德] 萨维尼:《当代罗马法体系》,朱虎译,中国法制出版社 2010 年版。
[33] [美] 约瑟夫·L. 萨克斯:《保卫环境:公民诉讼战略》,王小钢译,中国政法大学出版社 2011 年版。
[34] [美] 斯蒂芬·布雷耶:《法官能为民主做什么》,何帆译,法律出版社 2012 年版。
[35] [美] 肯尼斯·F. 沃伦:《政治体制中的行政法》,王丛虎等译,中国人民大学出版社 2005 年版。
[36] [德] 汉斯·J. 沃尔夫、奥托·巴霍夫、罗尔夫·施托贝尔:《行政

法》，高家伟译，商务印书馆 2013 年版。
[37] [德] 迪特尔·梅迪库斯：《德国民法总论》，邵建东译，法律出版社 2013 年版。
[38] [法] 佛朗索瓦·泰雷、菲利普·森勒尔：《法国财产法》，罗结珍译，中国法制出版社 2008 年版。
[39] [美] 理查德·A. 波斯纳：《法律的经济分析》，蒋兆康译，中国大百科全书出版社 1997 年版。
[40] [美] 马肖：《创设行政宪制：被遗忘的美国行政法百年史（1787—1887)》，宋华琳、张力译，中国政法大学出版社 2016 年版。
[41] [美] 亚历山大·汉密尔顿、詹姆斯·麦迪逊、约翰·杰伊：《联邦党人文集》，杨颖玥、张尧然译，中国青年出版社 2014 年版。
[42] [英] 洛克：《政府论》（上篇)，叶启芳、瞿菊农译，商务印书馆 1964 年版。

（三）期刊类

[1] 佟柔、史际春：《我国全民所有制“两权分离”的财产权结构》，载《中国社会科学》1990 年第 3 期。
[2] 王利明：《国家所有权的法律特征研究》，载《法律科学（西北政法大学学报)》1990 年第 6 期。
[3] 孙孝福、王全兴：《国有资产法初探》，载《中南财经大学学报》1994 年第 2 期。
[4] 邓元明：《关于〈国有资产法〉立法的若干思考》，载《当代经济科学》1995 年第 1 期。
[5] 李茂管：《法学界关于公法与私法划分问题的争论》，载《求是》1996 年第 1 期。
[6] 谢怀栻：《论民事权利体系》，载《法学研究》1996 年第 2 期。
[7] 李景鹏：《试论行政系统的权力配置和利益结构的调整》，载《政治学研究》1996 年第 3 期。
[8] 季涛：《行政权的扩张与控制》，载《行政法学研究》1997 年第 1 期。

[9] 高闯:《内部人控制与公司治理论纲》,载《辽宁大学学报(哲学社会科学版)》1997 年第 6 期。

[10] 章剑生:《论行政行为说明理由》,载《法学研究》1998 年第 3 期。

[11] 肖泽晟:《论政府采购的性质》,载《南京大学法学评论》1999 年秋季号。

[12] 应松年、薛刚凌:《行政组织法基本原则之探讨》,载《行政法学研究》2001 年第 2 期。

[13] 陈旭琴:《论国家所有权的法律性质》,载《浙江大学学报(人文社科版)》2001 年第 2 期。

[14] 胡鞍钢:《腐败:中国最大的社会污染》,载《中国改革》2001 年第 4 期。

[15] 于安:《行政诉讼的公益诉讼和客观诉讼问题》,载《法学》2001 年第 5 期。

[16] 赵许明:《公益诉讼模式比较与选择》,载《比较法研究》2003 年第 2 期。

[17] 郭百顺:《质疑土地使用权出让合同是行政合同》,载《当代法学》2003 年第 11 期。

[18] 王祥光:《警惕国有资产的"看守者交易"》,载《中国经济快讯》2003 年第 17 期。

[19] 孙国祥:《论刑法中国有资产的界定和范围》,载《南京工业大学学报(社会科学版)》2004 年第 2 期。

[20] 淘沙:《武汉冠生园食品厂改制怪象环生》,载《工友》2004 年第 3 期。

[21] 石少侠:《论我国检察权的性质——定位于法律监督权的检察权》,载《法制与社会发展》2005 年第 3 期。

[22] 牛立夫:《对我国所有权的"三分法"的法学思考》,载《内蒙古社会科学(汉文版)》2005 年第 2 期。

[23] 李凤章:《国家所有权的解构与重构》,载《山东社会科学》2005 年

第 3 期。
[24] 王军：《国企改革与国家所有权神话》，载《中外法学》2005 年第 3 期。
[25] 李康宁、王秀英：《国家所有权法理解析》，载《宁夏社会科学》2005 年第 4 期。
[26] 孙宪忠：《物权法应采纳“一体承认、平等保护”的原则》，载《法律科学（西北政法大学学报）》2006 年第 4 期。
[27] 尹田：《论国家财产的物权法地位》，载《法学杂志》2006 年第 3 期。
[28] 罗世荣、何磊：《论国家所有权的特别私权性——兼谈〈物权法〉对国有资产的立法保护完善》，载《社会科学战线》2006 年第 5 期。
[29] 韩松：《论物权平等保护原则与所有权类型化之关系》，载《法商研究》2006 年第 6 期。
[30] 冯景合：《法律监督权，能否与检察权兼容——从法治的角度对中国检察权的反思（上）》，载《中国检察官》2006 年第 7 期。
[31] 王维洛：《1982 年的一场无声无息的土地“革命”》，载《当代中国研究》2007 年第 4 期。
[32] 宋志红：《民事合同抑或行政合同——论国有土地使用权出让合同的纯化》，载《中国土地科学》2007 年第 3 期。
[33] 王琦：《论司法权的被动性——以民事诉讼为视角》，载《海南大学学报（人文社会科学版）》2007 年第 2 期。
[34] 薄贵利：《论优化政府组织结构》，载《中国行政管理》2007 年第 5 期。
[35] 周珂、谭柏平：《论我国海岛的保护与管理——以海岛立法完善为视角》，载《中国地质大学学报（社会科学版）》2008 年第 1 期。
[36] 崔拴林：《国家所有权性质问题研究——针对国有资本的分析》，载《河北法学》2008 年第 9 期。
[37] 程淑娟：《论我国国家所有权的性质——以所有权观念的二元化区分为视角》，载《法律科学（西北政法大学学报）》2009 年第 1 期。

[38] 王克稳：《〈企业国有资产法〉的进步与不足》，载《苏州大学学报（哲学社会科学版）》2009 年第 4 期。
[39] 侯宇：《美国公共信托理论的形成与发展》，载《中外法学》2009 年第 4 期。
[40] 程淑娟：《确信与限制——国家所有权主体的法哲学思考》，载《河北法学》2009 年第 5 期。
[41] 于立深：《现代行政法的行政自制理论——以内部行政法为视角》，载《当代法学》2009 年第 6 期。
[42] 张力：《论国家所有权理论与实践的当代出路——基于公产与私产的区分》，载《浙江社会科学》2009 年第 12 期。
[43] 张力：《国家所有权的异化及其矫正——所有权平等保护的前提性思考》，载《河北法学》2010 年第 1 期。
[44] 肖泽晟：《论公物附近居民增强利用权的确立与保障》，载《法商研究》2010 年第 2 期。
[45] 董旭光：《国土出让滞纳金纠纷可以调解吗》，载《检察日报》2010 年 8 月 10 日，第 3 版。
[46] 王琦：《中国古代土地所有制演进的逻辑及其当代启示》，载《上海财经大学学报》2010 年第 4 期。
[47] 尹伯成、薛锋：《我国上市公司的股权结构与内部人控制》，载《财经论丛（浙江财经学院学报）》2011 年第 6 期。
[48] 肖泽晟：《自然资源国家所有权的宪法限制》，载《南京工业大学学报（社会科学版）》2011 年第 4 期。
[49] 王克稳：《自然资源特许使用权之论》，载《公法研究》2012 年第 1 期。
[50] 李喜莲：《民事诉讼法上的“利害关系人”之界定》，载《法律科学（西北政法大学学报）》2012 年第 1 期。
[51] 汪厚冬：《公法上不当得利研究》，载《北方法学》2012 年第 2 期。
[52] 林来梵：《宪法规定的所有权需要制度性保障》，载《法学研究》2013

年第4期。
[53] 徐祥民：《自然资源国家所有权之国家所有制说》，载《法学研究》2013年第4期。
[54] 张翔：《国家所有权的具体内容有待立法形成》，载《法学研究》2013年第4期。
[55] 巩固：《自然资源国家所有权公权说》，载《法学研究》2013年第4期。
[56] 薛刚凌、杨欣：《论我国行政诉讼构造："主观诉讼"抑或"客观诉讼"?》，载《行政法学研究》2013年第4期。
[57] 肖泽晟：《从公众参与到利益衡量和理由说明——重大公共资源配置行政决策程序法治化的方向》，载《法学杂志》2013年第9期。
[58] 崔卓兰：《行政自制理论的再探讨》，载《当代法学》2014年第1期。
[59] 江利红：《鼓励公民参与行政过程》，载《检察日报》2014年4月刊。
[60] 肖泽晟：《宪法意义上的国家所有权》，载《法学》2014年第5期。
[61] 肖泽晟：《论遏制公共资源流失的执法保障机制》，载《法商研究》2014年第5期。
[62] 韩东屏：《国家起源问题研究》，载《华中师范大学学报（人文社会科学版）》2014年第4期。
[63] 严益洲：《德国行政法上的双阶理论》，载《环球法律评论》2015年第1期。
[64] 李忠夏：《"国家所有"的宪法规范分析》，载《交大法学》2015年第2期。
[65] 刘宗珍：《理解检察权：语境与意义》，载《政法论坛》2015年第5期。
[66] 程雪阳：《中国宪法上国家所有的规范含义》，载《法学研究》2015年第4期。
[67] 韩鹏、梁彬：《对理性人假设的思考》，载《财经理论研究》2015年第4期。

[68] 白彦：《检察机关提起公益诉讼的现实困境与对策研究》，载《法学杂志》2016 年第 3 期。
[69] 张力：《国家所有权遁入私法：路径与实质》，载《法学研究》2016 年第 4 期。
[70] 关保英：《行政决策终身责任追究研究》，载《江海学刊》2016 年第 5 期。
[71] 肖泽晟：《论国家所有权与行政权的关系》，载《中国法学》2016 年第 6 期。
[72] 王守安、田凯：《论我国检察权的属性》，载《国家检察官学院学报》2016 年第 5 期。
[73] 廖冲绪、李后强、周冬：《地方“一把手”腐败的影响研究——基于十八大后落马市委书记的实证分析》，载《社会科学研究》2017 年第 1 期。
[74] 关保英：《利害关系人对行政程序的介入》，载《社会科学战线》2017 年第 9 期。
[75] 王灵波：《美国公共信托理论的司法适用与启示》，载《河南司法警官职业学院学报》2017 年第 3 期。
[76] 徐日丹、闫晶晶：《最高检召开新闻发布会通报检察公益诉讼案件办理情况》，载《检察日报》2018 年 3 月 3 日，第 1 版。
[77] 刘艺：《构建行政公益诉讼的客观诉讼机制》，载《法学研究》2018 年第 3 期。
[78] 王学辉：《行政法秩序下行政批示行为研究》，载《政治与法律》2018 年第 5 期。
[79] 王灵波：《公共信托理论在美国自然资源配置中的作用及启示》，载《苏州大学学报（哲学社会科学版）》2018 年第 1 期。
[80] 陈少涌：《损害股东利益的司法救济途径研究》，载《法制与社会》2019 年第 20 期。
[81] 聂露：《当前精准扶贫领域存在的四个问题》，载《人民论坛》2020

年第 2 期。
[82] 杨喆翔、肖泽晟：《爱护公共财产义务的宪法意蕴》，载《浙江学刊》2020 年第 4 期。

（四）学位论文类

[1] 黄军：《国家所有权行使论》，武汉大学 2005 年博士学位论文。
[2] 丁天舒：《我国国有资产流失的经济学分析及治理》，吉林大学 2008 年博士学位论文。
[3] 徐维：《论行政机关自我规制》，中南大学 2012 年博士学位论文。
[4] 唐晓玉：《我国行政事业单位内部控制制度研究》，财政部财政科学研究所 2013 年博士学位论文。
[5] 倪同木：《法学视野中的国家利益研究》，南京大学 2014 年博士学位论文。
[6] 黄笛：《国家所有权治理法律程序论》，华中师范大学 2015 年博士学位论文。
[7] 陈仪：《自然资源国家所有权的公权性质研究》，苏州大学 2015 年博士学位论文。
[8] 冯乐坤：《国有财产的中央与地方分权研究》，西南政法大学 2015 年博士学位论文。
[9] 李超杰：《十六大以来我国"短命建筑"现象研究》，中共中央党校 2016 年硕士学位论文。
[10] 丁伟峰：《行政组织的自我规制研究》，吉林大学 2017 年博士学位论文。
[11] 汪厚冬：《公法之债论——一种体系化的研究思路》，苏州大学 2016 年博士学位论文。
[12] 张怡悦：《公法上不当得利研究——以违章建筑租金为例》，南京大学 2017 年硕士学位论文。
[13] 丁宇翔：《返还原物请求权研究》，中国社会科学院研究生院 2017 年博士学位论文。

［14］莫静：《宪法上国家财产所有权的行使机制研究》，东南大学 2017 年博士学位论文。

［15］梁志华：《中国政府资产研究》，对外经济贸易大学 2019 年博士学位论文。

［16］郭云峰：《论自然资源国家所有权的制度构造》，辽宁大学 2019 年博士学位论文。

［17］白云峰：《内部行政法的一体型构造——风险行政实践的理论形塑》，上海交通大学 2021 年博士学位论文。

［18］王磊：《检察权的功能分析》，武汉大学 2022 年博士学位论文。

［19］谭彧：《检察权积极主义研究》，吉林大学 2023 年博士学位论文。

［20］武艳：《改革开放以来中国检察发展史研究（1978—2022）》，扬州大学 2023 年博士学位论文。

二、外文文献

［1］Paolo Gallo, *Unjust enrichment: A Comparative Analysis*, The American Journal of Comparative Law Vol. 40, No. 2 (Spring, 1992).

［2］Joseph L. Sax, *Takings and the Police Power*, Yale Law Journal, Vol. 74, No. 1 (1964).

［3］Joseph L. Sax, *The Public Trust Doctrine in Natural Resource Law: Effective Judicial Intervention*, Michigan Law Review, Vol. 68 (1970).

［4］Joseph L. Sax, *Liberating the Public Trust Doctrine from its Historical Shack les*, University of California, Davis Liberating the Public Trust Doctrine, Vol. 14 (1980).

［5］Edith Brown Weiss, *Our Rights and Obligations to Future Gennerations for the Envirnment*, American Journal of International Law, Vol. 84 (1990).

［6］Randal David Orton, *Inventing the Public Trust Doctrine: California Water Law and the Mono Lake Cintroversy of California*, University of California, (1992).

[7] Lloyd R. Cohen, *The Public Trust Doctrine: An Economic Perspective*, California Western Law Review, Vol. 29 (1993).

[8] Diane K. Danielson, *Environmental Regulation in Michigan and Massachusetts: Two States with Two Different Solutions to the Same Problem*, Boston College Environmental Affairs Law Review, Vol. 28 (1993).

[9] William Goldfarb, *Watershed Management: Slogan or Solution*, 21 Boston College Environmental Affairs Law Review, Vol. 21 (1994).

[10] Luke W. Cole, *Legal Services, Public Participation, and Environmental Justice*, Clearinghouse Review, Vol. 29 (1995).

[11] Tymen J. Van Der Ploeg, *A Comparative Legal Analysis of Foundations*, p. 55 – 78, in Helmut K. Anheier & Stefan Toepler ed., *PrivateFunds, Public Purpose: Philanthropic Foundations in International Perspective*, New York: Kluwer Academic/Plenum Publishers (1999).

[12] Joseph C. Kiger, *Philanthropic Foundations in the Twentieth Century*, Greenwood Press (2000).

[13] Erin Ryan, *Public Trust and Distrust: The Theoretical Implications of the Public Trust Doctrine for Natural Resource Management*, Environmental Law, Vol. 31 (2001).

[14] David L. Callies & J. David Breemer, *Selected Legal and Policy Trends in Takings Law: "Background Principles, Custom and Public Trust Exceptions" and (MIS) Use of Investment – Backed Exceptions*, Valparaiso University Law Review, Vol. 36 (2002).

[15] Joseph D. Kearney & Thomas W. Merrill, *The Origins of the American Public Trust Doctrine: What Really Happened in Ilinois Central*, University of Chicago Law Review, Vol. 71 (2004).

[16] Kenneth F. Warren, *Administrative Law in the Political System, Fourth Edition*, Westview Press (2004).

[17] Steven Shavell, *Foundations of Economic Analysis of Law*, The Belknap

Press of Harvard University Press (2004).

[18] Zachary C. Kleinsasser, *Public and Private Property Rights: Regulatory and Phisical Takings and the Public Trust Doctrine*, Boston College Environmental Affairs Law Review, Vol. 32 (2005).

[19] Jefrrey W. Henquinet & Tracy Dobson, *The Public Trust Doctrine and Sustainable Ecosystems: A Great Lakes Fisheries Case Study*, New York University Environmental Law Journal, Vol. 14 (2006).

[20] Barton H. Thompson & Jr. Paul Goldstein, Barton H. Thompson Jr., *Property Law: Ownership Use, and Conservation*, Foundation Press (2006).

[21] Joseph L. Sax, *Environmental Law Forty Years Later: Looking Back and Looking Ahead*, p. 9 – 25, in Michael L. Jeffery, Jeremy Firestone and Karen Bubna – Litic eds., *Biodiversity Conservation. Law and Livelihoods: Bridging the North – South Divide*, Cambridge University Press (2008).